巴黎评论
女性作家访谈

美国《巴黎评论》编辑部 编

肖海生 等 译

人民文学出版社

著作权合同登记号　图字 01-2025-1427

WOMEN AT WORK: THE PARIS REVIEW INTERVIEWS Vol.8

Copyright © 2017 by THE PARIS REVIEW
This edition arranged with The Wylie Agency (UK) Ltd.
Simplified Chinese edition copyright © 2021 Shanghai 99 Readers' Culture Co., Ltd.
All rights reserved.

图书在版编目(CIP)数据

巴黎评论·女性作家访谈/美国《巴黎评论》编辑部编；肖海生等译.—北京：人民文学出版社，2021(2025.9 重印)
ISBN 978-7-02-016030-3

Ⅰ.①巴… Ⅱ.①美… ②肖… Ⅲ.①女作家-访问记-世界-现代 Ⅳ.①K815.6

中国版本图书馆 CIP 数据核字(2020)第 032289 号

责任编辑　卜艳冰　潘爱娟　邰莉莉
封面设计　李苗苗

出版发行　人民文学出版社
社　　址　北京市朝内大街 166 号
邮　　编　100705

印　　刷　凸版艺彩(东莞)印刷有限公司
经　　销　全国新华书店等

字　　数　316 千字
开　　本　890 毫米×1240 毫米　1/32
印　　张　12.25
版　　次　2021 年 2 月北京第 1 版
印　　次　2025 年 9 月第 12 次印刷

书　　号　978-7-02-016030-3
定　　价　65.00 元

如有印装质量问题，请与本社图书销售中心调换。电话：010-65233595

目 录

伊萨克·迪内森	肖海生/译	1
西蒙娜·德·波伏瓦	汪天艾/译	18
伊丽莎白·毕肖普	盛 韵/译	34
玛格丽特·尤瑟纳尔	肖海生/译	57
埃莱娜·费兰特	陈 英/译	77
珍妮特·温特森	汪天艾/译	106
玛丽莲·罗宾逊	李 尧/译	146
希拉里·曼特尔	龙 荻/译	172
多萝西·帕克	伽 禾/译	204
尤多拉·韦尔蒂	张晓晔/译	218
琼·狄迪恩	龙 荻/译	239
格蕾丝·佩雷	姚 瑶/译	263
娜塔莉·萨洛特	丁 骏/译	288
简·莫里斯	伽 禾/译	313
安·比蒂	盛 韵/译	335
洛丽·摩尔	张晓晔/译	366

伊萨克·迪内森

◎肖海生/译

前些年,当嘉宝计划在大荧幕版本的《走出非洲》中出演伊萨克·迪内森本人时,从某种意义上来说,这有点像本色出演,因为演员和原著作家一样,都是北欧的某种神秘造物。伊萨克·迪内森,原名卡伦·克里斯汀·布里克森-芬奈克,是如假包换的丹麦男爵夫人,她的父亲是威廉·迪内森,也是十九世纪经典作品《狩猎书简》一书的作者。布里克森男爵夫人在不同国家用不同的名字发表作品:通常是伊萨克·迪内森,有时候也会用塔尼娅·布里克森或卡伦·布里克森。老朋友们称呼她为塔纳、塔娅或塔尼娅。曾经还有一本令人愉悦的小说,有段时期她一直不承认那是自己写的,虽然所有读者一看就能猜出皮埃尔·安德切尔不过是男爵夫人的又一个化名。文学圈一直流传着各种传闻:她其实是个男作家;他其实是个女作家;"伊萨克·迪内森"其实是个兄妹合用的名字;"伊萨克·迪内森"十九世纪七〇年代去过美国,她其实是个巴黎人;他住在埃尔西诺①;她大部分时间待在伦敦;她是个修女;他非常好客,经常招待年轻作家;她很少露面,基本隐居起来了;她用法文写作;不,英文;不,丹麦文;她实际上……这样的传言从未终止。

一九三四年,哈斯与史密斯出版公司(后被兰登书屋收购)推出

---

① 埃尔西诺(Elsinore),丹麦港口城市,欧洲内陆航线主要港口之一。

了《七个哥特式故事》，哈斯先生读过一遍就决定出版它。这本书一夜成名，成为很多作家和画家的心头挚爱，这本新书从一开始就是被当作经典来对待的。

在现代文学正典之外——就像一只黄鹂在一笼子蜕毛的红雀外面——伊萨克·迪内森为她的读者提供了聆听故事时永无止境的满足感："后来怎么样了？……好，那么……"她身上那种说故事的本能，或者说民谣诗人的本能，和她那种细腻而清晰的个人风格相得益彰，以至于海明威在接受诺贝尔奖颁奖时抗议道，这一荣誉早应归于迪内森。

——尤金·沃尔特，一九五六年

第一场

罗马，初夏，一九五六年。第一次对话发生在一个人行道边的餐厅内，在纳沃纳广场，这个长条形的广场经历过洪水，也曾上演过激烈的模拟海战。暮色沉沉，天空是一片鸢尾花般的蓝紫色；伫立在贝里尼雕塑中间的方尖碑看起来苍白且轻盈。在咖啡馆的桌边，坐着布里克森男爵夫人、她的秘书兼旅行伴侣克拉拉·斯文森，还有采访者。男爵夫人就像从她自己的小说中走出来的人物，苗条，直接，风趣。她穿着一身黑，黑色的长手套，一顶黑色的巴黎款式的帽子，帽子的顶端到底部颜色渐深，在她漂亮的眼睛上投下阴影，眼底深深浅浅地闪着光。她的脸瘦长而醒目，嘴角和眼边漾着浅浅的笑意，表情瞬息万变。她的声音悦耳轻柔，却有一种力量和音色让人立即感受到，这位夫人既有着深刻见解，又不乏绮丽魅力。她的同伴斯文森小姐,是位面带稚气却有着迷人笑容的年轻人。

伊萨克·迪内森:采访?哦天哪……好吧,我希望……别是一长列的问题或者残酷的逼供吧,我希望……前不久刚做过一次采访……太可怕了……

斯文森小姐:是,有个男人要拍部纪录片……那次有点像在做教义问答……

迪内森:要不我们就一起随便聊聊,然后你写下喜欢的部分?

《巴黎评论》:好啊,你可以划掉一些,再补充点什么。

迪内森:好的,我不应该答应太多的采访。我已经病了一年多,一直住在疗养院里。我真觉得我会死。死亡在我的计划之中,我做好了准备,我等着它。

斯文森小姐:哥本哈根的医生告诉我:"塔尼娅·布里克森很聪明,但她做得最聪明的事就是挺过了两次手术。"

迪内森:我甚至计划了最后一次电台谈话……我在丹麦时做过很多次电台谈话,关于各种主题……他们很乐于邀请我担任电台嘉宾……我策划过一次关于死是如何容易的谈话……这不是一种病态的想法,我的意思是,这个观点其实能令人感到安慰和振奋……死是一种绝妙的、可爱的经历。但我病得太厉害了,没能完成这个对话。在疗养院里待这么久、病得这么严重,我甚至几乎感觉不到这条命还属于自己。我就像一只徘徊萦绕于此的海鸥。我觉得世界是如此奇妙、快乐、一息不停,而我已不是它的一部分了。我来罗马就是为了试着再次进入世界。啊,快看那天空!

《巴黎评论》:你对罗马熟悉吗?上次来是什么时候?

迪内森:好多年前了,那次是来觐见教宗。我第一次来罗马是一九一二年，那时候我还是个小姑娘，和我表姐，还有我最好的朋友，她嫁给了丹麦驻罗马的大使。那时我们每天在博尔盖塞别墅① 里骑车，路上马车来往，车上坐着当时那些快活的美女，时而停下来聊天。太舒服了！看看现在，汽车和摩托车，刺耳的喧嚣，人们行色匆匆。这是现在的年轻人想要的，速度才是最重要的。而当我骑着我的马——我是个小女孩时一直有匹马——我觉得现在的年轻人丢失了一些珍贵的事物。我们那时的孩子活得很不一样，即使住大房子，你也没什么玩具。现代的机械玩具，自带动力，我们那时基本不存在。我们只有很简单的玩具，而且得自己琢磨怎么玩。我对提线木偶的喜爱就来源于此，我还试着自己动手写剧本。你当然也可以直接买一只木马，但我们更喜欢自己去树林里找来枝条，用绳子捆绑连接起来，用想象力把它变成布西法拉斯② 和珀伽索斯③。现在的小孩，从出生开始就满足于做个袖手旁观的人，而我们习惯做创造者。现在的年轻人不再熟悉材料，也很少使用，所有的东西都是机械的、城市化的，孩子们在长大的过程中不亲近燃烧的火、鲜活的流水和土壤。年轻人想和过去一刀两断，他们憎恨过去，甚至不想听到过去的事。也能理解一部分原因。刚刚过去的对他们来说就是一段长长的战争史，他们没兴趣。这也许是一些事情的终结，一种文明的终结。

《巴黎评论》：但是厌恶会导向爱：他们也许转个圈还是会回到传统。我会觉得漠不关心更可怕。

迪内森：也许吧。而我会喜欢他们喜欢的东西，现在我爱上了爵

---

① 博尔盖塞别墅（Borghese Gardens），又名波格赛公园，位于罗马东北边缘的平丘，这是罗马第三大公园（占地80公顷）。
② 布西法拉斯（Bucephalus），亚历山大大帝的爱马。布西法拉斯是古代最知名的真实马匹之一，据记载布西法拉斯死于公元前326年希达斯皮斯河战役后不久，埋葬于今日的巴基斯坦杰赫勒姆。
③ 珀伽索斯（Pegasus），希腊神话中的天马、飞马，从女妖美杜莎的血泊中诞生，它的蹄子在赫利孔山上踏出希波克里尼灵感泉，也是缪斯女神的坐骑。

士乐。我觉得,这是我这辈子音乐领域里唯一的新事物。我不会说我喜爱它胜过古典音乐,但我的确迷醉其中。

《巴黎评论》:你的很多作品看起来都属于上个世纪(十九世纪),比如《天使复仇者》(1944)。

迪内森:(大笑)那本小说是我庶出的孩子!德国占领丹麦时期,我无聊乏味得快疯了,想要自娱自乐,此外我也缺钱,所以我去见我在哥本哈根的出版商,对他说,你愿意预付一本小说的费用并且给我安排一个速记员吗?他们说好,速记员也来了,于是我开始口述。刚开始时,对于这是个什么样的故事我完全没头绪。每天,我即兴地加上一点。那可怜的速记员一定觉得莫名其妙。

斯文森小姐:对,她对商业信函更熟悉,当她从速记本上誊抄出故事时,她会用数字来标记,比如"2个惊吓的女孩""他的1号爱情"。

迪内森:我会这么来开始写一天,"×××先生走进房间",速记员就会大叫,"哦亲爱的,他不行!昨天他在十七章里就死了。"啊不,我还是宁愿《天使复仇者》是我的秘密。

《巴黎评论》:我喜欢,我记得有一些很棒的评论和书评。很多人都猜出来那是你写的吧?

迪内森:有一些。

《巴黎评论》:《冬天的故事》(1942)呢?它是在战时出版的,你是怎么把它弄到美国去的?

迪内森:我去了斯德哥尔摩——这可不像说起来这么容易——而且更难的是,我还得随身带着手稿。我去了美国大使馆,问他们是否每天都有班机回美国,是否能把我的手稿带过去,但他们说他们只运送政治和外交文件，于是我又去了英国使馆，他们问我能否提供英国方面的介绍信，我可以（我在内阁有很多朋友，包括安东尼·艾登[1]），所以他们就发电报去确认这事，然后他们答复说可以，于是我的书稿就踏上了美国之旅。

《巴黎评论》：美国大使馆太丢人了，他们肯定可以做到的。

迪内森：哦，别太苛责他们。我欠美国公众太多了。随书稿我还给我的美国出版商附了一封信，说一切都靠他们了，因为当时我没法联系他们，关于《冬天的故事》的书稿他们是如何收到的，我也一无所知，直到战后，我突然收到数十封来自美国士兵和世界各地水手的可爱的信件：那本书被设计成部队特供版本[2]——小开本的书正好可以放入士兵的口袋。我十分感动。他们给了我两本，我把其中一本给了丹麦国王，他很高兴，毕竟在那个黑暗年代，他沉寂的王国还是对外发出了一些声音。

《巴黎评论》：你刚才提到了美国公众？

迪内森：是的，我永远忘不了他们对我毫不迟疑的接纳。从一九一四年开始我就待在非洲，当一九三一年我返回丹麦时，我花光了结婚时所有的积蓄，因为咖啡种植没赚到钱；我请大哥资助我用两年的时间来准备写《七个哥特式故事》，我告诉他，两年后我就能靠自己了。书稿完成后，我去了英国，某一天午餐时，出版商亨廷顿先生也在，我说："我有本书稿，想请您看看。"他问："是什么？"我说："一本短篇小说集。"他挥手喊道："不！"我近乎哀求："您不先看看吗？"他说："一个无名作者的短篇小说集？绝不可能！"后来，

---

[1] 安东尼·艾登（Robert Anthony Eden, 1897—1977），英国政治家、外交家。1955 至 1957 年出任英国首相。1945 年至 1973 年担任英格兰伯明翰大学校长。

[2] 部队特供版本（Armed Services Editions），"二战"期间在美国军队中分发的小型平装书和非小说类书籍，从 1943 年到 1947 年，超过 1300 种、1.22 亿册此类书籍被发放给军人。

我把它送去美国，立刻就被罗伯特·哈斯先生接受并出版了，美国读者接纳并喜爱这本书，他们总是值得信赖的。不，谢谢，我不用咖啡了，我得来支烟。

《巴黎评论》：出版商总是很愚蠢，作者的哀叹几乎是一种惯例了。

迪内森：有趣的是，书在美国出版后，亨廷顿先生给罗伯特·哈斯先生写信一番褒奖，并希望能拿到作者的地址，说他一定要在英国出版这本书。哈斯先生和我之前从未见过彼此。于是，亨廷顿先生见到了作为"布里克森男爵夫人"的我，而哈斯先生却素未谋面。亨廷顿先生从未和作为"伊萨克·迪内森"的我联络过。后来，他的确在英国出版了我的这本书。

《巴黎评论》：太有趣了，就像你书中的故事。

迪内森：坐在这开阔的地方太舒服了，但我想我们得走了。我们可以周日接着聊吗？我会去朱莉亚别墅①看伊特鲁里亚文物②，也许到时可以再聊会儿。哦快看月亮！

《巴黎评论》：太好了！我来叫出租车。

第二场

有雨，暖暖的周日中午。因为天气原因，朱莉亚别墅的伊特鲁里

---

① 朱莉亚别墅（Villa Giulia），位于意大利首都罗马的一座博物馆，由儒略三世在1551至1553年间修建，当时是教宗的别墅，20世纪初期被改为博物馆。
② 伊特鲁里亚文明（Etruscan）是伊特鲁里亚地区于公元前12世纪至公元前1世纪所发展出来的文明，其活动范围为亚平宁半岛中北部。

亚文物展人不多。布里克森男爵夫人身着红棕色的羊毛套装，锥形的褐色草帽再次为她漂亮的眼睛打上阴影。当她在新近安放的伊特鲁里亚雕塑、陶器和珠宝中间漫步时，她看起来和那些画廊观众一样疏离，轻盈地穿越其间。她走得很慢，身子挺直，时不时停下来，流连忘返于那些打动她的细节。

迪内森：他们怎么弄到这种蓝色的，你能猜得出来吗，青金石研磨成粉？看看那只猪！在北欧，猪在我们的神话中非常重要。它是太阳的宠仆。我猜想，在黑暗和寒冷的季节，它那胖胖的、可爱的外形能让我们觉得温暖。特别聪明的动物……我喜欢所有的动物。我在丹麦有一条大狗，一条德国牧羊犬；太庞大了。我会带它去散步。如果我活得比它久，我想我会再养一只小型犬——哈巴犬。但现在是不是不太容易弄到一只哈巴犬，它们太时髦了。快看那个石棺上的狮子。伊特鲁里亚人怎么会了解狮子的？这是我在非洲最喜欢的动物。

《巴黎评论》：你一定知道非洲最好的部分，是什么让你决定去那儿的？

迪内森：我还是个小女孩时，从来没有过去非洲的想法，我也无法想象一个非洲农场会让我待得十分舒服。这也证明了上帝比我们拥有更伟大的想象力。当我和表弟布洛·布里克森订婚的时候，我们的一个叔叔去非洲参加大型狩猎，回来后对那片土地赞不绝口。西奥多·罗斯福当时也去过那里打猎；东非也出现在新闻中，所以布洛和我决定去那里试试运气，两边的亲戚资助我们购买农场，在肯尼亚的高地，离内罗毕不远。到那里的第一天，我就爱上了那块土地，我感觉自在又快活，置身那些我不熟悉的花朵、树木、动物中间，还有恩贡山上不断变幻的云朵，和我之前见过的都不一样。东非那时真的是天堂，借用印第安人的说法，"快乐狩猎之地"。年轻时我特别着迷于打猎，但在非洲的那些年，我对非洲各地的部落更感兴趣，尤其是索马里族和马塞族。他们都是漂亮、高贵、无畏且聪慧的人。经营咖啡种植园并不容易。一万英亩的农田、刺槐，以及干旱……当我意识到我们所在的这块台地实在太高、不适合种植咖啡时，一切都已经迟了。我相信，那里的生活很像十八世纪的苏格兰：赚钱很难，但生活在很多方面又很富足，美妙的风景，几十只马和狗，还有众多的仆役。

《巴黎评论》：我想，你是在那里开始认真写作的？

迪内森：不，我在去非洲之前就已经开始写作了，但我从没想过当一名作家。二十多岁时，我在丹麦的文学评论杂志上发表过一些短篇小说，评论鼓舞了我，但我也没继续写——我不知道，我觉得我本能地害怕被困住。同样地，当我年轻时，我也在丹麦皇家艺术学院学过绘画；一九一〇年我去巴黎跟随西蒙和梅纳尔学习，但（她略略笑）……但我基本没在学习。巴黎对人的影响实在太强大了；事实上，我觉得出去四处看看画展、看看巴黎更重要。在非洲我又画了一些，大部分是本地人的肖像，但每次当我开始画画，就有人走过来说有头牛死了之类的事情，我不得不去田地里瞧瞧。后来，当我内心里知道我不得不卖了农场返回丹麦，我这才又开始写作。为了转移注意力，我开始写故事。哥特故事集中有两篇就是在那里写的。但在更早，我学会了讲故事。因为，你看，我有很棒的听众。白人无法再听游吟故事，他们一直在瞎忙、烦躁不安。但本地人还愿意听这些。我一开口说"有个人，他有一只两个头的大象……"，他们马上就想听到更多，"哦？是吗，但夫人，他是怎么找到它的？他怎么喂它呢？"诸如此类的。他们喜欢这样的虚构。在那儿，我说话时押着韵，这让他们听得很开心；你知道，他们没有押韵的概念，从没发明出这个。

我会这么说话，Wakamba na kula mamba，字面意思是"坎巴人[①]吃蛇"，如果直接用大白话说可能会激怒他们，但押着韵说出来，他们就听得特别开心。后来他们会说："夫人，求求你，像雨一样地说话。"我懂了，他们喜欢我的这种说话方式，因为"雨"在非洲十分珍贵。

哦，斯文森小姐过来了，她是天主教徒，所以今天出去聆训一位特别的枢机主教的讲道。我们得去买些明信片，希望有那种狮子图案的。

斯文森小姐： 早上好。

迪内森： 克拉拉，你得去看看那些可爱的狮子；然后我们去买些明信片，再去午餐。

（明信片买到了，出租车也叫到了，雨伞撑开，我们一行人跑上出租车，穿过博尔盖塞别墅花园离去。）

第三场

瓦拉迪耶俱乐部是一家非常时髦的花园餐厅，就在人民广场的上方，俯瞰美丽的罗马城。在积满水的阳台上，我们瞄了一眼雨中灰蒙蒙的城市，随后进入一个锦缎装饰的房间，房间里有仔细用灯罩护住的枝形吊灯，还有颜色明亮的地毯及油画。

迪内森： 我坐这儿，这样就能看到一切。（点了支烟）

[①] 坎巴人（Wakamba），是班图人的一支，居住在肯尼亚东部省，向西延伸到内罗毕、察沃，向北延伸到恩布。根据不同的数据来源，坎巴人被认为是肯尼亚的第三、第四或第五大民族。讲坎巴语。曾任肯尼亚副总统的卡隆佐·穆西约卡是坎巴人。

《巴黎评论》：环境不错啊，是吧？

迪内森：是，很不错，我承认。一九一二年我来过这儿。当年去过的每一个地方，我现时现地都能清晰地辨识出来。（停顿片刻）哦，我快疯了！

《巴黎评论》：（怔住了）怎么了？

迪内森：看看那幅画歪得！（她指着房间那头一幅熏黑的肖像画）

《巴黎评论》：我去把它摆正。（朝那幅画走过去）

迪内森：再往右边一点。

《巴黎评论》：这样？

迪内森：好多了。

（肖像画下面的桌子，两位坐着的、表情冷峻的绅士有些困惑。）

斯文森小姐：就和在家时一样！车流穿行中，我也要去把画挂正。

迪内森：我住在北海边上，就在哥本哈根和埃尔西诺之间。

《巴黎评论》：也许也在设拉子和亚特兰蒂斯之间。

迪内森：……也在《暴风雨》中的岛屿和我身处的无论何处之间。

（服务员来点菜；提供午餐服务。）

迪内森：我得抽支烟。你不介意我们在这里多待会儿吧？一旦在喜欢的环境中安顿好了，我就不想再动。人们总是叫我快点，来吧，干这干那。有一次我们坐船绕过好望角，我看到一只信天翁，身边人不断在说"你待在甲板上干吗？快进来"，又说"午餐时间到了"。"该死的午餐！"我说，"午餐哪天都有，但我再也看不到一只信天翁。"

它展翼时多漂亮啊!

《巴黎评论》:再谈谈你的父亲?

迪内森:和我祖父一样,他加入过法国军队。普法战争之后,他去了美国,在你们国家辽阔的中部和平原印第安人一起生活。他为自己建了一座棚屋,用他年轻时在丹麦度过欢愉时光的一处地名命名它——"弗吕登伦"①(意为"快乐的坟墓")。他狩猎,同时也是一名皮货商。大部分毛皮他都卖给了印第安人,再用获益买礼物送给他们。在他身边渐渐形成了一些小团体,我相信,现在弗吕登伦已经是威斯康辛州某个地区的名称。返回丹麦后,他开始写书。所以你看,作为他的女儿,我去非洲和当地人一起生活,然后回到丹麦写下这些,一切都是很自然的事儿。顺带着,他还写过一本战争经历的书,书名叫《公社之下的巴黎》。

《巴黎评论》:你用英文写作感觉如何?

迪内森:很自然,就是这样。我曾经接受过家庭女教师的一部分英文教育,后来又在英国的学校里短暂地待过。也因此,很多别人觉得正常不过的新词汇我都缺乏起码的了解。但这些家庭女教师都野心勃勃:她们确实在教授语言,其中一位就让我把《湖上夫人》翻译成丹麦文。在非洲,事实上我只能见到英国人,所以我讲了二十多年的英语和斯瓦希里语。我读英文诗和英文小说,尤其是那些年长的作家的作品,但我记得当我第一次读赫胥黎的《铬黄》时,就像咬了一口不认识却异常新鲜的水果。

《巴黎评论》:你的大部分故事都设置在上个世纪,对吧?你从没

---

① 原文是 Frydenlund。

写过现代的故事。

迪内森：我写过，如果你认为我们祖父母那一代，一个刚刚远去的年代，也是我们这个时代的一部分的话。我们吸纳了（过去）太多，自己却意识不到。另外，我写了很多人物，他们和故事是一体的。你看，开始我会以故事的风格开场。然后我找到人物，他们会接管整个故事。他们设计故事，我只需批准他们的主动性。而在现代生活和现代小说中，讲究的是环境和氛围，最首要的是人物的内心活动——这又是另外一回事了。我觉得在生活和在艺术中，本世纪的人们之间有点隔阂。孤独现在是一个世界性的主题。但我会酝酿人物，看他们彼此相互作用、发生关系。和他人的关系对我来说很重要，你看，友情对我来说很珍贵，而我也受崇高的友情庇护。时间在我的故事中是富于弹性的，我可以从十八世纪开场，然后故事迅即来到"一战"期间。这些年代都已经被人梳理过，十分清晰。此外很多我们从其故事主题和出版时间判断为当代的小说——想想狄更斯、福克纳、托尔斯泰还有屠格涅夫——这些故事的背景都设定在更早的年代，或者讲述的是前一代人的故事。当下总是动荡不定的，没人有时间静下心来思考它……在我成为小说家之前，我是一名画家……一个绘画者，从不希望描画的对象就在鼻子底下，他会站远些，眯着眼来打量、研究一处风景。

《巴黎评论》：你写过诗吗？
迪内森：还是小女孩时写过。

《巴黎评论》：你最喜欢的水果是什么？
迪内森：草莓。

《巴黎评论》：你喜欢猴子吗？

迪内森：我喜欢艺术作品中的猴子：在画中，在小说里，在瓷器上面，但在现实生活中，它们总是显得有些悲伤。它们让我紧张。我更喜欢狮子和瞪羚。

第四场

现在，我们在塞尔莫内城堡中央塔的胸墙上，城堡栖息在一座小山坡上，四周环绕着村镇，这里离北边的罗马大概有一小时半的车程。我们穿过一座护城河吊桥，攀上一列摇摇晃晃的阶梯，看到了残存的十四世纪的壁画。要塞塔内的墙上满是信手乱涂的字样和图画，是拿破仑的士兵被囚于此时留下的痕迹。涂鸦一直保存到现在，却笔触新鲜，恍若刚刚写成。我们走了出去，手搭在眼睛上遮挡阳光。下方，被金色和绿色覆盖的庞廷平原一直延伸到大海边，沐浴在午后明媚的阳光中。城堡下方数英里外，能看到豆田和桃园里正在农作的渺小人群。

《巴黎评论》：我很好奇，美国和英国的无论是批评者还是评论人士，都没有人指出你作品中的喜剧元素。希望我们能聊聊你的故事中的喜剧精神。

迪内森：啊，你提到这个我太开心了！人们总会问我，故事中的这个或那个意味什么——"这个象征什么？那个代表什么？"我总是很难让他们相信，故事所表达的东西就是我想要说的。如果对作品的阐释超出了作品本身，那就太可怕了。我的确经常试图呈现某种喜剧效果，我热爱笑话，我喜欢幽默感。"伊萨克"[①]这个名字的意思就是

[①] 作家笔名 Isak。

"笑声"。我时常想,我们现在最需要的就是了不起的幽默作家。

《巴黎评论》:英语里面有哪些幽默作家打动过你?

迪内森:嗯,比方说马克·吐温。但所有我赞赏的作家通常都有某种喜剧精神的心绪。对写小说的作家来说,这是必须的。

《巴黎评论》:哪些小说作家比较吸引你,或者,哪些人你会觉得亲切?

迪内森:E.T.A. 霍夫曼①、汉斯·安徒生、巴贝尔·多尔维利、穆特·福开②、沙米索③、海明威、莫泊桑、司汤达、契诃夫、康拉德、伏尔泰……

斯文森小姐:别忘了梅尔维尔!《贝尼托·塞雷诺》之后,当她(迪内森)不再说我是桑丘·潘萨,她就用那本小说中的人物巴伯来称呼我。

《巴黎评论》:天,你全读了啊!

迪内森:我真的得有三千岁了,而且和苏格拉底吃过饭!

《巴黎评论》:哈?

迪内森:(大笑并点了一支烟)因为从来没人告诉我,必须读什么,以及什么不能读,我读了一切能拿到的东西。我很小时就发现了莎士比亚的作品,直到现在我还觉得,人生如果没有莎士比亚则什么

---

① 恩斯特·特奥多尔·威廉·霍夫曼(Ernst Theodor Wilhelm Hoffmann, 1776—1822),笔名 E.T.A. 霍夫曼,德国浪漫主义作家、法学家、作曲家。作品多神秘怪诞,以夸张手法对现实进行讽刺和揭露,与现代主义文学有很深的渊源。
② 穆特·福开(Friedrich de la Motte Fouqué, 1777—1843),德国作家,以浪漫主义风格著称,最著名的作品是《涡堤孩》。
③ 沙米索(Adelbert von Chamisso, 1781—1838),德国诗人和植物学家,著有自传体书信小说《彼得·施雷米尔:一个卖掉自己阴影的人》。

都不是。顺带说一下，我的一个新故事就是关于一群演员排演《暴风雨》的。我喜欢一些现在已经没人读的维多利亚时代的小说家，比如沃尔特·司各特。我很喜欢梅尔维尔，还有《奥德赛》，北欧萨迦①——你读过北欧萨迦吗？我也很喜欢拉辛的作品。

《巴黎评论》：我记得《冬天的故事》中的一篇，其中有你对北欧神话的看法②。我觉得很有意思。顺便问一下，你怎么选择故事的形式？

迪内森：它自然而然就来了。家中的文学朋友跟我说，我的作品的核心不在于理念，而是故事的行文本身。有些你是可以讲述出来的，有些不行，就像你可以讲述《阿里巴巴和四十大盗》，但你无法讲述《安娜·卡列尼娜》。

《巴黎评论》：我最感兴趣的还是你的故事，比如《诺德尼的洪水》（1934），这样的故事是怎么成形的？看起来一切有序且必然，然而经过深究我们会吃惊于这种故事中又嵌入故事的设计。

迪内森：（畅快地大笑起来）读，再读，你就会发现它是怎么写成的。

---

① 北欧萨迦（Norse sagas），是冰岛及北欧地区的一种特有文学。萨迦广义可指广泛的文学作品，例如圣徒传记、史著和各类的世俗小说，包括用冰岛文或挪威文翻译的他国传说及历史。而狭义上，萨迦仅指传奇小说和历史小说。
② "当我读（这本诗集时），"这位身处"悲伤之野"的年轻绅士说，"我意识到，我们直到现在都不了解我们的北欧神话要比古希腊和罗马神话崇高得多、伟大得多。如果古代（古希腊和罗马）诸神不是因为借助于大理石雕塑让自己的形体之美流传至今，没有哪个现代人会觉得他们值得崇敬——他们自私、反复无常、虚伪且不忠。而我们丹麦祖先的神远比他们更具神性，就像督伊德教的僧侣要比古罗马的占卜官高贵得多。"（此条为原注，摘自迪内森的小说《悲伤之野》，收录于《冬天的故事》一书。）

结　语

作为结语，我想摘录布里克森男爵夫人作品《阿尔博多卡尼》[①]中的几段，这是一系列相互关联的故事，直到作家一九六二年辞世时也未完成。摘录节选自《空白页》，一九五七年以《最后的故事》为题出版。一个靠讲故事为生的老妇人说道：

"在我祖母那里，"她说道，"我经受了严格的教育。'要忠诚于故事，'那个老魔女告诉我，'完全地、坚定地忠诚于故事。''为什么我要这么做，祖母？'我问她。'我难道是用理性和经验把你滋养长大的吗？'她叫嚷道，'你注定要做一个讲故事的人！为什么你要变成一个讲故事的人，我来告诉你原因！听着：如果一个讲故事的人忠诚于故事，完完全全、坚定不移地对故事保持忠诚，那么，到最后，沉默就会说话。而如果故事被背叛，沉默就只是空洞而已。我们这些忠实之徒，当我们说出最后一个词，就能听到沉默的声音。不管你这个流着鼻涕的小姑娘听不听得懂，就是这样。'

"'那么谁，'她继续说道，'谁能比我们更好地讲出一个故事？沉默。在哪里能读到一个比印在最珍贵的书中最好的纸上的故事还要深刻的故事？只有空白页。当一支忠实的、勇敢的笔，在它灵感迸发到最高点的瞬间，以最珍稀的墨水写下它的故事——那么，在哪儿还能读到一个比这故事更深刻、更甜美、更快乐和更残暴的故事？在一张白纸上。'"

（原载于《巴黎评论》第十四期，一九五六年秋季号）

[①]《阿尔博多卡尼》(*Albondocani*) 是迪内森一组未完成的小说的总标题，可以单独阅读，并作为独立叙述收录于《最后的故事》一书中。Albondocani 是阿拉伯民间故事集《一千零一夜》中的哈里发哈伦·拉希德的名字。

西蒙娜·德·波伏瓦

◎汪天艾/译

　　西蒙娜·德·波伏瓦的引荐曾让我得以采访到让·热内和让-保罗·萨特。但是对于自己接受采访，她却有些踟蹰："为什么要聊我呢？你不觉得那三本回忆录里我谈论自己已经谈论得够多了吗？"我费了好几封信和好几次交谈的工夫才最终说服她接受采访，我还必须答应一个条件——"不要太长"。

　　采访在波伏瓦位于蒙帕纳斯区舒勒榭尔街的工作室里进行，距离萨特的公寓走路五分钟。我们交谈的房间宽敞明亮，这是她的书房和会客室。出乎意料的是，书架上塞满了并不有趣的书。她告诉我："好书都在我的各位朋友手上，再也回不来了。"桌上摆着她从旅行中带回来的五颜六色的物件，整个房间里唯一值钱的物品恐怕只有贾科梅蒂为她设计制作的落地灯。房间里散落着几十张黑胶唱片，罕有的几样她允许自己享受的奢侈。

　　除了古典风韵、棱角分明的脸型，波伏瓦最击中人心的地方是她蔷薇红的清新面色和清澈的蓝眼睛，极为年轻，活力饱满。你会觉得她什么都知道，什么都看得见，令人有点胆怯。她语速很快，讲话的方式直接但不唐突，一直微笑着，很友善。

——玛德琳·戈贝尔，一九五六年

《巴黎评论》：最近七年你一直在写回忆录，书中常有对志业与行业的思考。我的感觉是，对宗教信仰的丧失使你转向了写作。

西蒙娜·德·波伏瓦：回望过去的时候，一个人很难做到一点都不虚构。我想写作的愿望从很久之前就有了。八岁的时候我就写过故事，当然很多孩子都这么做，并不真的意味着他们就想以写作为志业。对我来说，失去宗教信仰可能加重了我想要献身写作的愿望。而且，每当我读到深深打动我的书，比如乔治·爱略特的《弗洛斯河上的磨坊》，就生出特别强烈的愿望，想要成为她那样的作家，写出被阅读并打动读者的书。

《巴黎评论》：英语文学影响了你吗？

波伏瓦：我从小就格外热爱学习英语。英语中的儿童文学作品要比法语中的好看太多了。那时候我特别喜欢读的书有《爱丽丝漫游奇境记》《彼得·潘》，还有乔治·爱略特的书，甚至是罗莎蒙德·莱曼。

《巴黎评论》：《含糊的答案》？

波伏瓦：小时候我真的爱过那本书。其实它写得一般般，但是我那一代的女孩子都特别喜欢。作者非常年轻，每个读它的女孩子都能在主人公朱迪身上看见自己。那本书虽然隐晦，但是写得很聪明。对我来说，我很羡慕书里描写的英式大学生活。我住在家里，没有自己的房间。事实上我什么都没有。英国的大学生活虽然也不是完全自由的，但至少能有隐私的空间，我觉得那很美妙。罗莎蒙德·莱曼明了青春期少女的所有迷思，比如帅气而带有一丝神秘的男孩子，等等。当然，后来我读到了勃朗特姊妹的书，还有伍尔夫的《奥兰多》《达洛维夫人》。我对《海浪》不是很喜欢，但是我非常非常喜欢她写勃朗宁夫人的那本书。

《巴黎评论》：她的日记呢？

波伏瓦：日记我没有那么感兴趣。书卷气太重了。写得很迷人，但是对我来说有点陌生。她太关心自己的作品是否能得到出版，关心别人会怎样谈论她。我很喜欢《一个自己的房间》，伍尔夫谈到了女性的处境，只是一篇短文，却一语中的。她很好地解释了为什么女性无法写作。伍尔夫是最令我感兴趣的女性作家之一。你见过她的照片吗？特别孤独的一张脸……某种程度上，她比科莱特更吸引我。科莱特过分沉溺于她那些情事和家务事了——洗衣服、宠物……伍尔夫的视野更为广阔。

《巴黎评论》：伍尔夫的书你是读的法译本吗？

波伏瓦：不是，是英语原版的。我的英语阅读能力比说话强。

《巴黎评论》：你怎样看待大学教育对作家的意义？你自己在索邦的时候是非常优秀的学生，大家都期待你成为优秀的教师。

波伏瓦：求学生涯只给了我关于哲学非常表面的知识，却激发了我对哲学的兴趣。教师的职业对我很有好处，因为我可以花大量时间阅读、写作和自学——那时候还没有繁重的教学大纲。求学生涯为我打下了坚实的基础，因为要想通过国家考试，必须去探索那些如果你只对广义的文化感兴趣就根本懒得去了解的领域。我从中学到了某种学术研究方法，在写作《第二性》（1949）以及开展各项研究工作的时候都很有用。那是一种浏览和总结的能力，我能迅速翻阅书籍，看看哪些作品重要，将它们分类，并拒绝不重要的东西。

《巴黎评论》：你那时候是个好老师吗？

波伏瓦：我不觉得。因为我只对聪明的学生感兴趣，对其他人完全不感兴趣。而一个好的老师应该对每个学生都感兴趣。只是，如果你教的是哲学课,就很难控制自己。总是那四五个学生回答所有的问题,其他人什么都懒得做。那我也懒得管他们。

《巴黎评论》:你写了十年才出版了第一本书,那时候你已经三十五岁了。在那之前你觉得挫败吗?

波伏瓦:没有,因为我那个时代,能在特别年轻的时候就出书是很罕见的。当然了,总有一两个例外,比如雷蒙·拉迪盖,他是个少年天才。《恶心》和《墙》出来的时候,萨特也三十五岁了,那时他也才第一次出书。我第一本差不多达到出版水准的书稿被退稿的时候,确实有一点泄气。等到第一版的《女宾》(1943)被退稿的时候,我也确实很沮丧。后来我想,我需要耐心一点,慢慢来。我知道不少作家的起步都很慢。人们经常举司汤达的例子,他四十岁才出第一本书。

《巴黎评论》:你早期的小说创作受过任何美国作家的影响吗?

波伏瓦:写《女宾》的时候我肯定是受了海明威的影响,他教会我使用简洁明了的对话风格,让我意识到生活中那些细枝末节的事物的重要性。

《巴黎评论》:你写小说的时候会列非常细致的提纲计划吗?

波伏瓦:要知道我已经十年没有写过小说了,最近这几年我一直在写回忆录。写《名士风流》(1954)的时候,我先围绕一个已知的主题构思人物和情境氛围,然后情节再一点一点成形。不过总的来说,在开始动笔写小说的时候,我远远没有想清楚情节。

《巴黎评论》:大家都说你是个无比自律的人,没有一天不工作,从不虚度时光。你每天几点开始工作?

波伏瓦：我总是迫不及待想要开始工作，虽然总的来说我并不喜欢开始新的一天。我会先喝杯茶，差不多从上午十点开始工作到下午一点。然后我去见见朋友，下午五点再开始工作到晚上九点。"下午场"开始的时候要捡起做了一半的事情继续，这对我来说并不困难。过会儿等你走了，我就看看报纸或者去买点东西。大多数时候，工作是一件令人快乐的事。

《巴黎评论》：你什么时候见萨特呢？

波伏瓦：每天晚上，午饭时间也经常能见到。我一般下午会在他那边工作。

《巴黎评论》：要从一个公寓去另一个公寓不让你觉得困扰吗？

波伏瓦：不会。因为我不写学术研究类的书，所以我可以把各种纸张草稿随身携带，这种安排实现起来效果很好。

《巴黎评论》：工作的时候你能立刻全情投入吗？

波伏瓦：这个某种程度上取决于我正在写什么。如果工作进展顺畅，我会花一刻钟到半小时读一读前一天写的东西，做一点修改。然后我就继续写下去。我得先读一下我写完的部分，才能从之前停下的地方捡起来继续。

《巴黎评论》：你的作家朋友们也和你有同样的习惯吗？

波伏瓦：不一定。这个因人而异。比如热内的工作方式就非常不一样。他为某个项目工作的时候可以整整半年每天工作十二个小时，等他完工了，又可以整整半年什么工作都不做。而我一年里有两三个月的假期在旅行，基本上完全不工作，其他时间每天都会工作。出门旅行的时候我也会装上一整个旅行包的书，虽然其实都是没时间看的。但是如果这趟旅行延续了一个月甚至一个半月,我就开始觉得不舒服了,尤其是我刚写完上一本书,还没开始下一本的时候。我不工作就会觉得无聊。

《巴黎评论》:你的原稿都是手写的吗?由谁来辨认誊清?纳尔逊·艾格林说他是为数不多的几个能认出你的手稿字迹的人。

波伏瓦:我不会打字,但是我有两个读得懂我的手稿的打字员。每次我给一本书定稿的时候,都会把手稿重新抄写一遍。我是很小心仔细的人,会下很大功夫。我的字还比较好认。

《巴黎评论》:《他人的血》(1945)和《人都是要死的》(1946)都涉及时间的主题。这方面你受到过乔伊斯或福克纳的影响吗?

波伏瓦:没有,这是我个人始终关切的一个点。我一直都对时间的流逝有非常尖锐的意识。我总是觉得我老了。哪怕在我十二岁的时候,我就已经在想三十岁一定很恐怖。我会觉得有什么东西随着时间的流逝一并失去了。我也知道我能从时间里得到什么,人生中某些特定的阶段教会了我许多东西。但是,尽管如此,我还是一直害怕时间的流逝,害怕死亡不停地迫近我们这个事实。对我而言,时间始终与死亡紧密相连,与我们总是不可避免地越来越靠近死亡的这个念头相连,与我们对衰退腐烂的恐惧相连。主要是这一点,而不是事物会解体,或者爱会慢慢减少直至消失——当然那也很可怕,只是我自己从来没有因此困扰过。我的人生总有极为稳定的延续性。我一直生活在巴黎,基本上住在同一个街区。我和萨特的关系已经维持了很长的时间。我还在和认识很多年的朋友继续见面。所以并不是我感觉到时间会破坏事物,而是我一直清楚地知道自己所处的位置。我知道在我的背后已经过去多少年,知道在我的前方还有多少年。我会去数。

《巴黎评论》：在你的回忆录第二卷中，你描述了萨特在写作《恶心》时，被那些他称之为"螃蟹"的怪物幻象困扰，焦虑不堪。那时候你似乎是两人中比较乐天的一方。但是在你的小说里表露出的那种对死亡的忧虑，我们在萨特的笔下是看不到的。

波伏瓦：就像他在《文字生涯》中说的，他自己从来感觉不到死亡的迫近，而他在高师的同学里就有人——比如《阿拉伯的亚丁》的作者尼赞[①]——格外为这个主题着迷。某种程度上，这是因为萨特认为自己是永生不死的。他把一切都赌在文学创作上，寄希望于自己的作品可以不朽。至于我，因为我的个体生命终将消失，我一点都不关心我的作品是否有可能长存。我总是强烈地意识到生命中最习以为常的事物都终会消失：一个人的日常行为，一个人的记忆印象，一个人的过往经历。萨特认为生命可以被文字的圈套捕捉，而我总觉得文字不是生命本身，只是生命的复制品，某个已经死掉的东西的复制品。

《巴黎评论》：你说到点子上了。有人说你不具备将生命转化成小说所需的力量，说你书里的人物完全是照搬自己身边的人。

波伏瓦：我也不知道。什么是想象力？长远地来看，这个问题其实讨论的是如何实现一定程度的普适性，是生命的真理究竟是什么，一个人真正活了什么。我对不基于现实的作品并不感兴趣——除非是大仲马或者雨果的那种史诗级别的虚构神作。我不认为单纯的编造故事即是想象力的体现，我觉得那只是人造之作。我要是想为自己辩护，就会举托尔斯泰《战争与和平》的例子，那本书里所有的人物都是从真实生活中取材的。

[①] 保罗·尼赞（Paul Nizan, 1905—1940），法国哲学家、作家，1924 年考入巴黎高师，和同学萨特、阿隆、丹尼尔·拉加什等一起被称为"1924：出类拔萃的一届"。

《巴黎评论》：说回你书里的人物。你怎么给他们起名字？

波伏瓦：我觉得起名字不是很重要。《女宾》中"格扎维埃尔"这个名字的来源是，我只认识一个叫这个名字的人。我起名字的时候通常直接用电话号码簿或者回忆一下以前教过的学生的名字。

《巴黎评论》：你和你笔下的哪个人物最有共鸣？

波伏瓦：我不知道。我对人物本身的兴趣不及对他们之间的关系——无论是爱情还是友情——的兴趣。评论家克劳德·罗伊也这样说过。

《巴黎评论》：在你的每部小说里，我们都能找到一个女性角色被虚假的信念误导最终濒临疯狂。

波伏瓦：很多现代女性都是那样的。女人被迫扮演并非自身所是的角色，比如去扮演青史留名的交际花，去伪装自己的个性。她们都处在精神崩溃的边缘。我很同情这种类型的女人。她们比那些平衡得很好的家庭主妇和母亲更令我感兴趣。当然，我最感兴趣的还是那些既真实又独立、工作着创造着的女性。

《巴黎评论》：在你的小说里，没有任何一个女性角色对爱情完全免疫。你喜欢浪漫元素。

波伏瓦：爱情是巨大的殊遇，经历真正的爱情（极为罕见）的男人和女人，他们的生命会因此充盈丰富起来。

《巴黎评论》：在你的小说里，好像女人在爱情中的体验更为充分，比如《女宾》里的弗朗索瓦兹，还有《名士风流》里的安娜。

波伏瓦：原因是——抛开其他不谈——女人在爱情中更为全身心地付出，而这又是因为大部分的女性并没有多少别的事情可以为之投入。可能也因为女性更有能力产生深刻的共情，这是爱情的基础。也许还因为比起男性角色，我更容易把自己投射在女性角色上。我笔下的女性角色总是比男性角色内涵更丰富。

《巴黎评论》：你从来没创造过一个真正独立自由的、能以这样或那样的方式彰显《第二性》主旨的女性角色，这是为什么？

波伏瓦：我在小说里写的是女性在现实中的样子——矛盾重重的人，而不是她们应该成为的样子。

《巴黎评论》：在写完长篇小说《名士风流》之后，你暂停了小说创作，开始写回忆录。这两种文学形式你更喜欢哪一种？

波伏瓦：两种我都喜欢。它们带给我不同类型的满足和失望。写回忆录的时候，能有现实为我背书令人十分愉悦。但是另一方面，如果像我这样每天跟随日常现实写作，就会忽略掉某些特定的深度、某种迷思或意义。而在小说的创作过程中，我可以表达这些维度，这些日常生活的弦外之音，却又总有编造的元素令人不安。我的目标应该是创造，避免编造。长久以来，我一直想要写写自己的童年和青年时代。这些人生阶段与我之间存在着非常深刻的关系，但在我的任何一本小说中都无迹可寻。甚至在我写第一本小说之前，就已经渴望展开一种心对心的沟通。这是一种非常动情的、非常私人的需求。在写完《端方淑女》[①]（1958）之后，我并不满足，于是考虑再做点别的，但是没能做到。我对自己说，我努力奋斗才获得自由。我用我的自由做了什么？产出是什么？我写了续篇，覆盖了我从二十一岁到此时此刻的人生，从《岁月的力量》（1960）到《事物的力量》（1963）……

[①] 此处采用的是中译《波伏瓦回忆录》（作家出版社，2012）的分卷标题译名，下同。

《巴黎评论》：几年前，在弗门特的一次作家大会①上，卡洛·列维将《岁月的力量》描述为"本世纪最伟大的爱情故事"。因为萨特第一次以凡人的形象出现，你呈现出了一个没有得到公正理解的萨特，一个与传说中的萨特非常不一样的男人。

波伏瓦：我是有意为之的。他不想让我写他。等他看见我讲述他的方式之后，就放手任我去写了。

《巴黎评论》：萨特虽然已经享有二十年的盛名，但是依旧遭到误解，被批评家猛烈地攻击，在你看来，这是为什么？

波伏瓦：是政治方面的原因。萨特是一个强烈地反抗了自己出身阶级的人，所以那个阶级视他为叛徒。可那恰恰同时也是有余钱、会买书的阶级。萨特的处境非常矛盾。他是一个反资产阶级的作家，作品却被资产阶级所阅读，作为资产阶级的产物受到仰慕。资产阶级在文化上处于垄断地位，认为是自己给了萨特生命；与此同时，又因为他攻击资产阶级而厌恶他。

《巴黎评论》：海明威在接受《巴黎评论》采访时曾说："关于有政治头脑的作家，唯一能确定的就是，如果他的作品得以长存，你读它的时候需要跳过谈论政治的部分。"当然你是不会同意的。你现在依旧相信艺术可以为某项事业"献身"吗？

波伏瓦：海明威恰恰是那种永远不想公开做任何政治表态的作家。我知道他参与了西班牙内战，但他是以记者的身份。海明威从来没有深刻地献身于任何事业，所以他认为文学当中能够永恒的是没有注明日期的部分，是没有任何政治瓜葛的部分。我是不同意的。有许

---

① 指的是20世纪50年代在西班牙马洛卡岛的度假胜地弗门特举办的文学聚谈，卡尔维诺、博尔赫斯、贝克特等巨匠均前往，与吉尔·德·别德马、卡洛斯·巴拉尔等西班牙本土作家畅谈创作。

多作家，我喜欢或不喜欢他们是和他们的政治立场有关的。过往的时代里，并没有多少作家的作品真正抱有政治主张。虽然人们阅读卢梭的《社会契约论》和阅读他的《忏悔录》抱有同样的热忱，却没有人再去读《新爱洛伊丝》了。

《巴黎评论》：存在主义的全盛时期似乎是从"二战"结束到一九五二年。当下的热点是"新小说"，像德里厄·拉罗谢勒①、罗杰·尼米埃②这样的作家。

波伏瓦：法国确实在向"右"回转。新小说本身并不是反对政治社会变革的，新小说的作家也不是。支持他们的人可能会说，这些作家想要废除某些资产阶级陈规。但是他们并不是打算扰乱什么。从长期来看，戴高乐主义把我们带回了贝当主义，可以预料，像拉罗谢勒这样的合作者以及尼米埃这样的极端反对变革派会重新得到很高的声望和评价。资产阶级再次展露出真面目：这是一个反对变革的阶级。看看萨特的《文字生涯》所取得的成功就知道了。这其中有几点值得留意。那本书就算不说是他最好的一本书，至少是最好的作品之一。按照任何考量标准，那都是一本出色的书，激动人心地展现了娴熟的技艺，是非常精彩的写作。与此同时，那本书能够大获成功是因为它是一本去政治化的书。评论家将那本书连同《恶心》一起称为萨特最好的作品，要知道《恶心》是他的早期作品，同样也是一本去政治化的书，所以比他的戏剧作品更容易同时被左右两边接受。我的回忆录

---

① 德里厄·拉罗谢勒（Drieu La Rochelle，1893—1945），法国作家，在20世纪30年代成为狂热的纳粹分子，曾担任伽利玛出版社旗下《新法兰西评论》的主编，但暗中保护了一批知识分子，著有自传体小说《吉尔》(1939)，讲述了一个法国年轻人如何成为一个纳粹分子，1945年自杀。
② 罗杰·尼米埃（Roger Nimier，1925—1962），法国小说家、电影编剧，法国现代文坛最有天赋的早逝才俊之一，23岁即发表了处女作《击剑手》，成为法国"蓝色轻骑兵运动"的领头人，和存在主义派有过笔仗。伽利玛出版社旗下设置的"罗杰·尼米埃奖"是法国文坛的重要奖项。

的第一卷《端方淑女》也是如此。出身资产阶级的女性读者很高兴能够在书中找到自己的青春记忆。但是自从《岁月的力量》问世，反对和抗议就开始了，一直延续到《事物的力量》。这个断裂是极为清楚且锐利的。

《巴黎评论》：《事物的力量》的最后一部分专门写到阿尔及利亚战争，你对这场战争的反应好像非常个人化。

波伏瓦：我体会和思考事物是以一种政治化的方式进行的，但是我从来没有参与过任何政治行动。《事物的力量》的最后一部分完全是关于战争的。法国对阿尔及利亚战争已经不再感兴趣了，写这个似乎已经过时了。

《巴黎评论》：你当时没有意识到人们注定会忘记那场战争吗？

波伏瓦：我写那个部分的时候删掉了很多页。这意味着当时我已经意识到等书出来的时候，谈论这个已经过时了。但是与此同时，我又绝对想要谈论这件事，而且十分讶异人们的健忘程度竟到了如此地步。你看过青年导演罗贝尔·恩里科执导的电影《美好的生活》吗？人们因为那里面拍到的阿尔及利亚战争而震惊不已。克洛德·莫里亚克在《费加罗报》文学版上写道："为什么拍给我们看的都是伞兵降落在公共广场的镜头？这并不忠实于生活。"可是，这就是忠实于生活的。我曾经每一天都在圣日耳曼德佩区透过萨特家的窗户看见那些伞兵。人们就是想要忘记。人们想要忘记自己的记忆。这就是为什么我并没有像我以为的那样，因为关于阿尔及利亚战争的言论而遭到攻击，我被攻击的地方反而是我对老年和死亡的观点。至于阿尔及利亚战争，所有的法国人现在都已被说服了，他们相信这场战争从未发生，从来没有人被酷刑折磨——要是真的有酷刑，他们是一定会反对的。

《巴黎评论》：在《事物的力量》末尾，你写道："当我难以置信地回望当年那个轻信的少年人，我震惊地看到自己是怎样受骗的。"这句话好像引起了各种各样的误解。

波伏瓦：人们——尤其是敌人们——试图将这句话解读成我的人生是一个失败，我要么是承认了自己的政治主张是错误的，要么承认了说到底女人还是应该生儿育女，云云。任何仔细读过我的书的人都能看出我的意思恰恰相反，我想说的是我不嫉妒任何人，我对我的人生所呈现出的样子完全满意，我兑现了我全部的承诺，所以如果让我重活一次，我也不会选择任何不同的活法。我从来没有后悔过不生孩子的决定，因为我想做的事是写作。

那么，我为什么要说"受骗"呢？像我这样抱持存在主义世界观的人，人类生命的悖论恰恰在于人总想要"是"什么，却终究只是"存在"着。本质与存在的不一致意味着，当你把赌注都押在"是"什么之上——某种程度上，只要你做了人生计划，就会这样，哪怕你其实知道自己无法真的"是"什么——你回望自己人生的时候就会意识到自己仅仅是"存在"着。换句话说，人的生命并不像神灵（人们设想出的神灵就是不可能存在的事物）的生命那样是你背后的一个坚实固体。你的生命仅仅是凡人的生命。

所以，就像阿兰[①]说过的："我们没有被许诺任何东西。"我很喜欢他这句话。某种意义上，这句话是真的，但在另一方面，它又不是。因为一个出身资产阶级的男孩或女孩拥有一个特定的文化，他或她其实是被许诺了一些东西的。我认为任何年轻时生活艰辛的人都不会在多年后说自己"受骗"了的。我说我"受骗"了，指的是那个每天在乡间的榛子树丛旁做着白日梦、设想自己将来会做什么的十七岁少女。我做到了所有我想做的事——写书，学习事物的道理，可我还

[①] 埃米尔-奥古斯特·沙尔捷（Emile Auguste Chartier, 1868—1951），笔名阿兰，法国哲学家、记者、和平主义者，毕业于巴黎高师，著有《幸福散论》《论教育》等。

是感觉"受骗"了，因为这些都不再重要。还有马拉美的那行诗，讲到悲伤的香气驻留心间，我忘了原句是什么了。我拥有了我曾经想要的东西，尽管如此，一个人想要的却永远是什么别的东西。一位女精神分析师曾经给我写过一封很聪明的信，信中说："最后的分析显示，欲望永远比被欲望的客体更深远。"事实就是，我拥有了所有我渴望过的东西，但是当欲望被实现的时候，欲望本身包含的那个"更深远处"并没有实现。年轻的时候，我拥有的人生观和希望是所有受过教育的人、所有的资产阶级乐观主义者都会鼓励一个人去拥有的，也是我的读者指责我居然不鼓励他们去拥有的。这就是我的意思，我并不后悔任何我做过的或想过的事。

《巴黎评论》：有人认为对上帝的渴望是构成你作品的基础。

波伏瓦：不是这样。萨特和我一直都说，并不是有这种想要"是"什么的渴望，这种渴望就必须对应任何现实。这正是康德在智识层面上谈论的东西。一个人相信偶然并不意味着他有理由去相信有一个至高力量的存在。一个人想要"是"什么，并不意味着他就一定能实现，甚至"本质"也不是一个可能的概念，至少不是作为思考的同时又作为一种存在的那个"本质"。本质和存在的完全统一是不可能的。萨特和我一直拒绝这一点，这种拒绝构成了我们思考的基础。在人的里面存在一种虚空，哪怕是在他的成就里也存在这种虚空。就是这样。我不是说我没有获得我想要获得的成就，而是说成就本身从来不是人们以为的样子。另外，这里还有一个有点天真或者自命不凡的方面，因为人们会想象如果你在社会层面上获得了成功，就一定会完全满足于自己总体的人生状态。事实并非如此。

我感觉"受骗"还暗指了另一层意思——就是人生让我发现世界如其所是，世界是由苦痛和压迫组成的，这世界上大多数的人仍然经受着严重的营养不足，这些都是我年轻时完全不了解的事情，那时候我以为探索世界是去发现美好的东西。在这一点上，我被资产阶级文化骗了，这就是为什么我不想去骗别人，这就是为什么我要写出我感觉自己受骗了，是为了让别人不要受骗。这确实也是一个社会问题。总而言之，我先是一点一点、然后是越来越多地发现世界上的不幸，尤其是最后阿尔及利亚战争带给我的感受，以及我在旅行中的所见所闻。

《巴黎评论》：有些评论家和读者感觉你谈论年老的方式实在不令人愉悦。

波伏瓦：很多人不喜欢我说过的话是因为他们想要相信人生中的任何年龄阶段都很美好——所有的儿童都天真，所有的新婚夫妇都幸福，所有的老年人都平静。我一辈子都在反对这样的想法。毫无疑问，在当下这个时刻，我面对的不是年老而是开始变老。就算一个人拥有自己想要的全部资源，享有别人的喜爱，也有待完成的工作，开始变老依然意味着人的存在的变化，这个变化的体现是你会失去很多东西。要是一个人不觉得失去它们很遗憾，那仅仅意味着这个人并不热爱它们。我认为那些过于轻而易举地美化年老或者死亡的人才是真的不热爱生命。当然了，在现如今的法国，你非得说一切安好，什么都美好，包括死亡。

《巴黎评论》：贝克特也深刻地体会到人类生存状况的欺骗性。他会比其他的"新小说家"更令你感兴趣吗？

波伏瓦：当然了。"新小说"里所有关于时间的构思都可以在福克纳的作品中找到。福克纳教会了他们怎么去做。在我看来，福克纳是玩味时间主题的作家里做得最好的。至于贝克特，他突显生命黑暗面的方式非常美丽。可是他坚信生命就是黑暗的，只有黑暗面。我也认为生命是黑暗的，但同时我也热爱生命。而对贝克特而言，他的这个信念似乎把一切都毁坏了。如果你能说的只有这个，是没有五十种不同的方式可以来谈论它的，我觉得贝克特的许多作品仅仅是对他早前谈论过的内容的重复。《终局》是对《等待戈多》的重复，只是表达方式上更软弱一点。

《巴黎评论》：当代法国作家里有哪些人让你感兴趣吗？

波伏瓦：不太多。我收到很多手稿，令人烦躁的是大多数时候都不怎么样。目前我很期待维奥莱特·勒杜克。她最早的作品被收进一九四六年的"希望"丛书，加缪是那套书的编辑。评论将她吹上了天。萨特、热内还有儒昂多都很喜欢她。她的书始终不叫卖。她最近出版了一本很精彩的自传，名为《杂种》，书的开头发表在《现代》杂志上，萨特是主编。我给那本书写了序，因为我认为她是战后未能得到应得赏识的法国作家之一。现在她在法国享有很大的成功。

《巴黎评论》：你觉得你在当代作家中位列何处？

波伏瓦：我不知道。要用什么来估计？动静、沉默、后世、读者的数量、读者的缺乏、在一个特定的时间段内的重要性？我认为在未来的一段时间里，人们还会阅读我。至少，我的读者是这么告诉我的。我为女性问题的讨论贡献了一点东西。我是从读者寄给我的信里知道这一点的。至于我的作品的文学质量，严格意义上的"质量"，我完全没有概念。

（原载于《巴黎评论》第十四期，一九五六年秋季号）

伊丽莎白·毕肖普

◎盛韵/译

一九七八年六月二十八日下午,毕肖普女士和两位友人动身去北黑文(缅因州佩诺布斯科特湾的一个岛)度夏前三天,我在波士顿的刘易斯·沃夫公寓采访了她。她的会客室在刘易斯·沃夫公寓的四楼,波士顿港的景色一览无遗;我到了之后,她立刻带我去阳台,指着远处的波士顿地标如老北教堂,说"老铁壳"①就泊在附近。

她的客厅宽敞迷人,锃亮的宽条木地板,横梁顶,两面老砖墙,还有一面墙全部摆满了书。除了一些舒适的现代家具之外,还有紫云木摇椅和其他从巴西运来的古董家具,两幅洛伦·麦克维尔的画,一个基韦斯特岛带回的巨大马螺,还有一座富兰克林火炉,柴火都装在一个驴背篓里,也是巴西来的。屋里最显眼的是一尊巨大的雕塑,无名野兽张着大嘴,头上有角,蓝眼睛,高高悬在墙上。

走廊尽头的一个小房间,便是她的书房,很乱。文学杂志、书、报纸堆得到处都是。墙上有玛丽安·摩尔②、罗伯特·洛厄尔和其他朋友的照片;还有一张是巴西的末代皇帝,她特别爱给巴西朋友看。"大部分人不知道他是谁,"她说,"这是在他退位之后,在去世前不久拍的——看上去很悲伤。"她的书桌紧挨着唯一的窗户的一角,也能看

---

① Old Ironsides,18世纪美国独立战争时期最有名的一艘战舰,战绩辉煌,从未打过败仗。
② 玛丽安·摩尔(Marianne Moore,1887—1972),美国现代派女诗人,1952年获普利策诗歌奖,普遍被认为是毕肖普的诗歌导师,也有研究论证她们的诗歌的诸多共通之处。

到港口的景色。

六十七岁的毕肖普女士很出挑，向后梳的白色短发衬托着叫人过目不忘的高贵脸庞。她穿着黑色圆领衫、灰色西裤，戴金表和耳环，棕色日式平底凉鞋令她看起来要比一米六三的实际身高矮一些。虽然她看上去健康、兴致也不错，但抱怨最近得了花粉病，她拒绝拍照，并挖苦道："摄影师、卖保险的、葬礼司仪是最糟糕的人生。"

七八个月后，她读了我给《瓦萨季刊》写的一篇人物特写（基于这次访谈），担心自己会显得像个"轻浮之徒"，于是给我写信："我曾经挺欣赏弗雷德·阿斯泰尔的一个访谈，他拒绝讨论'跳舞'、伴侣或者'事业'，坚定地只谈'高尔夫'——所以我希望读者能够明白，即便我像一条极浅的小溪那样碎碎念，也时不时会思索一下艺术问题的。"

虽然毕肖普女士有机会修改《瓦萨季刊》的文章中收入的部分访谈内容，但以如下形式呈现的访谈她尚未过目。

——伊丽莎白·斯派尔斯

《巴黎评论》：你的客厅堪称新与旧的完美结合，这些家具背后有什么故事吗？特别是那尊雕塑，它相当壮观啊。

毕肖普：我以前在巴西住的房子特别现代。等到我终于得搬家时，我就把最喜欢的家具都带回来了。所以现在是混搭风格。我很喜欢现代的东西，但住在那儿时又买了太多老东西，无法割舍。雕塑是在圣弗朗西斯科河买的，有些更漂亮，这尊算是非常丑的了。

《巴黎评论》：它是用来驱挡邪灵吗？

毕肖普：大概是。这些雕像曾经被放在一截两三百英里长的河段旁边，这些雕像大概有五十年的历史吧。圣弗朗西斯科河虽然不能跟亚马孙河比，但也是巴西第二大河。这尊雕塑是原始艺术，我甚至认为自己知道是谁造了它。有个黑人雕了二三十件作品，这尊就是他的风格。有一尊叫红马的紫云木雕特别有名。它和这尊一样美丽，马嘴张开，可惜出于某种原因那些雕像统统消失了。一九六七年我去那河上待了一星期，一尊雕塑也没看见。我乘的是一艘一八八〇年造的舭明轮船，小到你没法相信。我们慢慢开啊开了好多天……有趣的旅行。

《巴黎评论》：你花那么多时间旅行是为了寻找一个完美的地方吗？

毕肖普：我不觉得。我好像也没有一直在旅行。一切都很自然，虽然我并不富裕，但继承了一小笔遗产——我八个月大时父亲就去世了，我从学校毕业后就靠这笔钱出门。我旅行时很节约。靠这笔钱我去巴西住了几年，但现在已经没法再靠它度日了。第一本收录我作品的文集中的作者小传这样写："噢，她去过摩洛哥、西班牙等地。"这话被重复了很多年，尽管我再也没有重温过那些地方。而且我也从来没有像如今的学生这样到处跑。我的学生们好像每年复活节假期都会去尼泊尔之类的地方，跟他们比我真是哪儿也没去过。

《巴黎评论》：好吧，我总觉得你很有冒险精神。

毕肖普：我想去亚马孙河上游看看，也许我会去。可以从秘鲁出发顺流而下——

《巴黎评论》：你在旅途中会写作吗？

毕肖普：有时写，要看情况。我通常会记笔记，但也不一定。我记类似日记的东西。我最喜爱的两次旅行，一次是亚马孙，一次是三四年前去加拉巴哥群岛……我还很想再去意大利，因为根本看不够。还有西西里。威尼斯太棒了。佛罗伦萨比较辛苦，我觉得。上一次去意大利还是一九六四年，和一个巴西朋友一起。我们租了一辆车，用五六个星期玩了意大利北部。我们没去罗马。我必须再去一次。有太多东西还没看到。我喜欢绘画的程度可能要超过诗歌。我也有些年头没去巴黎了，物价太贵了！

《巴黎评论》：之前你提到要去北黑文一段时间。这是"工作假期"吗？

毕肖普：今年夏天我想大干一场，因为真的很久没有做任何事了，我要在见上帝前完成几样事情：两三首诗和两三个长故事。这个地方是我在《哈佛深红报》的广告栏里偶然发现的，有时候我觉得不应该老是去这里，也许我应该多看看艺术品、大教堂，等等。但我太喜欢北黑文了，总忍不住要去。从屋里就能看到水，一大片水和土地。小岛都很美。有些岛径直在眼前，先看到花岗岩，然后是阴郁的冷杉丛。北黑文不是这样，但也非常美。岛上人烟稀少，在那里有房产的很多业主都富得吓人。如果不是因为这些人，这岛可能就像许多缅因州的小岛那样被抛弃了，村子实在太小了。不过几乎所有的居民都有工作，他们是捕龙虾的渔民，也当看守员……那里的电力不算发达。两年前的夏天是一小时有电，一小时没电。我有两台电动打字机，根本没法连续工作。杂货店里有一幅漫画，画中一个男人在五金店里说："我要一根十八英里长的延长线！"（岛上跟大陆相距十八英里。）去年他们终于跟大陆连上了，安装了电缆。但偶尔还是会停电。

《巴黎评论》：所以你在打字机上写作？

毕肖普：我可以在打字机上写散文，写诗不行。因为没人能看懂我的字迹，所以我用打字机写信。我终于训练自己能在打字机上写散文，然后再大幅修改。但写诗我得用笔。写到一半时，有时我会打几行出来看看怎么样。

威廉·卡洛斯·威廉斯完全用打字机写作。罗伯特·洛厄尔就是直接发表——他从来没学会写作。他发表所有东西。

《巴黎评论》：你从来没有像一些同龄作家那样多产。是不是很多诗只有开头，能完成的很少？

毕肖普：是啊，唉，的确如此。很多东西我写了开头以后就放弃了。过去几年里因为教课我没写什么。现在我空下来了，又拿了古根海姆奖的奖金，希望能够多写点。

《巴黎评论》：你写《麋鹿》（1972）花了多久？

毕肖普：很有趣。很多很多年前我就动笔了——起码二十年前，我有一大堆笔记，前两三节和最后一节。

《巴黎评论》：这首诗太梦幻了。它进行的方式就像巴士前进。

毕肖普：的确。巴士之旅是在我去巴西之前，我去看一个阿姨。实际上我乘错了车。目的地是对的，但我上错了快线车。它绕了路，正如我在诗里写的，只有"七个亲戚"不是真的，他们不是真的亲戚，而是几个继子继女。我想写完这首诗是因为喜欢，但中间部分一直写不出来，就是从一处到另一处的那部分。然后我住在麻省剑桥时，有人邀请我去哈佛给美国大学优秀生全国性荣誉组织写首诗。我挺高兴的，想起来还有一首没写完的诗，是关于鲸鱼的，也是很久很久以前写的。我怕我是永远不会发表这诗了，因为现在鲸鱼成了人们为之奋斗的"事业"，发表这诗好像显得我特别要求与时俱进似的。

《巴黎评论》：那首诗现在写完了吗？

毕肖普：我感觉写完应该不难，我打算把它带去缅因州。我得给它加个日期，不然没人会相信这诗早就开始写了。不过当时我没找到鲸鱼诗（那大概是一九七三或一九七四年），于是我把《麋鹿》挖了出来，心想也许我可以先完成这首。优秀生庆典那天（我在大学里可从来没当过优等生），我们都坐在桑德斯剧院的讲台上。请我写诗的人隔着校长探身过来小声问："你的诗叫什么？"我说："麋鹿，M-o-o-s-e[①]。"然后他起身介绍我，说："毕肖普女士现在会朗诵一首诗，题为 Moos[②]。"我一时语塞，而且我的帽子也太大了。后来报纸上说"毕肖普女士朗诵了一首诗《麋鹿》，她的学士帽上的流苏在她脸上前后晃荡，好像挡风玻璃上的雨刷"！

在我之后是合唱团表演，他们唱得可糟了，我这么觉得，大家也这么觉得。一个没能来现场的哈佛朋友认识几个合唱团里的男生，他后来问了其中一位："演出怎么样？""噢，马马虎虎，唱得不算好。"这是实话——接着他说："一位女士朗诵了一首诗。"我朋友问："读得怎么样？"他说："就诗论诗，相当不错！"

《巴黎评论》：你有没有碰到过天赐之诗？就是那种好像自动流淌出来一样？

毕肖普：是，偶尔会有这样的情况。我一直想写一首维拉内拉诗[③]，但总写不出来。每次开个头，总因为这样那样的原因没写完。直到有一天，真没法相信，就像写信一样写了一首。[④]有一个押 e-n-t 的韵我想不出，这时候正好诗人朋友弗兰克·比达尔来看我，我说：

---

① 麋鹿的英文即为 moose。
② Moo 在英语里也指牛的哞哞叫声。
③ 16 世纪法国的一种十九行二韵体诗。
④ 即《一种艺术》(1976)，见毕肖普诗集《地理三》。

"弗兰克,给我一个押韵字。"他随口说了一个,我就放进去了。不过我俩都想不起来是哪个字了。可惜这种好事很难碰到。也许有些诗人一直那样写,我不知道。

《巴黎评论》:你是不是经常给玛丽安·摩尔提供押韵字?

毕肖普:是啊,她翻译拉封丹那会儿。我一回纽约(那会儿我大部分时间在巴西)她就会给我打电话,说她需要一个押韵字。她说她很迷恋押韵和用韵结构。有时候很难分辨她是不是在开你的玩笑,她那凯尔特血统让她对这些东西神叨叨的。

《巴黎评论》:评论家经常说你晚近的诗歌不那么形式化,更"开放了"。他们说《地理三》中有更多的"你",情绪范围更宽阔。您同意这样的看法吗?

毕肖普:评论家说他们要说的。无论是我多么想写的东西,我从来没写过会让自己毕生仰慕的东西。也许没有人能写。评论家总爱作惊人语!

《巴黎评论》:我正在读安妮·史蒂文森关于你的评论专著。她说在你的诗里自然是中立的。

毕肖普:是,我记得中立这个词。只不过不太明白她要表达什么意思。

《巴黎评论》:我觉得她的意思是,如果自然是中立的,就不存在任何引导性的精神或力量。

毕肖普:有个名人,我想不起来是谁了,反正特别有名,有人问他如果他可以问斯芬克斯一个问题并得到答案,他会问什么?他说:"自然是支持我们还是反对我们?"但我从来没有认真思考过这个问题。我喜欢乡下，特别是海岸，如果我能开车，可能就会住在乡下。很不幸，我买过至少两辆车，但从来没学会开。在巴西我有一辆名爵，很喜欢。我们住在山顶上，要开一个小时才能找到地方练习，再说也没有人能经常挤出一个下午来教我开车。所以我没考过驾照。不过话说回来，我肯定不会在里约开车的。反正你不会开车，就没法住在乡下。

《巴黎评论》：你这儿有你叔叔的画吗？你在《诗》（1972）里写过的"一张老款美元大小"的画？

毕肖普：当然，你想看看吗？太小了没法挂墙上。他是我的外叔祖[①]，我从来没见过他。

《巴黎评论》：这画里的牛真的只用了一两笔！

毕肖普：我夸张了一些些，诗里的一处细节画里并没有，我现在记不起来是哪处了。我的外叔祖在他十四五岁时还画了一幅画，我在一首较早的诗《糟糕的大画》（1946）里写过。有两幅画曾经挂在蒙特利尔的一个姨妈家的前厅，我可想要了，去过一次想买下来，但是她不肯卖给我。她相当抠门。几年前她去世了，那幅大画现在不知道归谁了。

《巴黎评论》：刚才你带我看书房时，我注意到客厅里挂着一个小橱窗，是约瑟夫·柯内尔[②]的作品吗？

毕肖普：是我的小型作品之一，讲的是巴西的婴儿死，那个作品叫

[①] 乔治·怀利·哈钦森（George Wylie Hutchinson，1852—1942），英国画家、插画家，曾为柯南·道尔、吉卜林、罗伯特·路易·史蒂文森等人的作品画插图。毕肖普有几首诗的灵感都来源于他的画作。
[②] 约瑟夫·柯内尔（Joseph Cornell，1903—1972），美国超现实主义艺术家、雕塑家和蒙太奇电影导演，最著名的作品之一是他的"盒子系列"装置作品。

Anjinhos，意思是"小天使"——巴西人这么叫早夭的婴儿或儿童。

《巴黎评论》：那些个物件有什么特殊意义吗？

毕肖普：一个圣诞节我在里约东边的海滩上发现了小孩的凉鞋，最后决定用它创作。安抚奶嘴本来是大红色的橡胶，巴西人在药店里整瓶整罐卖这种奶嘴。我决定它不该是红色的，就用墨汁把它染成了黑色。我在染色的时候，一个巴西朋友的侄子来看我，非常聪明的年轻人。他带了两个美国摇滚乐手一起来，我们聊啊聊啊聊，但整个过程里我都没有想到要解释一下自己在干什么。他们走后我才想到，天哪，他们肯定以为我是个女巫或者什么！

《巴黎评论》：那些装着米的小碗和煮锅呢？

毕肖普：噢，就是小孩的玩具。当然米和黑豆是巴西人的日常粮食。

柯内尔非常棒。我第一次看到"美第奇自动售货机"是在大学里，噢太爱了。想想如果那时候就能买到那些东西呢。他是个怪人，暗恋唱歌剧的和跳芭蕾的。两年前我在纽约看他的展览时差点晕过去，因为我最爱的一本书是他也喜欢的而且他将它用在了展览里。那是一个英国科学家为孩子写的讲肥皂泡的小书——《肥皂泡：它们的色彩和塑造它们的力量》，C. V. 鲍伊斯爵士一八八九年写的。

柯内尔的妹妹在读过我翻译的奥克塔维奥·帕斯[1]为柯内尔写的诗后开始给我写信。（她不懂西班牙语。）她寄给我一本德-法语法书，明显是柯内尔想用来创作最后却没有实现的。许多书页被折成星的形状，周围有红色墨水……他住在一个叫仙境公园的地方。那地址可真够奇怪的。

---

[1] 奥克塔维奥·帕斯（Octavio Paz, 1914—1998），墨西哥诗人、散文家，1990年获诺贝尔文学奖。主要作品有《太阳石》《回》《向里生长的树》等。

《巴黎评论》：之前你一直是少数几个不靠教书或朗诵活动为生的美国诗人中的一个，是什么让你决定开始做这两件事？

毕肖普：我从来不想教书。最后决定教书是因为我想离开巴西，需要钱。从一九七〇年起就有人开始给我寄诗，他们只要知道你在哪儿就会给你寄。以前在巴西我也会收到一些，但不算多。寄信很容易丢。我根本不信写诗能教会，但这就是他们希望你做的。每周读那么多诗，你会失去判断力。

至于朗诵，一九四七年我的处女作出版后两个月，我在威尔斯利学院搞了一次朗读。之前几天我都在生病。噢，太荒唐了。一九四九年我在华盛顿又朗读了一次，结果又生病了，没人能听见我在读什么。之后二十六年我都没有公开朗读过。现在我好像克服了害羞，又可以朗读了。大概教书有帮助，我注意到老师都不害羞，他们相当好强。最后总会变成那样的。

《巴黎评论》：你读书的时候上过写作课吗？

毕肖普：我在瓦萨读书的时候上过十六到十八世纪的文学课程，然后是小说课。这类课你得读很多东西。我完全不相信写作是可以教授的。我读书的时候还没有创意写作课，只有晚上有诗歌写作课，但不算学分。有几个朋友去上过，我没有。

"创意"这个词能把我逼疯。我不想把它看成治疗。几年前我住院，有人给了我一本肯尼斯·科赫[①]的《玫瑰啊，你的红色哪里来？》。的确有时候孩子能写出美妙的东西，画美妙的画，但我觉得他们不该被鼓励。就我的所见所闻，英语系学生选修文学课的数量已经大幅下降，但同时想上写作课的人却越来越多。哈佛每年有两到三门写作课。我的课一般只有十到十二个位置，却能收到四十份申请，有时

[①] 肯尼斯·科赫（Kenneth Koch, 1925—2002），美国诗人，"纽约派"诗歌派别的代表人物之一。

五十份。越来越多。我不明白他们这样做是为了补偿平时考虑实际问题太多，还是别的什么。

《巴黎评论》：我想他们肯定希望能说自己会捏陶器或是写诗这些有创意的事情。

毕肖普：三月份我刚参加北卡罗来纳州和阿肯色州的朗读会回来，我发誓要是我再看到手工艺品肯定会发疯！我觉得我们应该直接回到机器，人一辈子能用几根皮带呀。抱歉啊，说不定你也做手工。

《巴黎评论》：有很多陌生人给你寄诗吗？

毕肖普：是啊，很难办。有时候我会回信。有一天我收到一封粉丝信，写得很好。从笔迹看是小孩子的，他叫吉米·斯帕克斯，六年级。他说班级正在编一本诗歌小册子，他很喜欢我的诗（他提到了三首），因为它们是押韵的，而且写的是自然。他的信如此可爱，我给他寄了一张明信片。我想他应该是想让我寄给他一首手写的诗或是照片什么的（学校都这样要求），但他没有提类似的要求，肯定是忘记了自己的任务。

《巴黎评论》：他喜欢哪三首呀？有《矶鹞》（1962）吗？

毕肖普：有，还有关于镜子和月亮的《失眠》（1951），玛丽安·摩尔说是一首廉价的爱情诗。

《巴黎评论》：结尾是"……你爱我吗？"那首？

毕肖普：是，我一点都不喜欢那结尾，差点就没用。但去年艾利奥特·卡特为它和我的另外五首诗[①]谱了曲，它作为歌词听上去好多

[①] 指《首句重复》（1945）、《矶鹞》（1962）、《争论》（1947）、《气息啊》（1949）、《从国会图书馆看国会山》（1951）。

了。玛丽安·摩尔可讨厌它了。

《巴黎评论》：她大概不喜欢最后那句。
毕肖普：她向来不爱谈论情感。

《巴黎评论》：回到教书，你在哈佛教课的时候会布置作业吗？比如，让学生写一首维拉内拉诗？
毕肖普：每周我都给全班发一整张要交的作业清单；但每隔两三周会安排一次自由作业，他们想交什么都可以。有些班级的学生太能写了，我得宣布暂停交作业才行。我会说："拜托，你们两周不许写诗！"

《巴黎评论》：你觉得可以说初学者写规定格式的诗比写自由体好吗？
毕肖普：不好说。我教过一次六节诗，让学生随机选词，很快我就后悔了，因为它居然在哈佛风靡一时。后来想选我课的人老是写六节诗，他们好像觉得这是我最喜欢的诗体——其实并不是。

《巴黎评论》：我以前写过一首六节诗，讲一个整天看肥皂剧的女人。
毕肖普：你上大学的时候看肥皂剧吗？

《巴黎评论》：不看。
毕肖普：好像在哈佛还挺流行的。两三年前我教一门散文课，发现学生每天早上和下午都要看肥皂剧。于是我也看了两三集，想知道到底有什么好看。可无聊了。还插播广告！一个学生写了一个短篇，讲一个老头请了一个老太来家里吃饭（她其实是个鬼魂），他在做准

45

备工作时，把盘子擦得亮到可以照见自己的脸。这学生写得还不错，我在课堂上朗读了一部分，然后说："不过，这里不可能，你不可能在盘子里看到自己的脸。"全班同学一齐说："易洁！"我说："什么？你们在说什么？"原来有个易洁洗洁精的广告就是主妇拿着盘子可以照见脸——你知道那个广告吗？即便如此，还是不可能！我觉得这很烦人。电视里放的就是真的，没人注意到不真实的地方。这就好比以前人认为亚里士多德说的都是对的，几百年都没人指出来，女人的牙齿不比男人少。

我住在巴西的时候，有个朋友给了我一台黑白小电视机。我们几乎立刻就送给了女佣，因为我们只看政治演讲或是那些革命大事。但她可喜欢了。她和电视机一起睡觉！电视对她那么重要，因为她不识字。那年放了一个肥皂剧叫《生命的权利》，播出时间是晚八点到九点，简直改变了整个里约社会的时间表。平时晚饭时间是八点，所以你要么提早吃饭，这样女佣可以看《生命的权利》，或是等那剧结束以后再吃饭。我们最后把晚饭改到了十点，就为了让乔安娜可以看那玩意儿。最后我决定我也要看。它成了时髦，人人都在谈。可是太可怕了！他们从墨西哥买了版权，配上葡萄牙语。整个剧极为粗糙，怎么狗血怎么来——棺材里的尸体、奇迹、修女，甚至还有乱伦。

我有个朋友住在贝洛哈里桑塔，每天晚上他妈妈、家里的厨娘和一个孙辈一起看肥皂剧，他们称之为"中篇小说"。厨娘会激动地对着屏幕说："不！不！某某夫人，别这样做！你知道他是个坏人！"他们太过激动的时候还会哭。我还认识两个老姐妹，她们有一台电视。她们会一边织毛线一边看一边哭，其中一个会站起来对着电视机说："对不起，我要去卫生间了！"

《巴黎评论》：一九五六年你得普利策奖的时候就住在巴西对吧？

毕肖普：是的，当时挺搞笑的。我们住在山顶上，真的很高。当时家里只有我和厨娘玛丽亚,朋友去集市了。电话响了。是美国使馆的新闻官,他用英语问我是谁,当然听到有人说英语是很稀罕的。他说:"您知道您得了普利策奖吗?"噢我以为是开玩笑。我说:"噢,得了吧。"他说:"您没听见我说的吗?"电话线路不太好,他在那头尖叫。我说:"噢,不可能吧。"但他说不是开玩笑。我没法让玛丽亚对这消息感到振奋,但我觉得必须和谁分享一下,于是急急跑下山,跑到半英里远的邻居家,结果没人。我觉得应该庆祝一下,喝杯红酒什么的。但我能在邻居家找到的就是些美国饼干,糟糕的巧克力饼干——好像是奥利奥,于是我吃了两块饼干。这就是我怎么庆祝得普利策奖的。

第二天下午的报纸上有一张照片——巴西人对这些事可认真了。再过了一天我的巴西朋友又去集市了,那个集市有个大棚罩着,小摊位上什么吃的都有,我们一直去一个摊位买蔬菜。摊主问我朋友:"昨天的报纸上是不是有伊丽莎白女士的照片?"她回答:"是的,她得了奖。"摊主说:"太奇妙了!上周某某夫人参加自行车比赛也赢了呢!我的顾客真是太幸运了!"是不是很棒?!

《巴黎评论》:我还想问问你的短篇,特别是《在村子里》(1953),我很喜欢。你的短篇和诗歌有没有关联,除了共同的主题之外?比如说,"攻击方式"?

毕肖普:它们联系紧密。我怀疑我写的有些短篇实际上是散文诗,而不算很好的故事。我写了四篇关于新斯科舍的短篇。一篇去年发表在《南方评论》上。还有一篇比较长的正在写,希望今年夏天可以完成……《在村子里》很有趣。我已经做了不少笔记,有时我会犯很严重的哮喘,医生给了我很多可的松,这会让你睡不着觉。药效上来的时候感觉很好,但之后就很糟糕。我没法睡觉,只能整晚醒着忍受酷热。那个短篇大概有可的松的功劳,还有我半夜喝的金汤力。两晚上就写完了。

《巴黎评论》：难以置信！那可是很长很长的短篇了。

毕肖普：很特别，我希望可以再来一遍，但我再也没有碰过可的松，我尽可能避免用它。

《巴黎评论》：我一直对不同的诗人如何写他们的童年很感兴趣。

毕肖普：每个人都会写，我想这无法避免。小时候的你观察力敏锐极了，你会注意各种各样的事情，但没有办法把它们串起来。我对幼年的记忆要比后来的记忆（比如一九五〇年发生的事）清晰多了。但我不觉得一个作家应该把写童年搞成一种崇拜，我一直试图避免这样。但必须说，我发现自己的确写过一些。四十年代我断断续续看过精神分析师，她对作家和黑人尤其感兴趣。她说我能记得两岁时发生的事实在很惊人。这的确很少见，但作家好像经常能记得。

《巴黎评论》：你最早的记忆是什么？

毕肖普：我想应该是学走路。我妈妈不在，外婆试着鼓励我走路。那是在加拿大，她在窗边放了许多植物，那时候女人都这样。我记得模糊的植物，还有外婆伸出手臂。我肯定走得东倒西歪。在我看来这就是记忆，一切都很朦胧。很多年后我跟外婆说了，她说："是的，你是在你妈出门的时候学会了走路。"小孩学走路是在一岁时，不是吗？

我记得在波士顿的时候，我妈带我去乘天鹅船。那时候我大概三岁。那是在我们回加拿大之前。妈妈穿着一身黑，那时候只有寡妇才这么穿。她有一盒混合坚果和葡萄干。天鹅在我们周围游来游去（我想现在已经没有天鹅了）。一只天鹅游过来，她喂了它，它咬了她的手指。也许她只是告诉了我这些，但我相信是真的，因为她一边给我看黑色羊皮手套一边说:"看。"手指处是裂了。我兴奋得差点死了!罗伯特·洛厄尔把这些天鹅船写进了两三首诗里,收在《威利爵爷的城堡》里。

《巴黎评论》:你在童年经历过种种困难,但你的许多写童年的短篇和诗歌都极为抒情,同时也很有失落感和悲剧感。

毕肖普:父亲去世后,在我四五岁时,我妈妈疯了。亲戚们大概都觉得我很可怜,所以他们尽力帮忙。我觉得他们的确帮了很多。我和外祖父母住在新斯科舍,后来跟麻省的伍斯特市的亲戚住过一小段时间,生了很重的病。那时我大概六七岁。再后来我跟母亲的姐姐住在波士顿。夏天我总是去新斯科舍过。十二三岁时我已经有足够的自理能力,可以去韦尔弗利特参加夏令营了,一直到十五六岁去上学。大姨对我特别尽心,人好得不得了。她结婚了但没有小孩。我和家里亲戚的关系——感觉我一直是客人,至少我自己觉得是。

《巴黎评论》:你的青春期平静些了吗?

毕肖普:我以前非常浪漫。我曾经从科德角打弯处的瑙塞特灯塔(现在大概没有了)一直走到尖部的普罗温斯敦,要走上整整一天一夜。我时不时去游泳,但那时的海滩很荒芜,后滨滩上什么也没有,没有房子。

《巴黎评论》:那时候你多大年纪?

毕肖普:十七八岁。这就是为什么我从来没有回去过——因为我无法忍受去想它现在的样子……我再也没有回过楠塔基特岛——自从——唉,真不想说。大四那年我和当时的男友去那里过圣诞,没人知道我们去了那儿。一次美妙又浪漫的旅行。我们在圣诞节后去那里待了大概一周。当时很冷但也很美,我们在荒野里一走就可以走很久。我们住的小旅馆很舒适,以为房东太太会把我们赶出来(当时像我们这么年轻的情侣同住还不太常见)。我们喝了一瓶雪利酒,或是别的什么无害饮料。新年前夜大概十点钟有人敲门。是房东太太用餐盘端来了一瓶格罗格烈酒!她进来和我们一起度过了最美好的时光。她认识管博物馆的人,还特意为我们开了门。那里有几家不错的博物馆。

《巴黎评论》:我听说你在瓦萨上学时有一次在宿舍外的树上待了一晚上,是真的吗?

毕肖普:是啊,我和一个朋友,不过名字不记得了。我们真的很疯,爬树也真的爽。我以前爬树很厉害。噢,我们大概凌晨三点才下来。这事是怎么传开的?我可不知道!后来我们就不再是朋友了。实际上因为她请了两个西点军校的男生来过周末,她尽找些最傻的男生[她还用手在空气里画披肩和制服——采访者注]!我实在不知道说什么好!我快发疯了。那时我大概就开始不理她了……我住在宿舍顶层的转角大房间,因为注册得有点晚,于是被分到了一个不太理想的室友——怪女孩康丝坦斯。我还记得她那半边房间里有各种苏格兰狗的装饰——枕头、印刷品、雕刻、照片,我这半边空荡荡的。不过我大概也不算是好室友,因为当时我有个理论,一个人应该把所有梦境都记下来,这样才能写诗。所以我有一个记录梦的笔记本,觉得如果你睡前吃很多难吃的奶酪,就会做有趣的梦。我去瓦萨的时候带了这么大一个罐子(而且有盖子!)的洛克福羊奶酪,放在书架底部……那个年纪大概人人都有怪癖吧。听说奥登在牛津读书时枕头底下有一把左轮手枪。

《巴黎评论》:你年轻的时候觉得自己是作家吗?

毕肖普:没有,一切都发生在不知不觉中。我从来没想过去巴西，也从来没想过任何现在会做的事。我生命中的一切就这样发生了。

《巴黎评论》：你觉得是什么原因——

毕肖普：是有人事事计划，但我恐怕真的不是这样。

《巴黎评论》：但你一直对写作有兴趣吧？

毕肖普：我从小就写，但我进瓦萨时本来打算当作曲家。我在胡桃山学过音乐，有个特别好的老师。我学了一年对位法，还会弹钢琴。在瓦萨，每个月都要公开演出，我很怕，怕得要命。我就演了一次，然后就放弃弹琴了，因为实在受不了。现在我已经没事了，但也没法继续弹琴了。第二年我就转去英语系了。

我们班同学都很文艺。玛丽·麦卡锡比我早入学一年，埃莉诺·克拉克跟我同班，穆里尔·鲁凯泽大一时也在班上。我们创办了一份刊物，你可能听说过，《精神抖擞》①。我大概三年级，我们有六七个人——玛丽、埃莉诺和她姐姐、我朋友玛格丽特·米勒、弗拉尼·布劳和其他人。那时候有禁酒令，我们会去市中心的非法经营的酒吧，用茶杯喝酒。那就是我们最大的恶行了，糟透了！我们大多数都给《瓦萨评论》投过稿，全被拒了。当时的杂志还很老派。我们很生气，因为大家都觉得自己写得挺好。于是我们想，干脆自己办份杂志。我们觉得匿名是个好主意，就都匿名了。等出到第三期时，《瓦萨评论》找上门来，我们的几个编辑成了它的编辑，然后它就开始发表我们的东西了。办杂志的时候我们过得挺开心。

《巴黎评论》：我在别的一个访谈中读到过你毕业后被康奈尔的医

---

① 此处提到刊物名是 *Con Spirito*。

学院录取,准备去那儿深造。

毕肖普:我好像拿了所有的申请表,那是在我从瓦萨毕业一年后。但后来我发现得学德语,之前我已经放弃过一次德语了,实在太难了。而且我还得再学一年化学。当时我已经发表了一些作品,玛丽安劝我别去,我就没去。我去了欧洲。

《巴黎评论》:大萧条对三十年代的大学生有影响吗?

毕肖普:所有人都疯了一样找工作。所有知识分子都是共产党,除了我。我一直挺另类的,就去研究 T. S. 艾略特和英国国教。但当时的精神氛围很激进。有意思的是,比我大一级的一个最激进的女孩跟《时代周刊》的一个头头结婚多年,他的名字我忘了。他很有名,是最保守的那种人,他写的社论都很吓人。我现在还记得她站在图书馆外面,拿着一个铃鼓为这样那样的事业募捐。

《巴黎评论》:你想过当作曲家、医生、作家——这些兴趣的比例如何?

毕肖普:噢,我对它们都很感兴趣。我其实最想当的是画家。我从来没有坐下来对自己说,我要当一个诗人。从来没有。至今我对人们认为我是诗人还不太习惯……我大四的时候开始发表作品,我记得收到的第一张支票是三十五美元,那一刻可激动了。发稿费的好像叫《杂志》,加州出版的。他们发表了一首诗,一个短篇——噢,我希望那些诗从未发表!它们太差了!但我把支票给室友看了。我还上了校报《杂录新闻》,我也不知道是怎么上的,总之很神秘。他们经常坐在报纸的编辑室里讨论怎么才能发表,诸如此类,我只能忍住不说话,觉得很尴尬。我现在仍是这样。没什么比当诗人更尴尬的了,真的。

《巴黎评论》：特别是第一次见人时得向别人解释你的工作。

毕肖普：就上周，我和一个朋友去拜访一个我在魁北克认识的女士。她七十四还是七十五岁了。她没对我但对我的朋友爱丽丝说："我本来想请隔壁大宅的邻居来吃晚饭，她人很好，但她肯定会问伊丽莎白是干什么的，如果伊丽莎白说她写诗为生，那可怜的女人肯定整晚上没有一句话！"这真很糟，我觉得不管你自己觉得多谦卑或是多渺小，你心里一定有一块自大的核心，能让你去写诗。我从未感受过它，但它一定在那儿。

《巴黎评论》：在你给我的信里，听上去对采访者比较审慎。你怕在采访中被误解吗？比如说，你拒绝出现在全女性的诗选中会被误读为一种对女权运动的反对？

毕肖普：我一直认为自己是个坚定的女权主义者。最近我接受了《芝加哥论坛报》的一个记者的采访，我跟那姑娘谈了几分钟后，发现她想把我塑造成一个"老古董"，作为埃丽卡·容、艾德丽安·里奇（我挺喜欢她）和其他激烈的女权主义者的对立面。这完全不是真的。最后我问她到底读过我的诗没有，好像她只读过一首。我不懂她怎么能来采访，如果她对我一无所知的话，而且我这么对她说了。她还算好，在《芝加哥论坛报》对其他几位的长篇报道之外单独发了一篇文章。我说我不相信诗歌能成为宣传工具，那很少成功过。她写在报上就成了"毕肖普女士不相信诗歌能够传达诗人的个人哲学"。这让我听上去像个彻底的蠢人！她从哪儿听来的，我不知道。这就是我为什么对采访很紧张。

《巴黎评论》：通常来说你会同意选集编纂者的选择吗？你最喜欢哪些诗？有没有你觉得应该收入诗选但没有被选的诗？

毕肖普：除了《鱼》（1946）什么都好！我暂停了那首诗的重版。

编诗选的人总是互相重复，几年前我终于觉得烦透了，说任何人不许重印《鱼》，除非他们重印其他三首诗。

《巴黎评论》：还有一两个问题。你在事业早期去过雅斗①好几次。你觉得艺术家聚集地的氛围对写作有帮助吗？

毕肖普：我去过雅斗两次，一次是夏天，住了两周，还有一次是我去巴西之前的冬天，住了好几个月。埃姆斯夫人②很出风头。我不太喜欢夏天去因为不断有人来来去去，冬天就很不一样。当时只有我们六个人，很巧我们都互相喜欢，度过了美好的时光。在那期间我好像写了一首诗。也是在那儿，我第一次喜欢上赛马。夏天你可以走到惠特尼庄园去看赛道，现在应该还可以看。我和一个朋友以前大清早走去那儿，坐在赛道边，喝咖啡吃蓝莓麦芬，看他们训练马儿。我可喜欢看了。八月份我们还去看周岁马买卖，都很美。集市在一个大帐篷里，马夫用黄铜簸箕和黄铜手柄的刷子，跟着小马驹扫它们的粑粑。这是我对雅斗最美好的记忆了。

《巴黎评论》：你去雅斗那段时间也在国会图书馆当诗歌咨询馆员，对吗？在华盛顿的那一年要比在雅斗更富有成效吗？

毕肖普：我有点受罪，因为我这辈子都很害羞。可能几年之后我会稍微好一些，但当时真的不喜欢。我恨华盛顿特区。到处都是政府大楼，看着像莫斯科一样。图书馆有个人很好的秘书叫菲利丝·阿姆斯特朗，帮我渡过了难关。她承担了大部分工作。我写点什么，她会

---

① 雅斗（Yaddo），美国纽约州拉托加温泉的一处艺术家和作家社区，创立于1924年。很多非常有影响力的作家和艺术家都曾参加过该地的驻留项目。
② 此处初指雅斗社区当时的负责人伊丽莎白·埃姆斯（Elizabeth Ames），因她曾邀请艾格尼丝·史沫特莱参与驻地项目，被怀疑与苏联政府有秘密勾连，诗人洛厄尔曾促董事会将埃姆斯逐出雅斗。在麦卡锡时期，埃姆斯遭FBI多重监视，后被免于起诉，但埃姆斯夫人发现自己的助手正是FBI的线人。

说"噢噢还不够正式",然后就帮我改成官样文章。我们还赌马,菲利丝总是投每日二重彩。我俩会坐在办公室里看《赛马新闻报》,诗人们来咨询时,我和菲利丝肯定在谈赌注!

干过那份工作的"幸存者"(许多已经过世了)最近被邀请去朗读,很不巧去了十三个人。

《巴黎评论》:我一个朋友想去听,结果她说堵得水泄不通。

毕肖普:人山人海!我也不明白为什么,不可能有比这更无趣糟糕的活动了啊。我们每个人不能超过十分钟,我按时读完了。但碰到詹姆斯·迪基这样的人可不能叫他停。斯塔福德很好,我从来没见过他本人。他读了一首很短的诗,真正让我热泪盈眶,他读得太好了。

我不很喜欢读诗会,我更喜欢读书会。我知道我可能错了,但只有很少几次诗歌朗诵会让我还能忍受。当然你还太年轻,没有见识过那阵迪伦·托马斯狂热……

如果是洛厄尔或者玛丽安·摩尔的朗读会,那简直就像我亲生的孩子一样。我会太动感情。我去过几次玛丽安的朗读会,最后实在没法再去了,因为我坐在那里就不停地掉眼泪。真挺尴尬的。你总在担心他们会出岔子。

洛厄尔认为读诗会最重要的是诗人在朗诵一首诗之后的点评。我第一次听他读诗是很多年前在纽约市社会研究新学院的一个狭小灰暗的礼堂里。他和艾伦·泰特、露易丝·博根一起。洛厄尔比其他人小很多,当时只出版过两本诗集。他读了一首长得无边无际的诗(题目我忘了)[①],关于一个加拿大修女在新布伦瑞克省的事。我也忘了那诗的主旨是什么,但真的很长很长,写得很美,特别是开头。他开始读,读得很糟糕。他在那儿哼哼唧唧,所有人都努力想听清楚。他读

---

① 《玛丽·特蕾莎嬷嬷》,收在《卡瓦纳家的磨坊》中。

到三分之二处时，突然有人大喊"起火了"。还好火不算大，五分钟就被扑灭了，大家又回到座位上。可怜的洛厄尔说："我最好还是重新开始吧。"于是他又从头开始读！不过他晚年读得好多了。

《巴黎评论》：诗歌中心最近发布的他的录音棒极了，不可能更好了。而且很风趣。

毕肖普：我还没有勇气去听。

（原载于《巴黎评论》第八十期，一九八一年夏季号）

玛格丽特·尤瑟纳尔

◎肖海生/译

一九八七年十一月十四日，我和玛格丽特·尤瑟纳尔约好了见面，在阿姆斯特丹她下榻的酒店。有人告诉我她还没到，好几个人一直在找她，包括她的司机，没人知道她在哪儿。后来我们又打电话到她在位于缅因州的家中，以及巴黎她的出版人那里，并得知她刚刚经历了一次轻微的中风，正在恢复中，不需要担心。但她没恢复过来，十二月十八日那一天她与世长辞，享年八十四岁。

我对她的第一次采访是在四月十一日，在伦敦，后来我把访谈的打字稿寄给她确认，她返回来大量的修订，有些仔细地标注在打印稿上，有些单独附在后面的纸上。我很感激她如此劳心费神，但她仍然不是很满意，想再见我一次，一起过下文本，确保一切都是她想要准确表达的。我很开心地期待我们在阿姆斯特丹的再次见面，谁知天不遂人愿。下面的导读是我在伦敦的会面之后写的。我保留了现在时的语态。

玛格丽特·尤瑟纳尔拥有奔放的想象力、继承自佛兰芒祖先清澈而热烈的蓝眼睛。她那些丰富而多彩的伟大小说——《哈德良回忆录》（1951）、《苦炼》（1968）、《阿历克西》（1929）、《一弹解千愁》（1939）（又译《慈悲的一击》），等等，犹如那些经纬复杂、细微精妙的挂毯；而她对自然及自然之美的崇高且神秘的赞赏，则令人想起低地国家[①]

[①] 低地国家（Low Countries），又译低地诸国，是对欧洲西北沿海地区国家的统称，广义上包括荷兰、比利时、卢森堡，以及法国北部与德国西部；狭义上则仅指荷兰、比利时、卢森堡三国，合称"比荷卢"或"荷比卢"。地理学家们在有关欧洲的地理著作中，常把比、荷放在一起叙述。

风景画的黄金时期。这些年，她一直被当成最杰出的法国本土作家之一，但直到一九八一年，当她成为自法兰西学院四百年来第一位跻身"不朽者"行列的女性时，她才真正被公众发现和了解。

一九〇三年，玛格丽特·尤瑟纳尔出生于一个法国-比利时贵族家庭。尤瑟纳尔（Yourcenar），是她真正的贵族姓氏（Crayencour）的回文构词。她母亲在她出生后没几天就死于产褥热，父亲则是一位了不起的阅读和旅行爱好者，他抚养她，并教她拉丁文和希腊文，和她一起阅读法国古典作品。他们在欧洲不同的国家居住，由此她也学会了英文和意大利文。

十多岁时，她就出版了两卷诗集，"坦白说那都是少年之作，不应该出版"。她的两部小说《阿历克西》和《一弹解千愁》，分别出版于一九二九年和一九三九年（那段时间她大多住在希腊），为她赢得了评论界的赞誉。一九三八年，她在巴黎遇见格雷丝·弗里克，后者之后"令人钦佩地翻译了"她的三部重要作品。一九三九年"二战"爆发后，她无法返回希腊，在收到格雷丝·弗里克的邀请后她去了美国客居，"因为在巴黎无以谋生"。为了养活自己，她还接受了莎拉·劳伦斯学院的一份教职。同时，她也开始写自己的杰作《哈德良回忆录》，并在一九五一年出版。

一九五〇年，尤瑟纳尔和弗里克买了一栋房子，在远离缅因州海岸的芒特迪瑟特岛上，海外长途旅行的间隙，她们就住在这里。一九七九年，格雷丝·弗里克久病辞世，而玛格丽特·尤瑟纳尔一直住在此处，虽然她开始四处旅行。

她的新作《两种人生及一个梦》[①]（1987）最近在英国出版，现在她正在写作《世界迷宫》，完成以《虔诚的回忆》（1974）和《北方档案》（1977）开始的自传体三部曲。她刚写完一篇关于博尔赫斯的长

[①] 作品最早于1982年在法国出版，法语标题是 Comme l'eau qui coule，亦译作《像水一样流》。

篇随笔——为了最近在哈佛大学的一次演讲。

尽管年事已高,且两年前经历了一次心脏直视手术,玛格丽特·尤瑟纳尔心智的活力和好奇心依旧惊人。她刚将詹姆斯·鲍德温的小说《阿门角》翻译成法语,并在三岛由纪夫的遗产执行人白木俊的协助下,从日文翻译了三岛由纪夫的《现代能剧五种》。因为《两种人生及一个梦》的出版,她得以在伦敦短暂停留,这篇访谈就在她位于切尔西区的酒店里进行。她穿着优雅的黑白双色,一口优美的法语,带着浓重的贵族口音,声音低沉而流畅。

——舒什·格皮

《巴黎评论》:你刚在里士满区度过了一天,是为了去漂亮的公园里走走,还是有其他原因?

玛格丽特·尤瑟纳尔:为了我手上正在写的这本书,它完全建立在回忆之上,在写的这一章里,我回忆起自己在英国住过的十四个月,那时我才十二岁,就住在里士满。确切在哪儿记不起了。在很多街道上,我看到几十栋小房子,都很相像,带着小花园,但我想不起来哪一栋是我们的。那是"一战"的头两年,不像"二战",英国还没有被卷入从天而降的战火——那时还没有空袭警报和闪电战。天气好时,我常常去里士满公园散很远的步,雨天就去伦敦的博物馆。我在大不列颠博物馆看了埃尔金大理石雕像,还经常去维多利亚和阿尔伯特博物馆。我习惯了把糖果包装纸扔进那里的一只龙形瓷器里——我敢打赌,它们现在还在那里。

《巴黎评论》：新书叫什么名字？

尤瑟纳尔：法文书名是《何谓永恒？》，取自兰波的一句诗《终于找到了。什么？永恒》[①]。是我家族回忆录的第三卷。另外两卷正在翻成英文。有些特定的词没法按字面翻译，必须换掉它们。比如第一卷法文书名叫《虔诚的回忆》(*Souvenirs pieux*)，我把它翻译成英文是《亲爱的离别》(*Dear Departed*)，两者都流露出微微的嘲讽意味。第二卷叫《北方档案》，但"北方"在另一种语言中唤起的是不同的想象：在英国它意味着曼彻斯特，甚至是苏格兰；在荷兰意味着弗里西亚群岛，这和法国北方一点关系也没有。所以我完全改掉了，用了鲍勃·迪伦歌词中的第一行——"在风中飘扬"。里面我引用了这句歌词作为题辞："一个人要走多少路／才能被称为真正的男人？"这句子很美，你不觉得吗？至少它很好地阐释了我父亲的一生，也是很多人的一生。再到我正在写的这一卷，我不觉得《何谓永恒？》这个标题在英语中同样成立，我们得另外找一个标题。伊丽莎白时代的诗歌一定有大量关于永恒的引文，我觉得可以在其中找找。

《巴黎评论》：我们回到一开始。你和父亲很亲，他鼓励你写作并出版了你的第一本诗集，我觉得那一定是限量版，现在很难找到了。你还能回想得起来吗？

尤瑟纳尔：我父亲自费出版了它们——这是他表达称赞的一种方式。但他不应该这么干——那些诗并不够好。我那时才十六岁。我喜欢写作，可并没有文学野心。我很早就想好了这些人物和故事，但几乎没什么历史知识和生活经验来处理它们。可以说，我在二十岁前就完成了我所有书的构思，但不再花个三四十年是写不出来的。不过，也许大部分写作者都是这样——情感的积累一早就完成了。

[①] 诗歌原标题是"*Elle est retrouvée. Quoi? L'Eternité*"。尤瑟纳尔的《何谓永恒？》书名原文为 *Quoi? L'Eternité*。

《巴黎评论》：这就像你曾经说过的一句话："书不是生活，而是生活的灰烬。"你还这么认为吗？

尤瑟纳尔：对。但书本也是一种学习变得更敏锐的方法。写作则是抵达深刻的一种路径。

《巴黎评论》：从你父亲过世的一九二九年到一九三九年，你只出版了两本书，《阿历克西》和《一弹解千愁》，你说这两本都是根据你认识的人写成的。他们都是谁？

尤瑟纳尔：我父亲爱过一位非凡的女性，她的私生活非常开放，但她有一种英雄主义的道德品性。她选择留在丈夫身边，虽然她真正爱恋的却是另一个男人，也就是阿历克西。至于《一弹解千愁》，现在我可以告诉你，索菲亚几乎就是二十岁时的我，而她深爱的男人艾瑞克，却热烈地爱慕着她的兄长。艾瑞克是我认识的某个人，政治原因将我们分开了。当然，我们从不知道小说人物与现实中的人有多近。在我的回忆录的开头，我写道："我称之为我的那个人"——L'être que j'appelle moi——这就说明我不明白自己是谁。有人知道吗？

《巴黎评论》：接下来就是《哈德良回忆录》，这本书出版后几乎立即就被盛赞为杰作，并且在世界各地成为畅销书。你为什么选择了历史小说这一类型？

尤瑟纳尔：我这一生中从没写过一本历史小说，也不喜欢绝大部分历史小说。我不过是写了一本关于哈德良一生的独白，而这他自己也能看到。我要指出，这种记事-独白式讲述曾经是当时一种常见的文学类型，除了哈德良之外还有很多小说人物也是如此。哈德良是非常聪慧之人，被他当时的各种传统所滋养，而《苦炼》的主人公泽农也很聪慧，并超越了他所在的时代——实际上超出于所有时代——

但最后还是被击败。纳撒内尔,是我的第三组小说《两种人生及一个梦》的主人翁,是一个头脑简单、几乎没受过教育的人,二十八岁时死于肺结核。他开始是个水手,在美国缅因州的海岸边附近的一次海难中幸存下来,娶了一个女孩,但那女人后来也死于肺结核,他返回英国和荷兰,再次结婚,娶了一个后来被证实是小偷和妓女的女人,最后被一个富有的德国家庭收养。他第一次接触到了文化——聆听音乐、观赏油画,身处豪华之中。但他保持着清醒的头脑和锐利的眼神,因为他知道,当自己在医院里听音乐时,对面的男男女女正在挨饿、死于疾病。最终他去了北方的一个岛,在平静中死去,被野生动物和自然所环绕。问题是:拒绝任何文明的话,一个人能走多远?对纳撒内尔来说,答案是很远,凭借清醒的头脑和一颗谦卑的心。

《巴黎评论》:你遇到了格雷丝·弗里克,她在一九三八年翻译了《哈德良回忆录》。你是直接搬去了美国吗?

尤瑟纳尔:开始只计划待几个月。那时我住在希腊的雅典,我去巴黎有一个会晤,结果战争爆发了。我没法返回希腊,也没钱在巴黎生活。格雷丝,无比慷慨地邀请我去美国待一段时间。我开始想六个月,谁知道直到现在还待在那里!

《巴黎评论》:是什么让你们选择芒特迪瑟特岛?

尤瑟纳尔:我们有个朋友,是耶鲁的神学教授。一九四〇年,他在缅因州买了一栋度假屋,时常邀请朋友们过去待几天。格雷丝和我过去探望他,觉得在这个(当时)很安静平和的小岛上有栋房子也不错。格雷丝骑马走遍了村庄,被广为传扬为"那个在找栋房子的女人"!那里要么是很豪华的房子、类似百万富翁住的屋宇,要么就是没有任何设施的村屋,没有中间过渡型的。最终我们买了一栋简单的房子,将之变得现代化,装了中央取暖系统和其他一些令人舒适的设施。你知道芒特迪瑟特岛是一个叫坎普兰的法国水手和探险者发现的吗？他的船出了一些问题，不得不停在那里一段时间修理。他将之命名为芒特迪瑟特岛①，可惜现在什么都是，就是不"荒"。到了夏天，一船一船各地的游客蜂拥而至。

《巴黎评论》：你的作品中有个引人注目的点：几乎所有作品的主角都是男同性恋，阿历克西、艾瑞克、哈德良、泽农、三岛由纪夫。为什么你从没有创造一个女同性恋主角呢？

尤瑟纳尔：我不喜欢同性恋（homosexual）这个词，很危险（它加强了偏见）很荒诞。你可以用 gay 这个词。无论如何，当你用"同性恋"这个词时，它在男性和女性中所指的现象并不相同。女性对女性的爱与男性对男性的爱并不一样，我认识很多男同性恋，但相对来说很少有"公开的"女同性恋。我们去看《哈德良回忆录》中的一段，他说当一个人正在思考，全神贯注于一个哲学问题或者正在研究一项定理时，他既不是男人也不是女人，他甚至不属于人类，他成为另一种存在。很少有人会这么来形容一个女性。的确有，但很少：比如我父亲所爱的那个女人，非常感性，而且用她所处的那个时代的形容，她也非常"智性"，但她生命中最重要的元素是爱，尤其是对她丈夫的爱。你甚至可以不用成为哈德良那样的伟大人物，就可以拥有同一种精神空间，而你是男是女并不重要。另外，我是不是也可以说女性之间的爱没有那么吸引我，因为我从来没有遇到过这种爱的美好实例。

《巴黎评论》：有些作家，例如格特鲁德·斯泰因和科莱特，她们也曾努力刻画女同性恋群体。

---

① 芒特迪瑟特岛（Mountain Desert Island）英语的字面意思是"荒山岛"。

尤瑟纳尔：我恰好都不喜欢科莱特和斯泰因这二位。后者的作品我完全不熟悉；科莱特在处理情色的时候经常堕落到巴黎门房的水准。你在寻找一个女性与女性相爱的例证，但她们是怎么爱的？是只有几个月的炽热激情，还是一段更长久的契约式友情？又或者是二者之间？当你坠入爱河，那你就是在爱——所爱之人的性别并没那么重要。重要的是人们之间的感受、情感和关系。

《巴黎评论》：尽管如此，如此雄辩地为哈德良绘像后，你会为其他人，比方说萨福做类似的事吗？你对自己和格雷丝·弗里克的生活也非常谨慎。

尤瑟纳尔：得把萨福先放在一边，因为我们对她几乎一无所知。至于我自己的生活：有时我们得披露某些特定的事，否则事情就无法逼真地呈现。比如，就像我说的，《一弹解千愁》中索菲亚的故事就是基于我的一些真实经历；但就像他们说的，我总是比索菲亚更具有"东方智慧"。况且我没有被一个立陶宛的军士强暴，也没有寄宿在一栋毁坏的古堡中！至于我和格雷丝·弗里克的关系，我遇到她时我们都是成年女性，而且这段关系也经历了不同的阶段：开始是激情的友谊，然后两个人一起生活、一起旅行，为了方便，也是因为两人有相同的文学趣味，就和通常的故事一样。在她生活中的最后十年，她病得十分重。在她生命的最后八年，她无法旅行，所以那些年的冬天我也都待在缅因州。我努力照顾她直到最后，但她不再是我生活的中心，也许从未曾是。当然，反过来对她来说也是如此。什么是爱？是这种热情、这种温暖，推动着一个人坚定地走向另一个人。为什么要把人的生殖系统看得那么重要？这无法定义一个作为整体的人，即便从情欲层面来说，也不是这样的。就像我说的，重要的是情感、关系。但是，你会爱上谁，取决于各种偶然性。

《巴黎评论》：你会不会觉得这种对爱的生理和性欲层面的强调，部分是因为精神分析的出现？也许这就是安娜·阿赫玛托娃所说的弗洛伊德毁掉了文学？

尤瑟纳尔：弗洛伊德把性变成了一种隐喻，一种不太生效的隐喻。看起来他是一个伟大的创新者，第一次如此坦白无遮地谈论性本身。但这并不足以让他的理论被接受。当然，他并没有毁掉文学——他没能力做到，文学太伟大了。没有人把弗洛伊德放到他身处的时代和环境去看待他。他来自一个穷困的正统犹太家庭，住在外省小镇，作为一名年轻的教授，他沉醉于维也纳的享乐的氛围。因此，他会用这个双重视角来看待世界。

《巴黎评论》：大家并不太质疑他作为一名医生的开创性工作，而是他的那些哲学-心理学推论。

尤瑟纳尔：对极了。基于一些非常局限的、有限的和无关紧要的前提，他做出了大量过了头的推断。当然这也是现代社会为此着迷的原因。当性还是禁忌话题时，他是第一个诚挚地、坦率地谈论它的人。因此，所有人都被迷住了。现在，我们可以这么对他说：感谢你开拓性的努力，但对我们来说，这既不是一种新的冒险，也不是一种全面性的发现。说到伟大的心理学家，我更喜欢荣格。他有时很古怪，但在他的疯狂中有真正的天才。他更像个诗人，对人性有更好的理解。在他的回忆录（《记忆、梦和反思》）中，你会经常直面生命本身的神秘。例如，他的母亲如此憎恶他，以致两人待在一起时，一张桌子突然裂为两半。这是一段令人惊叹的超心理学插曲，还是一个美妙的象征？

《巴黎评论》：你对女权主义不感兴趣，是因为超出一定的水平之后，男女性别二分法对你来说就失效了？你和过去几十年的女权主义运动保持着什么样的关系？

尤瑟纳尔：它提不起我的兴趣。我对这样的运动抱有恐惧，因为我觉得一名知识女性配得上一个有智识的男性——只要你找得到——而一个愚蠢的女性和愚蠢的男性同等无聊。人性的邪恶在两种性别中的分配几乎是均等的。

《巴黎评论》：所以你不愿意英国的维拉戈出版社[①]出版你的作品？

尤瑟纳尔：我不想让他们出版——这都是什么名字啊！——就因为他们只出版女性作家的作品。这让人想起十九世纪火车上的妇女包厢，或者贫民窟的女性专区，或是你在餐馆的地下室里迎面撞见一扇门，上面写着"女"而另一扇门上写着"男"。当然会有社会学上的差异，也有地理上的差异。穆斯林女性会更受约束，但就算在那些地区，我刚从摩洛哥过冬回来，我看到当地女性手挽手去澡堂（公共浴室）——一个和安格尔油画中的土耳其浴室完全不同的地方，你在那里每一分钟都在冒险，浴室的地太滑了——但看起来，那里的女性要比她们的巴黎和纽约的姐妹们快活多了。她们从友谊中获益匪浅。有一位莫卧儿王朝的贾哈拉公主，她的父亲沙·贾汗苏丹[②]同时也是一位受人尊敬的诗人。我能找到关于她的信息太少了，但她的兄长达拉让她加入苏菲派，达拉王子在三十几岁时被弟弟、狂热的奥朗则布刺杀。所以你看，即使身处那样环境中，穆斯林女性也能变得卓越，只要她们内在有这种潜能。

[①] 维拉戈出版社（Virago Press），英国伦敦一家专门出版女性作家和女性主义题材作品的出版社，1973年成立。Virago 在英语中的字面意思是悍妇、母老虎，故下文尤瑟纳尔会对这个名字颇有微词。

[②] 沙·贾汗（Shahbuddin Mohammed Shah Jahan，1592—1666），是印度莫卧儿帝国的皇帝。"沙·贾汗"在波斯语中的意思是"世界的统治者"。沙·贾汗在位期间，为他的第二个妻子 Mumtaz Mahal 修筑了举世闻名的泰姬陵。贾哈拉（Jahanara）公主是其女，下文的达拉王子和奥朗则布都是他的儿子。

《巴黎评论》：因为苏菲主义把她们从传统伊斯兰教义的严苛规训中解放了出来。另外一位著名的苏菲女诗人拉贝亚（Rabe'a），她用自己的血写下了大部分她的存世之作，他们在一个温水浴场里切开她的静脉，任其流血至死。至少传说是这样的。这是当时对异端很普遍的惩罚方法，而苏菲派，陆续都被当成了异端。

尤瑟纳尔：贾哈拉并非死于谋杀，但传授她和她兄长达拉的苏菲大师最后被判处了死刑。

《巴黎评论》：回到你的作品，你的书《火》（1936）是从女性视角叙述的一组独白。

尤瑟纳尔：这个非个人化的叙述者，写下那些短小的关联句，很明显是个女性，但她对爱的那些思考是无性别的。有三篇独白与男性有关：阿喀琉斯、帕特罗克洛斯、斐多——伴随这些，我们又回到《阿历克西》的世界。另一方面，淮德拉、安提戈涅、克吕泰涅斯特拉、萨福、莱娜这几篇则是与女性相关，从超凡的女性（安提戈涅）到粗俗的女人（克吕泰涅斯特拉）。

《巴黎评论》：你有一次曾经提到，希望通过自己的作品能复苏神圣感[①]。现在我们已经丢失了神圣感，这是种很常见的抱怨——甚至那些为国家事务奉献良多的人也这么抱怨，你能结合你的作品，展开一下说说吗？

尤瑟纳尔：神圣感正是生命的本质。当我手持这只玻璃杯时也能意识到神圣感，这就是本质。玻璃杯有形状，很美，这也是中国人在多少世纪里念念不忘的那个问题，即关于无和有的伟大神秘。玻璃杯为空，能作为容器之用，或盛放祭飨，或盛放毒药。道家最重要的概

[①] 原文是法语，le sense du sacré。

念就是"无"。而我们并不知道玻璃杯的发明者是谁。正如我在《苦炼》中写的,当泽农躺在他那间僧侣住的小房间里,死者是如此遥远,我们根本无法抵达他们,甚至也无法抵达生者。谁创造了这张桌子?如果我们试图弄清楚,我们周围的一切事物是如何开始存在的,可能得穷尽一生的时间。逝去的万物都太遥远了,而神秘近在咫尺。

《巴黎评论》:你会将神圣感的丧失归罪于谁?你不会像有些人那样,将之怪罪为资本主义的兴起以及随之而来的消费主义?

尤瑟纳尔:消费主义当然应为此负很多责任。生活于消费主义社会中的人,必须不断地与之抗争,那并不容易。人们只要一和媒体打交道,就会成为其受害者。但我们真的已经丢失了神圣感吗?我很好奇!在过去的岁月中,神圣感不幸地与迷信错综复杂地混在了一起,人们甚至把有些非迷信也指认为迷信。比如,农民相信最好在月圆之夜播种,但那很合理:因为地球引力的原因,那正是元气上升的时候,可怕的是人与人关系之中神圣感的丧失,尤其是性关系,否则真正的融合和联结将变得不可能。

《巴黎评论》:你对神圣感的这种感受,也许就是你对生态保护特别感兴趣的原因?

尤瑟纳尔:这是最重要的。荷兰很好心地选我加入他们的伊拉斯谟文学和艺术学院。和法国人不一样,荷兰人为入选者提供了一笔优渥的奖金,但是奖金的一半必须捐给一家慈善机构。我把我的捐给了世界野生动物基金。他们一开始对此表示抗议,说学会是为了推进文学和艺术,不是为了狮子和鸟!我说如果我不能送出这份捐赠,那我宁可拒绝领奖,于是他们就接受了。我其实并不知道绿色和生态保护团体有几分是真诚,又有几分是政治作秀。但在一切都晚了之前必须做点什么。现在差不多已经太晚了,酸雨正在毁灭欧洲的森林,南美热带雨林开始落叶。

《巴黎评论》:说到学院,你是四百年来第一位入选法兰西学院的女性。这是怎么发生的?我之所以这么问,是因为按照传统你必须提出申请,并且向那些院士进行拉票。人们能读到过去那些申请者写的令人心碎的信件,特别是波德莱尔的,他几乎是哀求院士们投票给他。

尤瑟纳尔:可怜的波德莱尔!他因为诗集《恶之花》遭受了太多的非难,深受煎熬,如果能成为法兰西学院的院士对他不啻一场复仇。我的情况是这样的,让·多姆松[①]写信问我是否拒绝被提名,我不需要做任何拜访和努力。我觉得拒绝太失礼了,所以回信说好。但我错了。院士中有一些庄重、有趣的人,但也有更多庸俗之辈,事情总是这样的。而且就像很多院士都为之撰稿的《费加罗报》一样,学院现在多多少少代表着顽固的极右势力,而我既不是左派也不是右派。我的确拒绝穿院士服——我的天鹅绒长裙和披风都是伊夫·圣·洛朗设计的。我也拒绝了惯常的佩剑作为礼物,但我接受了有人自愿捐赠的一枚哈德良时代的金币。

《巴黎评论》:自从你当选为法兰西院士后,在大众中知名度大增,而且被文学世界奉为宠儿。你融入了巴黎的文学圈吗?

尤瑟纳尔:我不明白"奉为宠儿"是什么意思,而且我不喜欢所有的文学圈子,他们代表着错误的价值。只有一部分工作和作品是重要的,它们一定是远离"圈子"、在那些"世界"之外。

[①] 让·多姆松(Jean d'Ormesson,1925—2017),又译端木松,法国作家,法兰西学院院士,一生出版近 50 部散文和小说,还曾任《费加罗报》主编。由于他的努力,法兰西学院在 1980 年接纳尤瑟纳尔成为该院第一位女院士。

《巴黎评论》：我们还是回到早期，谈谈对你产生影响的人和事。很多人把你和纪德相比较，他是影响你的人吗？比如，他们说纳撒内尔，《两种人生及一个梦》的主人公之一，他的名字来自纪德的小说《地粮》，是这样的吗？

尤瑟纳尔：我不是很喜欢纪德。我觉得他的作品有些干，有时还粗浅。我选择"纳撒内尔"是因为这是一个清教徒的名字，而他是一个从清教徒家庭出来的荷兰水手，家庭的其他成员因为同样的原因叫拉撒路，或是伊莱，这些都是从《圣经》里来的名字，和纪德的书没什么关系。[①] 我们离纪德《地粮》中所写的欢醉王国很遥远了，那在我们的时代不具可能性，我们现在面对着如此之多的疯狂和混乱。

《巴黎评论》：但《阿历克西》和纪德的叙述有着同样的形式……

尤瑟纳尔：以信件的方式来叙事[②]是古老的法国文学形式。我已经说过，在很大程度上，年轻的写作者感谢纪德是因为他使用了古老的散文形式。但为什么要将之归功于某个特别的人？有数百本伟大的不同语种的作品，我们全都受过他们的影响，也应该受其影响。

《巴黎评论》：当然，但总是和某些特定的写作者关系更近。对你而言有哪些？波德莱尔、拉辛，还是浪漫主义小说？

尤瑟纳尔：当然是波德莱尔，浪漫主义也有一些。法国中世纪文学更多，尤其是十七世纪的某些诗人，比如写《美丽的老妇人》的梅纳德，还有很多很多其他诗人，法语以及非法语的。拉辛在一定程度上有，但他是很独特的个案，没人能和他相比。

---

① 纪德也是来自巴黎一个富有的资产阶级清教徒家庭。
② 原文为法文，récit。

《巴黎评论》：除了《布列塔尼库斯》①，其中的主人公都是女性：淮德拉、布蕾尼丝、阿达莉、罗克珊尼……

尤瑟纳尔：普鲁斯特有个观点，拉辛的费德尔（帕西淮）②既可以是男人，也可以是女人，但是拉辛的费德尔更像法国人，而不是希腊人：只要把她和希腊神话中的淮德拉做对比，你一下就能看出来。她激烈的嫉妒心是典型的法国文学主题，普鲁斯特也是如此。也因此，在《费德尔》中，拉辛不得不为她找了一个对手阿莉西亚，一个微不足道的人物，就像从大众服装店里走出来的新娘。换句话说，爱作为一种占有，是绝对排他的。这太法国了。西班牙式的嫉妒很不一样：那是一种真的憎恨，是他/她被人夺取了食物的那种绝望。至于盎格鲁-撒克逊式的爱，好吧，没什么比莎士比亚的十四行诗更美了，而德国式的爱也产生了一些美妙的诗歌。

《巴黎评论》：我有个观点，法国人从来没有理解过波德莱尔，永远不会。他们会谈论他的修辞，但他的诗歌其实最不讲究修辞。他像东方诗人一样写作——我可以说像个波斯诗人吗？

尤瑟纳尔：波德莱尔是位崇高的诗人。但法国人甚至连雨果也理解不了，他的诗歌也很雄浑。和马尔罗一样，我曾经从雨果的散文《皮兰内斯的苦炼》（1963）中提取过小说的标题，不止一个。每当走过巴黎的旺多姆广场，我都想起雨果的那首关于拿破仑的诗，他想知道拿破仑是否宁要"汉尼拔③的曲线，亚历山大的角，恺撒的广

---

① 《布列塔尼库斯》（*Britannicus*）是法国剧作家让·拉辛的五幕悲剧，是拉辛描绘罗马历史的第一部戏剧。1669 年 12 月 13 日在巴黎首演。
② 此处为拉辛戏剧《费德尔》（*Phèdre*）中的主人公、忒修斯的妻子费德尔（Phèdre），"帕西淮"是 Phèdre 的另一常见的汉译。此处拉辛的戏剧名仍按常用译法译出。
③ 汉尼拔·巴卡（Hannibal Barca，前 247—前 183），北非古国迦太基著名军事家，其生长的时代正逢罗马共和国势力的崛起。少时随父哈米尔卡进军西班牙，并向父亲立下终身与罗马为敌的誓言。直到今天仍为许多军事学家所研究。Hannibal 是男性的姓氏，在法语中对应为 Annibal。

场"①。所有这些伟人的谋略都包括在一行亚历山大体②的诗句中！当然，雨果也有写得不好或者辞藻浮夸的——再伟大的诗人都有不顺心的时候——但无论如何，他都是个奇才。

《巴黎评论》：当纪德说"雨果，唉！"③时，他是这个意思吗？

尤瑟纳尔：说"唉！"这就证明了纪德的内在格局很小。

《巴黎评论》：他也排斥普鲁斯特的巨作《在斯万家那边》，说"这是一个睡不着觉的小男孩的故事"！

尤瑟纳尔：我们正在谈论嫉妒：也许纪德也嫉妒普鲁斯特；也许他只是诚实地表达他不喜欢《追忆似水年华》那长长的、主观化的开头。他并不了解普鲁斯特作品的整体性，我们都不了解。

《巴黎评论》：所以，年轻时对你有决定性影响的是谁？

尤瑟纳尔：就像我在《阿历克西》的前言中所说，当时是里尔克。但影响这种事，实在捉摸不透。我们阅读过数以千计的书和诗人，无论是现代的还是古代的作家，就像我们遇见过数千个人。留下了什么实在是很难说清楚。

《巴黎评论》：你提到了现代诗人，比如还有谁？

尤瑟纳尔：有位瑞典诗人，我从没向我的法国朋友们成功推销

---

① 本句出自雨果诗集《心声集》。汉尼拔、亚历山大大帝、恺撒大帝和拿破仑，被称为欧洲历史上的四大军事统帅。
② 亚历山大体（Alexandrine），法国诗歌当中的一种常用题材，起源于12世纪中期由朗贝尔·勒道尔和亚历山大·德·贝尔内合写的一部名为《亚历山大的故事》的诗作。亚历山大体的诗句每行有十二个音节，在第六个音节后有个顿挫。
③ 原文为法语，"Victor Hugo, hélas!"。

过：贡纳尔·埃凯洛夫①。他写过三本叫《诗颂集》的小书，我猜是受到波斯诗歌的影响。当然，还有博尔赫斯，洛尔迦的一部分诗，还有佩索阿，阿波利奈尔。

《巴黎评论》：说到博尔赫斯，其他的南美作家呢，整个魔幻现实主义流派？

尤瑟纳尔：我不喜欢他们——他们像流水线上的产品。

《巴黎评论》：你选择移居的美国的文学如何呢？

尤瑟纳尔：我恐怕我没读多少。我读了太多和西方文学不相关的东西。眼下我正在读一本摩洛哥苏菲诗人的巨著，还有关于生态学的书，冰岛的萨迦，等等。

《巴黎评论》：但你一定读过像亨利·詹姆斯、福克纳、海明威、伊迪丝·华顿②？

尤瑟纳尔：读过一些。海明威有一些了不起的作品，比如《老人与海》，或者比它更好的《杀手》，这些都是美国短篇小说的杰作，一个发生在底层社会的复仇故事，十分棒。在我看来，伊迪丝·华顿的短篇小说比她的长篇好很多，比如《伊坦·弗洛美》讲的是一个新英格兰农民的故事。小说主人公是一个阅历丰富的女性，她把自己代入他的位置，去描写天寒地冻中那些与世隔绝的人。小说很短，而且很美。福克纳带来了美国南方真实的恐怖，那些底层白人的粗鄙和种族

---

① 贡纳尔·埃凯洛夫（Bengt Gunnar Ekelöf, 1907—1968），是瑞典诗人和作家，公认为瑞典的第一位超现实主义诗人。他于1958年成为瑞典学院的成员。本文中提到的作品为 *Divans*（《诗颂集》），Divan [（也有作 Diwan），波斯语为 ديوان, divân, 阿拉伯语为 ديوان, dīwān]，是伊斯兰文化传统中一种重要的诗歌形式，指收录了同一位诗人除长诗之外的诗篇，可被配乐吟诵，受苏菲派教义影响甚深。
② 伊迪丝·华顿（Edith Wharton, 1862—1937），美国女作家。作品有《高尚的嗜好》《纯真年代》《四月里的阵雨》《马恩河》《战地英雄》等。

主义。至于亨利·詹姆斯，萨默塞特·毛姆对他有最好的描述，他说亨利·詹姆斯是个登山者，全身装备地去攻克喜马拉雅山，却一路走上了贝克街①！亨利·詹姆斯被他身处的令人窒息的环境碾压——他的姐姐、他母亲，还有他哥哥，后者是个天才，但是个哲学的、教授型的天才。詹姆斯从未写出他的真实内心。

《巴黎评论》：你翻译了《阿门角》，我知道你很尊敬詹姆斯·鲍德温，也是他的好朋友。你怎么评价他的作品？

尤瑟纳尔：鲍德温写了一些可敬的书，但他没有勇气面对最后的结论。他应该更凶猛。他的人生很苦。他们在哈雷姆区的家里有九个孩子，家境穷困，十五岁就去当牧师，十八岁离开教堂，"二战"中间开始在军中做劳工，后来又流落街头，所挣的钱只能勉强糊口。不知怎么的，他又去了巴黎，因为没有固定住所和工作又被关进监狱。他现在有酗酒的问题，但很多美国作家都酗酒，可能是因为美国人的灵魂被新教统治得太久了。但同时，美国人又是慷慨、亲切的，而且很机灵，不知何故，在这些方面他们比欧洲人要强。我认识至少五六个美国人都是这样。

《巴黎评论》：你对日本文学也有兴趣，你写的三岛由纪夫的著作被认为是关于他最好的书。你是什么时候对日本有所涉猎的？

尤瑟纳尔：我对日本文学的兴趣要回溯到我十八岁时，因为某些书而第一次发现日本文学。三岛由纪夫一有法文版我就读了，发现他的有些作品特别美。后来我读到大量的关于他的谬论，所以就打算自己写本书，呈现一个更加真实的三岛。现在，他们甚至打算拍一部可

---

① 贝克街（Baker Street），是英国伦敦市区一条街道，位于西敏市的玛莉勒本区，该街道是侦探小说中主人公夏洛克·福尔摩斯住所——贝克街221号B的所在地，尽管该地址实际上并不存在，但贝克街仍因此声名大噪。

恶的关于他的生平的电影。三岛夫人为此特意赶去好莱坞，也没能阻止他们。四年前我开始学习日文，随后，在一位日本朋友的帮助下，把三岛的《现代能剧五种》翻译成法文。他写得太美了。

《巴黎评论》：像你这样广泛地旅行，你怎么安排写作？你在哪里找到这么多精力，你的写作日常又是什么样的？

尤瑟纳尔：我到处写作，甚至可以在这儿写，在我和你聊天的时候。在缅因州，或者其他地方，在旅行时，我不管何时何地都在写。写作并不需要太多的精力，它是一种放松，一种愉悦。

《巴黎评论》：回溯生活，就按字面意思说的，你觉得自己过得"好"吗？

尤瑟纳尔：我不知道"好"生活是什么样的。现在环顾身边的世界时，你怎么会不觉得悲伤？但有时候我也会觉得——用我父亲过去常用的军队的说法——"死者都会被统计在内"。① （快乐有时还是存在的。）

《巴黎评论》：你也对苏菲主义感兴趣，还在写一篇关于贾哈拉公主的文章。是什么吸引了你？我对这个尤其感兴趣，因为我来自那个传统。

尤瑟纳尔：将神圣看作完美的本质是一个哲学问题，贵格会教徒和佛教徒会向内心探寻，他们知道神圣来自自身，解脱也是由内而外的。但我自己不是佛教徒、苏菲信徒抑或社会主义者。我不属于任何特别的派别，但它们对我有精神上的吸引力。

---

① 原文为法语，Tout ça compte dans le congé!

《巴黎评论》：不知道这么问是否显得有些愚钝，一个像你这样显年轻、精力旺盛的人，是否思考过死亡？

尤瑟纳尔：我一直在思考死亡。有时候，我很想去相信，至少有一部分人格是可以留存于世的，但另外一些时候我根本不会这么想。我试着像本多那样来看待万事万物，在三岛的最后一本书里，也就是他自杀那天还在写作的那本书。书里的主要人物本多，意识到他是如此幸运，曾经爱过四个人，他们都是同一个人，不过以不同的形式出现，你也可以将他们看作连续的"转世"。第五次，他犯了一个大错误，给自己带来了深深的伤害。他意识到，这些人的灵魂会在宇宙中的某一处，一万年甚至更久之后，他也许会在某一天再次遇到他们，他们已经不是原先的样貌了，他甚至也不会认出他们。当然，这里的转世只是一种说法，更能强调这种特定的连续性。当然，所有的物理学证据都指向人类最终的大灭绝，但如果考虑到所有的形而上学的前提，我们也许会说，一切并不如此简单。

（原载于《巴黎评论》第一百零六期，一九八八年春季号）

埃莱娜·费兰特

◎陈英/译

  为了和埃莱娜·费兰特进行这次长谈，我们和她在《我的天才女友》里的城市会面。那是一个夜晚，天在下雨，非常炎热：刚开始，我们的计划是去看看埃莱娜和莉拉生活的城区，然后在那不勒斯海滨路上散步，但埃莱娜改变了主意。她告诉我们，那些小说中描述的地方只能在文本中看到，假如亲眼看到的话，可能会很难认出来，这些地方会让人失望，就好像是假的。我们在海边散了一会儿步，但天气不好，我们躲到了皇家大饭店的大堂里，正好对着奥沃城堡。

  从躲雨的地方，可以看到路上经过的人，我们可以想象，那些在很长时间里占据了我们的想象和内心的人物。我们三个人一起做了采访，两个编辑——桑德罗和桑德拉，还有我们的女儿埃娃，也就是费里全家人。我们其实没必要在那不勒斯碰头，但埃莱娜那几天经过那不勒斯，是为了解决一些家庭的问题，她邀请我们去，我们就利用这次机会庆祝"那不勒斯四部曲"最后一本的出版。我们一直聊到了深夜，在第二天午饭（吃了海贝）时，又聊了很久，后来在罗马，我们在家里喝着花茶接着聊，最后我们每个人的本子上都写满了笔记。我们后来交流补充了一下，按照埃莱娜的建议，我们把这次探访整理出来了，我们尽量表达自己的看法，忠实于我们谈话的内容，最后的结果就是这篇文字。

        ——桑德罗·费里、桑德拉·费里，二〇一五年

桑德拉：当你开始写一篇小说时，会发生什么事情？你的书是怎样诞生的？

埃莱娜·费兰特：我没法具体说明这些书是怎样诞生的。我相信，没人真正知道一本小说是怎样成形的。小说写完之后，作者总是会尝试解释事情是怎样发生的，但每一种理由就我而言都是不够的。按照我的经历，总是有一个"之前"，由一些记忆的碎片构成，还有一个"之后"，也就是一部小说的产生。但我必须承认，"之前"和"之后"对于我来说，只是为了有序地回答你的问题。

桑德罗：你所说的记忆碎片指的是什么？

费兰特：各种不同的材料，难以界定。你有没有这种体验？就是你脑子里有一些音符，一个调子，但你不知道它是什么，假如你哼唱出来的话，它可能会变成一首歌，和你想象的不一样。或者说，当你回忆起某个街角时，你不知道那是什么地方，要给这些零碎的记忆加一个标签的话，我会用我母亲喜欢用的一个词汇：碎片。我们头脑里的这些碎片或齑粉，你很难记得它们来自哪里，但它们在你脑子里会形成一些声音，有时候会让你难过。

埃娃：这些碎片都可能变成小说吗？

费兰特：有时候可能，有时候不行。这些碎片可以一个个分辨出来：童年生活的地方、家庭成员、学校的伙伴，一些温柔或气愤的话，还有一些非常紧张的时刻。把这些东西整理出来，你就可以开始讲述了。但总是有一些东西行不通，就好像这些碎片会各自为政，它们会形成一致或相反的力量：有的要清晰地出现在日光之下，有的试图隐藏在最深处。我们就拿《烦人的爱》作为例子，我很多年都一直在构思这个故事：关于那不勒斯郊外的事情。这是我出生和成长的地方，我脑子里回荡着撕心裂肺的叫喊、家庭内部的暴力，还有一些家庭用具、街道，那是我小时候看到过的。这本小说的主人公黛莉亚就产生于这些记忆。但是，她母亲阿玛利娅有时候会露一下脸，然后很快消失，几乎一直不在场。在我的想象之中，黛莉亚的身体会碰触到她母亲的身体，我写到这里都会感到很羞愧，会开始讲别的。用这些零散的材料，在这些年里我写了很多短篇小说，也写了一些篇幅很长的小说，但在我的眼里，那些小说都让人不满意，没有任何一部讲到了母亲的形象。后来，突然间很多碎片都消失了，剩下的很坚实地贴在一起，作为一种母女关系的背景，就这样，在一两个月之内，产生了《烦人的爱》这部小说。

桑德罗：另一部小说《被遗弃的日子》是怎么产生的呢？

费兰特：关于这部小说的诞生，我的记忆就更黯淡了。有很多年，我脑子里都有一个这样的女人形象，她晚上关上自家的门，早上去打开门时，发现她已经无法打开门了。有时候会出现她生病的孩子或一条被毒死的狗。然后，所有这些细节都开始围绕着一件发生在我身上的、让人难以启齿的经验：我也遭受了遗弃的屈辱。就好像在我脑子里盘旋了很多年的碎片，突然融合在一起，形成了一个故事，但我没法把它忠实地讲述出来。我很担心，这就和讲述梦境时会发生的事情一样。讲述梦境时，你知道自己在改编。

埃娃：你会把你的梦境写下来吗？

费兰特：很少的几次，我好像记得做过的梦，我会记下来。

我从小都有这个习惯。我建议大家都写下自己的梦境，这是一个很好的练习，把梦境的体验按照醒时的逻辑记叙下来，这是对写作的考验。一个梦境清楚地证明：你要把它完完整整还原出来，这几乎是不可能的。要把一个行为、一种情感、一系列事件通过语言忠诚地揭示出来，并不"驯服"它们，这不像想象起来那么简单。

桑德拉：你所说的"驯服真相"是什么意思呢？

费兰特：就是进入一个表达的禁区。

桑德拉：也就是说？

费兰特：推翻那些因为慵懒、息事宁人、方便和恐惧而讲述的故事，打破那些让我们自圆其说、大家都比较容易相信、接受的东西。

桑德罗：在我看来，这是一个需要深入谈论的问题。伍德还有其他一些评论家非常欣赏你在小说中展现出的真诚，他们甚至很赞赏那些粗暴的文字。真诚在文学中代表着什么？

费兰特：就我所知，真诚是一种折磨，也是文学上深入挖掘的动力。作家一辈子都在努力，就是想找到一些合适的表达工具。通常，对于一个小说家来说，他们首先考虑的问题是：我可以讲出什么样的体验？我能够讲什么呢？但实际上并非如此，一个作家要面对的最要紧的问题是：什么样的语言、节奏和语感适合讲述我所知道的故事。这些好像是一些形式上、风格上的问题，总的来说是次要的问题。但我很确信，没有合适的词汇，没有一个漫长的训练过程，学会组合词汇，是无法产生一些活生生、真实的东西。就像我们现在经常会说的：这是真正发生过的事情，是我的真实经历，这些名字都真实存在过，我描写的这些场景都是事情真实发生的地方，但这还不够。不得体的写作，可能会让一段真实经历变得虚假。文学的真实，不是建立在个人经历、报刊或法律的真实基础上。文学的真实不是传记作家、记者、警察局的口供或是法院里陈述的那种真实，也不是虚构小说里构建的逼真故事。文学的真实，是用词得当的文本里散发出来的真实，会融于语言之中。它直接和句子里散发的能量挂钩。假如获得了这种真实，那就会避免刻板、平庸，也会避免大众文学里那些常用的技法。这样你就可以重新激活，会按照自己的需求塑造任何东西。

桑德拉：怎么能够获得这种真实呢？

费兰特：当然了，这种能力是漫长训练的结果，也可以不断优化。但这种能量对于大部分人，只是简单地发生了，展现出来了，你无法知道它到底怎么发生的，你也不知道会持续多长时间。你一想到这些能量可能会突然抛弃你，在写作的过程中，把你扔在半路上，你就会很害怕。再加上对于写作的人，假如他可以坦率地面对自己，他会承认，他也不知道是不是已经完善了自己的写作，让他可以彻底全盘托出。我们说得更清楚一点吧，每个把自己的生活重心放在写作上的人，都会面临亨利·詹姆斯的《中年人》的那种状态，在他最成功时，他已经快要死了，他希望还有机会再尝试一次，看自己是不是能够做得更好。或者他几乎要脱口而出，说出普鲁斯特笔下的贝戈特面对维米尔绘制的柠檬黄墙壁，发出的那句绝望感叹："我应该这样写！"

埃娃：你是什么时候第一次觉得自己达到了这种文学的真实？

费兰特：很晚的时候，就是我在写《烦人的爱》时，假如那种感觉没有持续下来，我也不会出版那本书。

埃娃：你说，你用了很长时间加工那些材料，但没有成功。

费兰特：是的，这并不意味着《烦人的爱》是漫长、辛苦工作的结果。正好相反，这本小说写得很快。之前很多年是很辛苦，写了一些让人不满意的故事，那些文字都是反复加工的，当然看起来很逼真。或者说，那些小说都是仿照其他范例写的，那些范文都是关于那不勒斯的写得不错的故事，关于城郊、贫穷和占有欲特别强的男人，等等。后来，突然间我的写作有了正确的调子，或者说这只是我的感觉。在写出小说的第一句时，我就感觉出来了，这种写作在纸上引出了一个故事，是一个我从来没有尝试过的故事，甚至可以说，一个我从来都没有构思过的故事。这个故事讲述了对母亲的爱,一种非常隐秘、发自肺腑的爱,夹杂着厌恶。这一切忽然从记忆深处迸发出来,我不用去寻找合适的词语,而是语言唤起了我最秘密的情感。我决定发表《烦人的爱》,并不是因为这个小说所讲述的故事让我觉得很尴尬、害怕,而是因为我第一次可以说:我应该这么写。

桑德拉:我们现在话题停留在《烦人的爱》这部小说的创作上。你自己也说,这是一个让人惊异的征服。这代表了一种质的飞跃,你觉得,你之前写的那些作品都不值得出版,但这本书一两个月就写出来了,并没有费很大的力气,不像之前的小说写得那么累。因此,一个作家会有不同的写作?我问你这个问题,是因为有不少评论家和作家,有的是真觉得疑惑,有的是别有用心,认为你的小说是好几个人联手写的。

费兰特:作为作家,我选择不出现在公众眼前,而且现在完整的语文教育已经消失,已经没有文体批评了,这当然会让人产生各种各样的想象,或者恶意的推测。那些做评论的人盯着一个空荡荡的画面,那里本应该有作家的照片,他们没有技术工具,或者简单来说,他们没有真正读者的敏感和热情,所以很难用作品来填补那个空白。另外,他们还会忘记了一个非常明显的事情,也就是说,每个人的写作都有自己的历史,还经常发生一些明显的断裂和飞跃。有时候,这种风格的变化让他的写作失去连续性,有时候会让人看不到前后作品之间的联系。我们说得更清楚一点,只有一个明确的署名,或者非常严密的文本分析,才让人确认《都柏林人》和后来的《尤利西斯》《芬尼根的守灵夜》出自同一个作家之手。我可以继续列举一些类似的例子,就是表面上看起来风格迥异的作品,其实却出自一个人之手。总之,一个高中生都应该有这点文化常识:一个作家用一辈子去写作,他总是有一些新的表达需求;一首歌儿唱得调子高些,或者低些,并不意味着歌手换了。但很明显，现在事情并非如此。一段时间以来，大家都觉得，只要上过几天学，就可以写一部小说，很少人记得，写作意味着要辛苦地练习，获得一种可以面对各种主题的能力，可以应对各种考验，当然结果总是难以预料。

桑德拉：因此，你的作品不是几个人联手写出来的，而一个作家进行各种艰难的尝试，想找到合适的表达工具，尝试各种可能性。

费兰特：差不多是这样。《烦人的爱》对于我来说是一个小小的奇迹，是经过很多年练习之后才实现的。比如说，我觉得通过这部小说，我获得了一种节制、稳定、清醒的写作风格，然而，这种风格还是会有随时塌陷的风险。我的满意没持续很长时间，后来越来越弱，最后消失了。这部小说的产生，对我来说是一个偶然的结果，我后来用了十年的时间才摆脱了这本书，我获得了一种独立的工具，那就像一根很结实的链子，可以从深井里汲水。我工作了很长时间，但只有我写出了《被遗弃的日子》，我才感到，我又写出了一本可以出版的小说。

桑德罗：你认为一本小说到什么程度才可以被出版？

费兰特：当这部小说讲述一个故事，在我没有觉察到的情况下，有很长时间我都回避这个故事，因为我觉得没法把它讲出来，或者讲出来对我不利。《被遗弃的日子》是用很短时间写出来的故事，我用了一个夏天构思，然后写了出来。或者更具体来说，前面两章写得很顺，很快就写出来了，后来突然间，我开始犯错，我的调子变了，不再和谐，《被遗弃的日子》的最后一个部分就是这样。我不知道怎么把奥尔加从危机中解救出来，我无法像讲述她落入深渊那样，达到一种真实的效果。我还是同一个脑子，同样的写作，还是同样的选词、句式、标点符号，但我的语气、调子变得很虚假。我熟悉这种感觉：

就像我看到其他权威的男女作家的作品,我会失去自信,我脑子空空的,我没有办法做自己。有好几个月,我感觉后面几章我写不出来,我觉得无法达到平常的水平。我带着恨意对自己说:"你喜欢迷失自己,而不是找到自己。"后来一切又重新启动了。但现在我还是没勇气重读那部小说,我担心最后一部分写得很做作、空洞,没有真相。

埃娃: 你对自己的要求很高,只希望出版那些质量上乘、你尽最大努力写的书,你觉得这是因为你是女作家吗?说得更清楚一点:你出版的小说不多,因为你害怕没有达到男性写作的水准?或者说:作为女性,那就意味着应该付出更多努力,写出一定水准的作品,让男性写作无法轻视。更普遍一点的问题是:你觉得男性写作和女性写作之间有什么根本的差别?

费兰特: 我通过我个人经历来回答你的问题。我从小开始——十二三岁——我就非常确信,一本好书必须有一个男性主人公,这让我非常沮丧。这个阶段持续了两年多时间,在我十五岁时,我开始热衷于看那些处于困境的勇敢少女的故事。但我还是继续认为——可以说,这个想法更加明确——那些伟大的小说家都是男性,我要学会像他们那样讲故事。在那个年纪,我看了很多的书,明确来说,我模仿的都是那些男性作家。甚至我写女孩子的故事时,我总是让我的女主人公历经风霜,非常自由,很有毅力。我尝试去模仿男人写的伟大作品。说得更具体一点,我不希望自己像那些女性作家,比如说,像拉法耶特夫人或者简·奥斯丁、勃朗特姐妹那样写作——那时候,我对当代文学知之甚少——我想模仿的作家是笛福、菲尔丁、福楼拜、托尔斯泰、陀思妥耶夫斯基,甚至雨果。我当时觉得,值得模仿的女性作家很少,她们相对比较弱,男性作家的作品非常多,更引人入胜。我不想把话题扯得太远了,那个阶段对于我来说很长,一直持续到二十岁,对我的影响很大。在我看来,男性小说传统提供了丰富的、构建性的东西,我觉得女性小说缺乏这一点。

埃娃:因此你觉得女性写作根基比较弱吗?

费兰特:不是,完全不是。我说的是我青少年时期的想法。后来,我的观点发生了巨大变化。因为历史原因,女性的写作传统没有男性写作那么丰富多彩,但也留下了一些水准很高的作品,有的是非常有创造力的作品,比如说简·奥斯丁的作品。二十世纪,女性的处境发生了根本变化。女性主义思想和女性主义实践释放了很多能量,推动了更深入、更彻底的转变,产生了很多深刻的变化。假如没有这些女性的斗争、女性主义文章,还有女性文学,我都无法认识自己,这些作品让我变成了一个成熟女性。我写小说的经验,无论是没出版的还是那些已经出版的,都是在二十岁之后成形的,我尝试通过写作,讲出符合我的性别,体现女性不同之处的故事。但一段时间以来,我一直在想,我们应该去打造女性自己的传统,我们永远都不要放弃前辈留下的技艺。作为女性,我们要建立一个强大、丰富和广阔的文学世界,和男性作家的文学世界一样丰富,甚至更加丰富。因此,我们要更好地武装起来,我们必须深入挖掘我们的不同,要运用先进的工具去挖掘。尤其是,我们不能放弃自由。每一个女作家,就像在其他领域,目标不应该只是成为女作家中最好的,而应该成为所有作家中最好的,无论男女,都要尽可能发挥自己的文学才能。为了做到这一点,我们不能受到任何意识形态的束缚,要摆脱所有主流、正确路线和思想指导。一个写作的女性,她唯一应该考虑的事情是把自己所了解的、体会的东西讲述出来,无论美丑,无论有没有矛盾,不用去遵照任何准则,甚至不用遵从同一个阵线的女性。写作需要极大的野心,需要摆脱各种偏见,也需要一个有计划的反抗。

桑德拉:在你的作品中,你觉得哪一部让你全心投入,具有刚才你提到的那些特点?

费兰特：就是最让我觉得愧疚的书——《暗处的女儿》。我把书中的主人公置于一种我写作时都无法忍受的处境。勒达说："那些最难讲述的事情，就是我们自己也无法理解的事情。"我们可以这样说，这是一句箴言，这是我所有书的根基。写作应该进入一条艰难的道路，在虚构的小说中，一个写作的女人——讲述者"我"，在故事中永远都不是单一的声音，而是写作本身。讲述者会面对一个非常艰难的挑战：她应该把自己所知道的，但还没有想清楚的事情用文字组织起来。这就是发生在黛莉亚身上的事，同样也发生在了奥尔加、勒达和埃莱娜身上。但黛莉亚、奥尔加和埃莱娜走过了她们的历程，到了故事的最后，她们很阴郁，但她们得救了。但是，勒达写出来的东西，无论是作为女儿、母亲还是其他女人都让人无法忍受。尤其是到那个下意识的动作，她拿走了那个娃娃——这是整个故事的核心，这个动作的意义，是她没有想到的，当然在写作中也无法说明。在这里，我期望自己能展示比写出的文字更多的东西：一个很真实、很有说服力的故事，达到了一种这样的效果，即使那个写作的人也没有明白其中的意义，因为假如她知道答案的话，可能会死去。《暗处的女儿》是我发表的所有小说中，最让我痛苦，也是和我联系最密切的。

埃娃：你一直在强调写作的中心作用，你说那就像从很深的井中汲水的链子。你写作的方式有什么特点呢？

费兰特：我只清楚地知道一件事情：我觉得，只有通过一种简洁、干净的声音，一种知识女性清醒的声音，就像这个时代的中产女性的声音，我才能写好一个故事。我需要一个干脆的开始，句子清晰明确，不用展示漂亮的文字或文体。通过这种调子，小说才能稳稳地写出来，我带着一种忐忑的心情，等着另一个时刻的到来，就是我可以用一系列沧桑、刺耳、激动、断断续续、随时都可能崩溃的声音来打断那些平缓、稳定的声音。在我第一次改变语体的时候，伴随而来的是激动、不安和焦虑。我很喜欢打破我笔下人物有文化、有教养的外壳，让他们流露出粗糙的灵魂，让他们变得吵吵嚷嚷，也许有些歇斯底里。因此，我会在两个调子之间的过渡上用很多心思，我希望语气变得激烈的过程让人惊异，同时能自然地恢复到平静。实际上，讲述的声音产生断裂对我来说要容易一些，因为我迫不及待地等着这个时刻，我心满意足地滑入那个状态，我很担心声音恢复平静的时刻。我很担心讲述者没办法平静下来，尤其是，现在读者都知道，她的平静是虚假的，不会持续很长时间，讲述的秩序很快就会被打乱，她会带着更大的决心和乐趣，展示自己的真实状态，我需要用一些心思让这种平静变得真实。

桑德拉：你小说的开端总是饱受好评，尤其是英美的评论家对你的小说开头评价很高。你觉得，这是不是和写作的跌宕起伏有关？

费兰特：我觉得可能是。通常，我想马上获得那种效果，从刚开始的几行，我就想运用一种平静但有裂缝的语气。从《烦人的爱》开始，我一直都是采用这种办法，除非这个故事有一个开场白——比如说，《暗处的女儿》和"那不勒斯四部曲"——因为开场白本身的性质，语气很平稳。但在其他情况，小说的开头，我总是会用一些冷静的长句，但同时这些句子会散发出一种让人无法忍受的热量。我希望我的读者从开始几行就知道后面是什么情况。

桑德罗：你在写作时是不是很关注读者？你是不是觉得，让他们产生激情，给他们挑战，让他们陷入困境危机非常重要？

费兰特：假如我出版一本书，我的目的肯定是让读者读这本书，这是我唯一感兴趣的事情。因此，我会采用所有我掌握的写作策略，引起读者的兴趣，激起他们的好奇心，让我写的文字富有张力、跌宕起伏。但我觉得，读者并不像消费者那样，处于次要的位置，因为他们本身不是消费者。那些忽视读者品位的文学是腐败的文学。我的目标很矛盾，是让读者的期待落空，让他们建立起新的期待。

桑德罗：一本小说从一开始，目标都是达到一种讲述的张力，吸引读者的注意力。二十世纪时，一切好像都发生了变化。你觉得在二十一世纪，文学会建立一种什么样的传统？

费兰特：我觉得，之前的文学传统是一个巨大的矿藏，那些想写作的人，会在这个矿藏里找到自己需要的东西，不需要排除任何东西。我觉得，现在我们需要的就是这个。一个有野心的小说家，他应该比过去的作家更要博览群书，了解这些文学传统。我们生活在一个正在发生巨大变化的世界，会有一些难以预料的结果，因此最好做好准备。需要像狄德罗一样，可以写出《修女》，也能写出《宿命论者雅克和他的主人》，要从菲尔丁中汲取灵感，也要从劳伦斯·斯特恩身上获得能量。我想说的是，二十世纪的伟大尝试，经过了一些良性的破坏，可以，也应该紧紧抓住以前的小说创作，甚至是其他文学体裁的有效工具。永远都要记着，一部小说活生生的，并不是因为作者比较上相，评论家说了很多好话，或者说市场上比较好卖，而是因为那些密密麻麻的文字，在写出来时，从来都没有忘记和忽视读者，因为只有读者才能点燃语言的导火索。我不会放弃那些会提高读者兴趣的技巧，我甚至会采用一些过时、粗俗和滥用的东西。正如我所说，让一切变得精致而新颖的是文学的真实。无论是短篇、中篇还是长篇，最主要的是一种丰富、复杂和引人入胜的叙事方式。假如一部小说拥有这些特点——这是任何市场营销无法赋予它的——它就不需要任何其他东西，它可以走上自己的道路，吸引读者，假如需要的话，它也可以反小说。

桑德罗：在我看来，这是非常重要的一点，我希望你能够深入谈论这个问题。写作的质量最重要，胜过其他东西。很多美国评论家都直接把你的写作、你的诚实和你远离公众视野放在一起进行谈论，就好像在说：越是不出现，就会写得越好。

费兰特：二十年是很漫长的一段时间。我在一九九〇年做出这个决定，就是因为我不愿意在一本书出版之后，出去进行推广，那时候我们第一次讨论我的需求，还有我隐身的原因。现在，这些原因已经发生了变化。那时我非常担心自己要从庇护所里出去，非常重要的原因是我很羞怯，我需要坚持自己的立场。随后，我对媒体的抵触越来越大了，他们对于书本身没有太大兴趣，他们尤其会关注一些已经取得成就、有一定声誉的作者。比如说，让人惊异的是，意大利那些最受关注的小说家和诗人，都有一定的学术背景，或者是他们在出版业地位显赫，或者是在其他重要领域已经做出了成就。就好像文学无法通过文本来证明自己，而是需要一些外部支撑，来证明这些作品的质量。假如我们抛开大学和出版社，抛开政治家、记者、歌唱家、演员、导演、电视主持人，等等，他们的作品也是一样，在这种情况下，他们的作品也无法独立存在，需要其他领域的成就提供"通行证"。"我在这个领域或者那个领域取得了成功，我获得了一些关注，因此我写了一部小说。"媒体非常重视这种联系。作品本身并不重要，而是写这本书的人有没有自带光环。假如他已经有了名气，媒体会强化这种光环，出版社也会敞开大门，整个市场也会非常高兴接纳你。但如果没有这种光环，一本书很神奇地赢得了市场，媒体就需要打造一个作者形象，这就开始了一个机制：作者出售的不仅仅是他的作品，而是他自己，还有他的形象。

桑德拉：你刚才说，你隐身的原因现在已经发生了变化。

费兰特：我现在对于媒体炒作依然很抵触。这种行为不仅仅会削弱人们在每个领域创作的作品，而且已经无所不在。没有媒体炒作，好像什么事儿都行不通了。虽然任何产品都是传统、各种技能和群体智慧的结果，人物——注意，是人物，而不是个体，不是一个人，他的作用很重要——会让所有作品显得暗淡。但我必须说，在我隐身的漫长时间里，我获得的创作空间，一直都具有它的重要性。这里，我想回到写作本身。我知道，一本书彻底完成修订之后，它会走上自己的历程，不用我亲自陪伴。我知道，我永远都不会亲自出现在一本出版的书旁边，就好像那是一条需要主人陪伴的小狗。这让我对写作有了一些新的感受，想到一些我从来没想过的事：我感觉我摆脱了写出的那些文字。

埃娃：你是不是想说，你感觉自己在进行自我审查？

费兰特：不是，这和自我审查没什么关系。我写了很长时间，但从来都没有发表的意图，也没有想着让别人看我写的东西。对于我来说，这是一个非常重要的演练，就是为了避免自我审查，这和写作的潜力有关。济慈说，对于他来说，诗人是所有一切，也什么都不是，诗人不是自己，诗人没有自己，没有身份，也可能没有任何诗意。通常，在这封信里，读者看到了一种美学变色龙态度。但我看到，作者大胆地和他的写作分开，就好像在说：写作是所有一切，我什么都不算，你们要去找文本，而不是我。这是一种惊世骇俗的态度，济慈把诗人从他的艺术中抽离了出来，把他定义为"没有任何诗意"的人，否定了诗人在写作之外的身份。现在我想到这句话时，我感觉它很重要。把作者抽出来——就像媒体理解的那样——让作者和他写的作品分开，这能创造出一个新的创作空间，值得从技术层面进行探讨。从《被遗弃的日子》开始，我逐渐明白，从媒体的角度，我的不在场成了一个让人诟病的空白，这其实通过写作可以填补。

埃娃：可以解释得更清楚一点吗？

费兰特：我可以从读者的角度开始说，梅根·奥罗克在《卫报》上已经总结得很清楚了。奥罗克明确地展示了这种写作体验。他谈到了读者和作者的关系，作者决定彻底和自己的作品分开，他强调说，"我们和她的关系，这就像我们和一个虚构角色之间的关系。我们感觉我们认识她，但我们知道的只是她的句子、思维方式，还有想象力"。好像是很简单的话，却很能说明问题。现在大家都觉得，一个作家是在文本之外特定、具体的人，假如我们想要对自己读的东西有更多了解，我们就需要去了解那个人，知道他生活中那些庸常或者非凡的事，来更好地了解他的作品。只要把作者从公众的眼前抽离，就会验证奥罗克所强调的。我们就会意识到，文本包含的东西会超过我们的想象。文本已经饱含了那个写作的人，假如你要去找他，他就在那里，你会比真认识他的人了解到更多东西。当作家以简单、纯粹写作——在文学中唯一重要的东西——的姿态出现在读者眼前，他无法避免就成为叙事或者诗句的一部分，虚构的一部分。在这些年里，我在这个方面做了很多尝试，尤其是在"那不勒斯四部曲"中，这种意识越来越明确。埃莱娜·格雷科的真相和我的真相有很大不同，她的真相来自我的写作，就是我通过文字能够揭示出来的东西。

桑德罗：你想说的是不是：媒体都前赴后继，想用闲话来填满你留下的空白，而读者填补这个空白的方式是对的，他们在文本中找到他们所需要的东西？

费兰特：是的。但我还想说，假如这是真的，作家的任务就更多了。假如有这么一个空白——在社交中，在媒体上的空白，出于方便，我叫自己埃莱娜·费兰特，我，埃莱娜·费兰特，出于小说家的好奇心，还有挑战自己的决心推动着我，我必须采取行动，使文本中的空白得以填充。怎么填充呢？给读者提供一些线索，让读者把我和讲述者"我"——那个名叫埃莱娜·格雷科的人区别开来。但我感觉这个埃莱娜·格雷科真实存在,因为我可以讲述埃莱娜和莉拉的故事,通过我组合语言的方式,让她们变得真实、活生生。脱离文本的作者不存在,在文本之内他会展示自己,会把自己有意识地附在故事之中,他会精心呈现自己,让自己比小报上的照片,比出现的文学节、电视节目或文学颁奖仪式上的面孔更真实。那些热情的读者应该有这样的条件,他们可以在字里行间,或者文本中不符合语法和句法的地方,分辨出作者的样子,就好像熟悉小说中的人物、风景、情感,沉稳或者激动的行为一样。这样一来,写作就会变得更核心,无论是对于写作者(可以用最真诚的心态写作),还是对于读者。我觉得这要比去书店签售,或者用一些场面上的话破坏这些作品要好得多。

桑德拉: 你曾经说过,"那不勒斯四部曲"在写作的过程中,你有意识地运用了你制造的创作空间。

费兰特: 是的。但《暗处的女儿》的经验在前,出版前面两本小说时,我很害怕在小说中看到自己,尤其是用到刚才我提到那种双重语体:有时平缓,有时激烈。在第三本书里,我担心自己太夸张了,就好像我已经无法像前面两本书那样,控制勒达的世界。我在写到最后才想到偷娃娃的行为,还有被偷了娃娃的女童,女童的母亲对于勒达的吸引,这些都是灵光一闪,即兴产生的。这两个元素——母女关系,还有一段刚刚产生的友情的阴暗背景——会让我进一步探索女性之间的复杂关系。写作会卷入一些难以名状的东西,以至于第二天我会把它们删除,因为我觉得一些很重要的东西,一旦落入到语言的罗网,会让我无法承受。假如勒达没法厘清她的行为——她的内心会越来越凌乱,她作为一个成人,偷了一个女童的布娃娃——我写作时,也会和她一起沦陷,我没法像解救黛莉亚、奥尔加那样,把自己和她从旋涡里解救出来。最后，这部小说写完了，我万分忐忑地出版了。但有好几年时间，我一直在这个故事上绕圈子，我觉得我应该回到这个故事上。我开始写"那不勒斯四部曲"，这不是一个偶然的结果，我从两个布娃娃写起，开始写一段激烈的女性友谊的诞生，那时我感觉，我可以在这里重新挖掘一下。

埃娃：我们现在谈谈"那不勒斯四部曲"，莉拉和埃莱娜之间的关系不像是虚构的，也不像用通常的方式讲述的，就好像直接来自潜意识。

费兰特：我们说，"那不勒斯四部曲"没有像其他作品那样，在"碎片"中，也就是说那些凌乱地混杂在一起的材料中找到一条路。我从开始就感觉到，所有一切都是新体验，每样东西都出现在该出现的位置上，这也许是源于我和《暗处的女儿》的关系。在我写这本书时，比如说，我已经意识到尼娜这个形象的重要性。这是一个年轻的母亲，和那个克莫拉横行的环境格格不入，很引人注目，正因为这一点，她才吸引到了勒达。我脑子里想到的最初情节，当然是两个丢失的布娃娃，以及后来失去的女儿。但现在，我觉得没必要把我几部小说之间的联系列举出来。我想说的是，对于我来说，这是一个全新体验，我感觉那些材料自然有序，都来自其他小说。就我所知，关于女性友谊的主题，也是和我在《晚邮报》上提到的，那个前几年去世的女性朋友有关：这是莉拉和埃莱娜故事的最初原型。后来，我有了自己的私人"库房"——是一些幸好没出版的小说——这些小说里，有很多难以控制的女孩和女人，她们的男人、环境想压制她们，她们虽然精疲力竭，但依然很大胆，她们总是很容易迷失于自己脑子里的"碎片"中，集中体现在阿玛利娅——《烦人的爱》的母亲身上。现在想想，阿玛利娅有很多地方都和莉拉很像，包括她的"界限消失"。

埃娃：无论是莉拉还是埃莱娜，这两个人物有着本质的不同，但都很容易引起读者的共鸣，让读者感同身受，你怎么样解释这种情况？这和俩人之间的不同有关吗？这两个人物都千头万绪，有很多个层面，但总的来说，埃莱娜是一个比较接近现实的人物，而莉拉却像是高于现实，就好像她是一种神秘的材料组成，挖掘得更深入，有时候有一些象征性的特征。

费兰特：埃莱娜和莉拉之间的差别，很大程度地影响了叙事策略的选择，但她们俩都经历了一个正在发生变化的时代，女性处境发生了变化，这是故事的核心。想一想，读书和上学的作用，埃莱娜对自己要求很高，她很勤奋，每次都能够找到自己需要的工具。她带着一种有节制的自豪，讲述自己成为知识分子的历程，她积极地参与这个世界，强调莉拉已经远远被抛在了身后。但她的讲述时不时会中断，因为莉拉表现得比她更活跃，尤其是更激烈，她彻底参与这个世界，可以说，莉拉更低级，更发自肺腑。莉拉最后会真的离场，把整个舞台留给埃莱娜，莉拉成为自己最害怕的事情的牺牲品：界限消失，自我消失。你称之为差别的东西，那是这两个人物的关系不断游移产生的，也是埃莱娜故事的结构。这种差别使女性读者，应该也包含一部分男性读者，会觉得自己既像莉拉，又像埃莱娜。假如两个朋友的步子一致，那就像一个是另一个的翻版，她们是彼此的镜子，她们会轮番用秘密的声音讲述，但事情并非如此。这个步子从开始就被打破了，引起差别的不仅仅是莉拉，也有埃莱娜。当莉拉的步子变得无法忍受时，读者会紧紧抓住埃莱娜；但埃莱娜迷失时，读者会对莉拉产生信任。

桑德拉：你提到了消失，这是你的小说中反复出现的主题。

费兰特：当然了，或者说，这是我反复写的一个主题，这和压抑以及自我抑制有关。这是我非常了解的一种状态，我想，可能所有女人也都有过这种体验。每次当你的身体里冒出来一种和主流女性相悖的东西时,你都会觉得,这会给你,还有其他人带来困扰,你要尽快让它消失。或者你天生就很倔强,就像阿玛利娅或者莉拉一样,假如你是一个无法平息的人,假如你拒绝低头,这时候暴力就会介入。暴力有自己的语言,这意味深长,尤其是在意大利语中:我要打破你的脸,要让人认不出你来!你看,这些表达都是对一个人的面貌和身份进行干预,抹去她的个性。要么你按照我说的做,要么我就会打得你屈服,让你改变想法,甚至杀死你。

埃娃:但这些女性也会"自我消除",阿玛利娅可能自杀了,莉拉也失踪了。为什么呢?这是一种屈服吗?

费兰特:有很多消失的理由。阿玛利娅和莉拉的消失,可能是一种屈服。但我觉得也是她们毫不让步的表现。我不是很确信。我写作时,感觉很了解笔下的人物,但后来我发现,读者会更加了解他们。你在写作时,最神奇的事情是,你写出的那些文字,在没有你参与的情况下,会产生很多你没想过的结果。你的声音是你身体的一部分,它需要你的参与,你说话,与人对话,你自我修订,进一步进行解释。但你的写作一旦固定在纸上,那就是独立的了,它需要的是读者,而不是你。你写完了,我们说,你就可以走了。读书的人,假如他愿意的话,可以思考你排列文字的方式。比如说,阿玛利娅是经过了黛莉亚的文字过滤产生的,读者如果想要解开母亲的谜团,应该先解开女儿的谜团。更加困难的是,把莉拉镶嵌在埃莱娜的叙事之中:情节,还有编织她们的友谊很费心思。是的,可能黛莉亚和阿玛利娅之间的关系,是埃莱娜和莉拉之间关系的原型。这种关系在你没有觉察到的情况下,从一本书滑入另一本书,一本书的写作滋养了另一本新书,赋予它力量。比如说,一个儿童时代的人物——一个痛苦的女人,是《被遗弃的日子》里的核心人物,在小说里被称为"弃妇",

只有现在，我才察觉到，"那不勒斯四部曲"里的梅丽娜就是这个女人的化身。这种小说之间的连续性，总的来说，都是无意识产生的，都来自那些出版的书，还有没出版的小说的写作经验，这可能是我觉得"那不勒斯四部曲"故事简单的原因。这套书和其他书不同，这个故事来自我头脑中的很多片段，我很快在这些片段中做出了选择，这让我感觉一切都准备好了，知道该怎么做。

桑德罗：你是怎么看待情节的？在你写作"那不勒斯四部曲"时，中间有没有调整情节？

费兰特：情节对于激发我，让读者产生激情，有着非常重要的作用。但正是因为这个缘故，它是写作展开的线索。大部分情节都是我在写作过程中想到的，一般都是这样。我知道，比如说，奥尔加把自己关在家里，电话坏了，她和女儿、生病的儿子和中毒的狗在一起。但出现这样的情景之后，我不知道下一步会怎样。是写作拖着我走的——真正意义上拖着我走，因为它要打动我，让我激动——从门无法打开的那一刻，一直到门打开，就好像从来都没有关上。在我写作之前，或者写作过程中，我当然会做出一些假设，但只是在脑子里设想一下，都是一些非常凌乱的头绪，写作向前进展时，这些假设都会消失。有时候，这些假设消失了，可能只是因为我忍不住，跟我的朋友讲了故事的情节。口述的故事会消耗掉所有的创作劲头：可能脑子里已经构思得很好了，但讲出来之后，我会觉得那些东西可能不值得写了。在讲述埃莱娜和莉拉的故事时，情节自然而然地展开了，我基本上没有改变过方向。

桑德拉：你写的有些故事，情节发展有点像恐怖小说，但最后会变成爱情小说，或者其他类型的小说。

费兰特：当然了，情节意味着文学类型，这里话题就更复杂了。

我需要情节，是的，但我得说，我没法遵守类型文学的规矩：读者在读我的小说时，觉得自己在读恐怖小说、爱情小说或成长小说，他们一定会失望。我感兴趣的，是把各种事件串起来的那条线索，因此我会躲过其他条条框框。在"那不勒斯四部曲"中，故事的情节各种类型都有，但没有沉溺和停滞，相反，故事情节一直向前推进，没有任何迟疑和停顿。这不是几个月发生的事情，而是持续了很多年的故事。写作时产生的东西，一直到发表，都站住了脚。

桑德罗：虽然如此，"那不勒斯四部曲"是一套非常复杂的书，一点都不容易构思和写作。

费兰特：可能是这样，但我重申一下：刚开始，我并没有这种感觉。大约在六年之前，我开始写作时，我很清楚地知道自己要写什么：开始于一个很阴险的布娃娃游戏，结束于失去一个女儿。我脑子里构思的小说，不比《烦人的爱》或《暗处的女儿》长。结果是，我在写作这个故事时，没有一个寻找叙事核心的阶段，我一开始写作，就觉得下笔很顺畅。

埃娃：对于你来说，下笔很顺畅和下笔不顺畅之间的差别是什么？

费兰特：是我在每一个句子、每页上投入注意力不同。我有一些从来没发表过的小说，这些小说写得很精心，前面一页如果不是非常完美，我是不会往下写的。在这种情况下，这些小说的文字很美，但故事很虚假。我想坚持这一点，这是我非常了解的状况：故事向前进展，我很喜欢，我最后会写完整个故事。但实际上，让我满意的并不是叙事，我很快发现，这种喜欢是打磨每个句子、把一切都写得很完美的强迫症。按照我的个人经验，我越关注句子，故事就越难进展。最好的状态就是，写作只关注故事的主线。我在写"那不勒斯四部

97

曲"时，这种状态马上就出现了，而且一直持续下来了。几个月过去了，故事一直很流畅，我甚至都没停下来重读我前面写的。在我的经验中，我第一次有这种感觉，就是我的记忆和想象会给我提供大量材料，这些材料没有堆积在故事里，让我变得混乱，而是有序地出现在我的笔下，这对于故事的进展非常必要。

埃娃：在这种状态下，写出来的东西是不是不需要修改，或者重写？

费兰特：并不是，故事是不需要修改，但文字却需要修订。出现这种状况，因为你脑子里不停有声音响起，对你来说，你的写作就像是释放，你在外面买东西时，吃饭时，睡觉时，这些声音都会在你的脑子里响起。因此，假如小说需要修改的话，那也不是改变故事情节。"那不勒斯四部曲"一千六百多页文字，我一直都感觉，不需要重新设置人物、情感、发生的事情，还有转折。我自己也非常惊异，因为这个小说篇幅很长，里面有那么多人物，而且跨越的时间很长，我没去查阅任何笔记、历史文献，还有其他诸如此类的东西。但我要说的是，这不是偶然出现的，因为我一直都很痛恨为写作做准备。假如要做准备的话，那我会失去写作的欲望，我会失去了激情，没法带来惊喜。当我写作时，本质上来说，一切都发生在头脑之内。写到某种程度上，我感觉需要缓口气，这时候，我会停下来重读我写的东西，会对文字进行修改。但我写之前的小说时，按照我的记忆，我写三四页，顶多十页就会回头看，在写"那不勒斯四部曲"时，我会一口气写五十页、一百页，也不会回头看。

埃娃：关于小说的形式，你的态度不是很明确，你不是很关注，可能对于小说来说，形式是正面的，也是反面的。

费兰特：是的。按照我的经验，漂亮的形式，可能会成为一种强迫症，会掩盖其他更复杂的问题：故事站不住脚，没法找到正确的路子，失去讲述和写作的信心。为了摆脱这种状态，就要只关注把故事写出来。这时候，写作的快乐都在那里，我觉得叙事已经展开，只需要让情节更顺畅地进行下去。

桑德拉：在第二种情况下，你是怎么做呢？

费兰特：我会时不时重读我写的东西，我会删除一些东西，也会做出补充。但这种初读，距离仔细修订文本很远，最后的修订是小说写完才会开始。小说写完，我会修订几遍，有时候会重写，加入新东西，一直修改到付印之前。在这个阶段，我会对日常生活的一切都很敏感。看到光的效果，我会记录下来；看到草坪上的一棵小树，我也会记在心里；我会写出一系列单词，记下我在路上听到的句子。我会非常投入地工作，对稿子进行修订，在小说完成以前，一切都值得推敲，可能是一个情节过渡、一个类比的词汇、一个比喻、一个对话、一个我寻找的不平庸也不怪异的形容词。第一次阅读初稿，只是大体上看一下，知道自己写了什么，我会摆脱那些夸张的东西，我会深入描写那些写得太粗浅的地方，尤其是，我会进入文本引领我进入的道路。

桑德拉：你想说的是不是，有这样一个阶段：文本会进一步决定故事，你会丰富这个故事。

费兰特：从本质上说是这样的。从无到有，已经有了写好的篇幅，这会让人松一口气。尽管这只是符号、词语和句子的组合，但已经成为一种原材料，可以运用所有技巧进行加工。地方是那些地方，人物是那些人物，他们会做的事情、不做的事情都在那里。所有这一切，重新过一遍的话，需要不断完善，要让故事更真实、鲜活。初稿写完之后，就开始了一种为了重写的阅读，这种阅读感觉很棒。我得说，在第一道阅读和修订的过程中，真实的写作能力会介入。这像第二股浪潮，没有第一次写那么焦急不安，假如那些文字没有让我失望的话，二次加工会更动人心魄。

桑德罗：回到"那不勒斯四部曲"，这个系列和之前的写作体验有什么关系，这本书写作的过程中，有没有出现新情况？

费兰特：有很多新体验。首先，在我过去的经验里，我从来都没写过那么长的故事。其次，我从来都没想到，自己能这么详细地写出这些人物的生活，跨越这么长的一个历史阶段，充满了各种坎坷和变化。第三，因为我个人的喜好，我一直都很排斥社会地位提升的主题，讲述人物如果获得某种政治和文化立场，或者人的各种信念是多么容易改变，或者强调人物出身的阶层，出身的重要性非但没有被抹去，也没有真正地减弱。我写作的主题，还有写作技巧，我觉得改变了性质。但实际上，在写作时，我一直没完没了地写着：历史背景很自然地融入了人物的行为、思想和人生选择上。我从来都没有设想过，历史背景就像布景一样，处于故事的外部；我对政治和社会学有些排斥和厌烦，居然让我从中发现了乐趣。我说得没错，是乐趣，让我可以讲述女性的"异化"和"归化"。

埃娃：是相对于什么的异化和归化？

费兰特：埃莱娜和莉拉感觉，历史还有所有相关的政治、社会、经济、文化都和她们无关，但在她们没有觉察到的情况下，她们的话语，或者行动都包含在历史之内。这种异化和归化在我看来，是计划外的，对于我来说很难讲述，就像往常一样，我决定挑战自己，决定开始讲述。我希望，历史像一个非常模糊的背景，但这个背景会发生变化，会冲击到这些人物的生活，改变着她们的信念、决定、行动和语言。当然了，假如出现虚假的语调，可能会让我卡壳。但这部小说写得非常顺畅，我一直都很确信——无论错还是对——我都觉得这个调子能站住脚，能赋予"那不勒斯四部曲"所有事件一种真实感，让那些大事件的讲述没有那么庸常。

桑德拉：女性友谊作为文学新主题出现，这是不是让你的叙事很不寻常的原因？现在所有人都承认，在"那不勒斯四部曲"之前，没有任何关于女性友谊的文学传统。在之前的小说中，你讲述的也是孤单女性的故事，她们没有女性朋友可以依赖、倾诉。尽管勒达在海边时——这也是你提到的——她很想和尼娜建立一种友好关系。但她是自己一个人出去度假的，处于一种绝对的孤独，就好像她没有女性朋友。

费兰特：你说得对。黛莉亚、奥尔加和勒达都只能独立面对自己的问题，她们没有任何其他女性可以求助，可以获得支持。只有勒达后来打破了一种孤立状态，想和另一个女人建立一种惺惺相惜的关系。但这时候，她做了一件不可理喻的事情，让这份友谊没有任何发展的可能。埃莱娜永远都不是一个人，她的所有故事都是和她儿时的伙伴纠缠在一起的。

桑德拉：但仔细想想，莉拉小时候也做了一件非常严重的事情，她童年的决定，对她一辈子都产生了影响。

费兰特：这是真的。但在面对这个新主题之前，谈论这两个女主人公，还有她们的友谊之前，我想强调的是，之前和后来的小说之间的一些共同特点。我之前写的三本小说，还有"那不勒斯四部曲"，都是通过第一人称讲述的，但就像我刚才提到的，在任何小说里，我都没有设定，讲述者"我"是一个人的声音。黛莉亚、奥尔加、勒达和埃莱娜都在写作，她们之前在写作，或者正在写作。关于这一点，我想坚持一下：这四个人物的故事，我构思时并不是第一人称，而是第三人称，她们都通过文字留下了，或者正在留下她们经历的事情。在我们女人身上经常会发生这样的事情，面对危机时，我们会试图写作，让自己平静下来。这种私人的写作可以让我们的痛苦得到控制，让我们写出信件、日记。我总是从这个出发点开始，那些女人写出自己的故事，就是为了明白自己的处境。在"那不勒斯四部曲"中，这种前提变得很明显，成为推进故事的主要动力。

桑德罗：你为什么要强调这一点？

费兰特：我是想说明，我想到笔下的那些女性，她们会通过书面方式表达自己，这会让我觉得，她们的写作能揭示真相。伊塔洛·斯韦沃认为，在读者之前，作者首先应该相信自己讲述的故事。我自己呢，除了相信我所讲述的故事，我也应该相信，奥尔加和勒达正在写她们的经历，尤其是，她们写出的真相会打动我。这四部小说中，讲述者都有一个特点，就是她们都非常依赖写作。黛莉亚、奥尔加、勒达和莱农好像知道，她们要讲述的故事的细枝末节。但故事越向前发展，在她们没意识到的情况下，她们越会表现得很不肯定，很沉默，不可信。这就是我这么多年来侧重思考的地方：在语言、用词、句子的结构、语体的转换中找到女性的我，展示出笃定的目光、真诚的思考和感受，同时保留了一些很不稳定的思想、行动和情感。当然，我最在意的事情是，要避免任何虚伪，在任何情况下，我的讲述者对自己都应该很真诚，她在平静时应该和愤怒、嫉妒时一样真实。

桑德拉：埃莱娜这个人物，是不是很明显具有这些特征？

费兰特：是的，不可能是别的情况。莱农从开始几页就宣称，她要阻止自己的朋友莉拉消失。如何阻止？通过写作。她要写一篇小说，详细记载她所知道的一切，就好像要向莉拉说明，一个人是不可能自我消除的。刚开始，埃莱娜好像充满了力量，好像真的很确信能抓住朋友,把莉拉带回家。但实际上,小说越是向前,她越是无法抓住莉拉。

埃娃: 为什么呢?莱农发现,即使是写作,也无法让她的朋友屈服吗?

费兰特: 这里,我们需要谈论一下莱农写作的特点。她想象,自己的写作是莉拉的附庸。但关于莉拉的写作,我们知之甚少,但我们非常了解莱农是怎么运用莉拉的写作的。"那不勒斯四部曲"里的文字是莉拉通过两种方式,对莱农长期影响产生的结果:首先是通过她写的东西,莱农通过某种方式读到的文字;其次,就是莱农在不同的情况下,认为莉拉非常擅长写作,她自己总是尝试模仿莉拉的文字,但总是很不满意。无论如何,莱农作为作家,总是会对自己产生怀疑。她的成功证明了她很出色,但她觉得还不够,她无法通过文字抓住莉拉。

桑德拉: 假如莱农的写作,实际上是你的写作,你难道不是在展示你写作的不足之处?

费兰特: 我不知道。当然,从《烦人的爱》开始,我就创造了一种让人不满意的写作,莱农的写作不仅讲述了这种挫败和不满,而且还推测,有一种更有力、更有效的写作,这是莉拉一直都掌握并运用的,但埃莱娜没法达到。我想说,整个机制是这样的:莱农是一个女作家;我们读的文本是她写的;莱农的写作能产生,就像她的其他经验,是因为她和莉拉之间的竞争;实际上,莉拉从开始就有自己的写作,那是一种难以模仿或者无法抵达的写作,这对莱农一直都是一种刺激;我们阅读的文本,当然保留着这种刺激的痕迹;总之,莉拉的写作,已经渗透到了埃莱娜的写作之中,无论她有没有参与。简而言之,这当然是一种虚构,这是整部小说的众多虚构之一。在我的写作中，所有一切都是虚构的，这是最难觉察的，也很难一句话说清楚。

埃娃：当你讲述莉拉的写作很有力，难以模仿时，你是不是在暗示一种理想的写作，是你期望达到的写作？

费兰特：也许是的，对于莱农，事情当然是这样。有一件事情一直让我印象深刻，就是作家在谈论他们的写作时，总是会绕圈子，他们会避开写作本身，会讲述一些会帮助他们工作的仪式。我也一样，尽管我一直在反思写作，我尽量处身于我写的那些书之外，让写作独立存在，我能说的总是很少。我试着反思自己的经验，还有济慈的书信，就是我之前提到的他写给詹姆斯·伍德豪斯的那封信。济慈说，诗歌并不在诗人身上，而在于写诗的过程中，语言的转化和具体的写作。我已经提到了，我感觉，一本小说真正行得通，就是你脑子里有"碎片"发出的持续、稳定的声音，这种声音掩盖了其他声音，它们一直在逼迫你，想变成故事。你作为一个人，这时候你不存在，你只是这种声音和写作。因此你开始写，即使你停笔时，你还是在继续写作，你在处理日常事务、睡觉时，你也在写作。写作就是从声音、情感、故事的"碎片"不停转化成句子和话语，转化成黛莉亚、奥尔加、勒达、莱农的故事。这是一种选择，也是一种需要，一阵激流，就像流动的水，加上学习的结果，对于技巧的掌握，这是一种能力，是对身体还有头脑训练的结果，有快乐，也有痛苦。最后，留在纸张上的是一个非物质的组织，包含各种元素，其中包括写作的我，写作的莱农，还有她所讲述的很多人和事儿，她和我讲述的方法，还有我汲取灵感的文学传统，我从这种传统中学到的东西。还有从群体智慧和创造力中学习的，我们出生和成长的环境用的语言，我们听到别人讲的故事，我们获得的伦理观，等等。总之，这些元素都有很漫长的历史，会削弱我们作为"作者"的功能，也就是我们所说的"原创性"。有没有可能把这个非物质组织，变成一个可以具体讲述的故事，运用一些技巧，可以让读者像感受到风、炎热一样，去感受故事中的情感，还有发生的事情？要控制在头脑里一直喧哗的碎片，在里面进行探索，然后讲出一个故事，我认为这是每个致力于写作的人的秘密野心。济慈说：诗人没有身份。按照我的看法，他想说的是，唯一重要的身份是这个非物质机体的身份，是读者在阅读时，作品中散发的、他所呼吸到的气息，当然不是你在完成作品之后所说的：我是一个作家，我写了这本书。

桑德拉：还有最后一个问题。莉拉的写作在小说中有一个重要位置，从小都深刻影响了埃莱娜。莉拉的写作有什么特点呢？

费兰特：莉拉写的很少的几篇文字，这些文字是不是像埃莱娜说的那么有力，我们不会知道。我们所知道的是，这些文字最后成了埃莱娜学习的模板，也是她一辈子努力想达到的目标。关于这种理想写作的特点，埃莱娜对我们有所流露，但那不重要。最重要的是，没有莉拉，埃莱娜就不会成为一个作家。每一个写作的人，总是会从一个理想写作出发，获取自己的文字，这个理想文本一直会出现在我们的面前，无法抵达。这是脑子里的幽灵，无法捕捉。结果是，莉拉的写作唯一留下的痕迹，就是埃莱娜的写作。

（原载于《巴黎评论》第二百一十二期，二〇一五年春季号）

珍妮特·温特森

◎汪天艾/译

"印象中,我一直知道自己很特别。"①珍妮特·温特森在她的自传体小说《橘子不是唯一的水果》开头这样写道。她的人生的确如此。温特森一九五九年出生于曼彻斯特,自幼被五旬节派传道人康斯坦斯·布朗李格和她的工人丈夫约翰·温特森收养。养母和当地的教会从她很小的时候就致力于将她培养成传教士,她初涉文学世界正是从八岁开始宣教时所写的布道稿。进入被养母称为"养殖场"的阿克灵顿女子文法学校学习之后,少女珍妮特接触到来自英格兰中部地区的普通女孩,第一次意识到自己的特殊之处,比起在帐篷团契里拯救灵魂,周围的同学显然对讨论绣样更感兴趣。

十五岁时,温特森和一个女孩的恋情被她所在的教会发现并加以惩罚,最终导致她被逐出社群。她从此离家,自食其力,开过冰激凌贩售车,当过殡仪馆的遗容化妆师,也在精神病院做过家政。与此同时,从阿克灵顿远程教育学院毕业后,她于一九八一年获得牛津大学圣凯瑟琳娜学院颁发的英语文学学士学位。

一九八一年至一九八七年,温特森在伦敦的圆屋剧场工作,后进入出版业。在此期间,她完成了自己的处女作《橘子不是唯一的水果》(1985),用半自传体的方式记述了一个女同性恋作家的成长故

---

① 译文引自《橘子不是唯一的水果》,于是译,新星出版社,2010年。

事，并将神话和魔幻元素交织其中。这本书获得了惠特布莱德首作奖。一九九〇年，温特森将这部小说改编为电视剧，剧集一举斩获多项国际大奖，包括英国电影和电视艺术学院奖最佳系列剧和意大利广播电视大奖。同样是一九八五年，温特森还出版了戏说《圣经·创世记》故事的小书《方舟新手指南》，如今她把这种创作归类为"连环漫画书"。

一九八七年，随着《激情》的出版，温特森开始全职创作。《激情》引人入胜地讲述了一个背景大致设定在拿破仑时代的故事，并获得约翰·卢埃林·莱斯纪念奖。作为书中的两位讲述者之一，亨利反复说的一句话恰恰表达了温特森自己对事实与虚构之间不可解散的态度："我在给你讲故事。相信我。"

《给樱桃以性别》（1989）因其跨越时间的人物设定和童话般的魔力获得美国文学艺术学院颁发的 E. M. 福斯特奖。拒绝将讲述者划归为男性或女性的《写在身体上》（1992），挑战了读者关于性别与身份的传统预设。

温特森作为小说家的实验主义之旅在《艺术与谎言》（1994）和《宇宙的均衡》[①]（1997）中得到延续。一九九五年，她将自己的艺术批评和宣言文章结集为《艺术物件》出版，书中提出冒险是伟大的度量衡："艺术的涉险之处，艺术会影响我们的原因，不在于艺术主体本身的危险，而是创造一种全新的观看之道、全新的思维方式所带来的风险。"

一个清冷的伦敦秋日，我们在《格兰塔》杂志的办公室里采访了温特森。一连几个小时，她的回答始终保持着不懈的强度和优雅的遣词造句，这种说话方式传递出一种不露声色的吸引力，要是她当时继

[①] 书名中的 Gut 指的是量子物理学和宇宙学中的"大一统理论"，温特森在书中借用静态宇宙模型构建故事，预计于 2021 年出版的中译本将之译为《宇宙的均衡》。1997 年出版的台译本译名为《本质的对称》。

续传教士之路，一定能造就皈依改宗的奇迹。

——奥黛丽·比尔格

《巴黎评论》：你为什么搬离了伦敦？

珍妮特·温特森：我不想再在那里住下去了。伦敦全方位地让我站不住脚。《写在身体上》和《艺术与谎言》出版后，我都和媒体有过不愉快的经历，实在不想再待在那个鱼缸里。当时我想，我要逃离这个地方，因为留下来并不会给我或者我的工作带来任何好处。于是我就离开了，隐居到森林里。

不过这不意味着我和这座城市之间没有非常强烈的关系。我刚在伦敦比较老的一个区买了一幢风格迷狂、荒弃破败的房子，是乔治王朝时期的建筑，因为我还是需要回到这座城市。和狄更斯一样，我喜欢夜游街道，看看正在发生什么。我内心是有这种矛盾的张力在拉锯的，既需要个人的空间和平静，又想置身于人性的至善至恶都高度集中存在的地方。

《巴黎评论》：你和媒体之间发生了什么，让你在伦敦的时候感觉自己过于暴露？和书评人有关吗？

温特森：我从来不看书评。从《给樱桃以性别》之后我就不看了，因为我觉得真的没有意义。我不需要端坐着听那些胡言乱语，哪怕是赞扬的话，因为现在的书评人里很少有让我敬重的或者我觉得言之有物的。这一点上，我同意埃兹拉·庞德的观点，任何自己没有写过什么重要作品的人，他们的评论你都不必放在心上——要是写过，他们说的就有价值，无论你喜不喜欢；要是没写过，就没价值。我就是这么想的，也一直坚持如此。不过当时我确实厌倦了不停地被撕成碎片，厌倦了他们以一种恶意的、试图摧毁我的方式暴露我的私生活。我想，我没必要继续杵在这里，我可以离开的。我就离开了。感觉好多了。

《巴黎评论》：你现在觉得自己是个隐士吗？

温特森：我一直都是，在伦敦生活就有点奇怪，因为我出门的时候总是悄悄的，不出声，独自一人。我喜欢隐匿出行，不喜欢出名或者被认出来，所以生活在伦敦是有一点荒谬的。我是冲着伦敦的文化氛围。我的房子很扎眼，曾经有段时间遭到很多妒忌：她是什么人？为什么她可以住在那里？有一个很著名的假新闻就是有人假装进过我家，其实他们只是从窗户偷窥。我没法容忍这一切，就决定不要继续被围观了。

现在我有一幢藏在森林深处的小房子，在伦敦也有一小间，正在重新翻修。我在这两处之间秘密地来去，这很适合我。

《巴黎评论》：你和伦敦依旧保留着一定的联系并不令人意外，毕竟城市在你的作品中一直有着非常重要的地位。

温特森：我对建筑环境与自然环境之间的张力以及二者如何共存（假设它们必须共存）很感兴趣，也想知道当下我们为何将关于幸福的愿景寄托在一种发明出来的阿卡狄亚乐园上。每个人都想逃进山里，把疾病与犯罪滋生的熙攘城市抛在身后。显然，这和每个人都想要逃离大山、急于冲进城市找份工作一样疯狂。就好像人们总是在自己所在之处感到不自在，认为位于另一个极端的选择就能提供解决方案。可是我们都知道并不存在任何解决方案。我喜欢专注于书写噩梦般的城市，这样人们就不会对城市太过习以为常，不会为能生活在城市里而感到过分愉快。

《巴黎评论》：你加入过任何作家群体吗？

温特森：更多时候我是个独来独往的人。当然我认识一些作家。凯西·阿克是我很亲密的朋友。但是我不是个混任何群体的人。我不喜欢文学派对、文学聚会或者文学圈内人的身份认同。不管多么松散的组织我都不乐意加入。你想想，我从方方面面都是个局外人，不管大家怎么说，工人阶级的女性通常不会在写作这项事业上获得成功。要是有，事业有成的她们都在哪儿呢？人们看待我的时候总是带着非常中产阶级的预设。他们看着我，心想，她上的牛津，她显然活得很好。他们就这样草率地把我归了类。他们无法想象我生长在一个没有书也没有厕所的房子里，我的父亲是工人，我因为跟着传教的帐篷四处云游不怎么有机会去学校，他们不知道这一切都意味着什么。在我长大的过程中，没有鼓励，也没有教育，因为这都不重要，尤其是对女孩子不重要，我不得不选择离家出走才能继续上学。因为没有钱上大学，我必须全程半工半读。现在不少人都这样做，但是在我上大学的时候还不普遍。当时并没有什么准备好的未来在等着我。我的做法是不寻常的。可能也正因为如此，我从一开始就觉得自己是个局外人，很大程度上，我现在依旧留在圈子外面。我不会改变这一点，因为我觉得我的脾气和性格还是挺"独"的。我对任何所谓内部人士的圈内活动都抱有质疑。我想我内心深处有点无政府主义。

《巴黎评论》：虽然你强调你自己的工人阶级出身，你的书并不特别具有阶级属性。

温特森：对，它们没有。我对此不感兴趣。我知道阶级是存在的，我知道我出身什么阶级，我也知道某种程度上这一点永远不会改变。我觉得，如果你是英国人，你对阶级体系的看法会和其他国家的人不太一样。因为你一直都是了解它的。不是说这不是个问题，也不是说这不是我想探讨的问题，而是说它对我的虚构写作没什么用。这就是为什么我会使用原型人物。我的主人公总是有某种原型性的，基本可以剥离历史背景而存在。他们提供的是一种歌剧咏叹调式的救赎，无论是对于他们自己还是对于读者都是如此。通过这些人物的人生经历，你也可以体验到自身的斗争之路，而不会过于具体确切。我不会确切说明这些主人公的背景，我并不想这样做。为了避免过分确切，我会把作品设定在一个想象中的过去或现在，对时间地点进行一些小修改，让读者不能肯定地说"啊对，我知道这是哪里，我能认出来"。我更希望引起他们共鸣的是一种存在、一种意识状态、某种特定的想象价值，而不是某个电视人物。

《巴黎评论》： 你从职业生涯一开始，就遇到那些试图在小说里寻找现实对应物的读者。《橘子不是唯一的水果》出版之后，你遇见过各种人想要对你的个人生活一探究竟，想估算书中到底有多少比重是自传体的内容，尽管这本书里本身就有关于虚构不可能与事实完全分离的评论。

温特森： 噢，我永远逃不开的，不是吗？我觉得过去十年里我花了不少的时间去说"那不是你们理解的那种自传"。那只是一种使用原始素材的方式……作家都会在写作中使用源于自己人生的原始素材。在《给樱桃以性别》和《橘子不是唯一的水果》里，我个人生命的比重是一样多的。只是我掩饰和转化直接经历的方式不一样，我希望和直接引用相比，这样做能够让这些经历更长久地存在。作家都会把自己放进作品里，从来都会这样做。但是你不能把作品拆解开还原回作家本人。不是这么简单的事。在《艺术与谎言》里我谈到过，人不可能从一瓶葡萄酒里重建一串葡萄。在最终的分析里，这是不成立的，作家也不想让它成立。所以我一直努力保持这样严格的分别……

因为我知道，说一本书是关于作家本人的生活，这种说法背后的推动力都是想要贬损这本书的价值，想让它变得可控，变得可对付。是为了说："你看，这也不是真正的艺术，不管真正的艺术是什么——他们完全没概念——这只是在讲个人经历罢了。"我很厌倦这一切。无论是什么经历，真正重要的是作家怎么处理这些经历。至于这些故事到底是发生在我的想象中、我的精神世界里，还是真的发生在我的身上，我们真的需要过分纠缠于细节吗？

《巴黎评论》：《橘子不是唯一的水果》里的自传体元素还涉及其他人，这些人毫无疑问属于那种会在意你到底有没有编造情节的读者。你母亲对那本书怎么想？

温特森：她确实读了那本书。然后我收到了迄今为止最后一封来自她的信。她很怨恨地说这是她唯一一次需要用假名来订购一本书——显然这是个大问题。当然了，她非常愤怒。有意思的是，她愤怒的原因是正确的。她反复说："但是这不是真的，不是这样发生的。"我就会说："没错，你说得对，你应该给国家大报写书评。"自传总是让人和父母的位置发生对调——通常的情况是父母给孩子讲故事，而不是孩子给父母讲故事。

《巴黎评论》：《橘子不是唯一的水果》中的主人公战胜了她所出身的社群的狭隘。能够充分发挥想象力为自己"想象"出一条出路是她得以成功的决定性因素。想象力在多大程度上帮助你克服了自己人生中的障碍？

温特森：想象力是我得以逃离一个具体背景的桥梁，但是我认为这一切的前提是教育，因为当时我将我全部的信心都放在了教育上。那时候我想，只要我能从这里逃出生天，让我自己进牛津念书，让我自己受到教育，一切就会好转。这基本上是一个《无名的裘德》式的梦想。而且我的想法当然也不是完全正确的。你这样做了然后就会意识到这完全不是你以为的样子。

其实真正开始让我得到小块的自由的是书籍本身，如果没有书籍，我不可能体验到这些自由。我真的将书籍视为我的护身符，视为圣物。我觉得我是将它们视为某种可以护佑我的东西，它们能拯救我，使我远离那些让我感觉受到威胁的东西。我至今依旧是这样想的。这一点没有改变。变得富有，成名成家，都没有改变这一点。从一开始，每当我受到某方面的伤害，就会带上一本书跑到山里去（在我小的时候，想买一本书是非常困难的），这是我疗伤的方式。时至今日，对我而言，依旧是如此。无论发生了什么事，如果对我来说很难面对，或者说我根本没法处理它，我就会拿上一本书，很可能是《四个四重奏》之类的，自己跑到外面找个地方阅读它，而不是去跟任何人聊聊。书籍以一种特别真实的方式成为了宽慰和疗愈我的药膏。对我而言，文字是有生命的东西。对我而言，这比任何其他方法都要有效，我敢说，直到我死去的那天都会如此。

《巴黎评论》：你从什么时候开始写作的？

温特森：我从小就写布道稿，但是我不确定那算不算写作。直到我坐定了开始写《橘子不是唯一的水果》之前，我都没有写过任何虚构作品或者任何可以称之为"创意写作"（不得不用上这个我极为不喜欢的词组）的东西。对我而言，写作《橘子不是唯一的水果》是一场旅程，一次研究，它的结果在当时当刻不可预知。我那时候并不知道自己在写一本最终会被出版的书，我只知道自己要跟随能量指引我的这条特定路线往下走，非得跟着走下去不可，而在路的尽头，真的有一本书在那里，对我而言，这是有点意外的。

《巴黎评论》：儿时写布道稿并能直接接触到即时的听众，这对你后来的虚构写作有影响吗？

温特森：写布道稿是非常好的训练，因为你有时长的限制和给定的主题，而且你必须让听众信服。你要是失败了，就真失败了——我的意思是，你看着他们脸上的表情就知道自己失败了。这就教会你必须使用简练经济的风格。那段经历教给我的不仅是写作这个行当的门道（如何使用日常语言中的修辞手法，如何通过语言达到一个特定的目的，确保说出的东西完完全全恰好是自己想要说的），还有如何使用意象和象征。我觉得基督教信仰的好处之一，就是它动用了如此丰富的意象和象征，就算是最不信教的人也能辨识出来。两千年的西方基督教传统就在我们的身体和血液中，这也部分解释了为什么东方的一些符号体系虽然也表达了同样的真理，但对我们却不完全管用。人必须拥有属于自己的象征和神话，借此来表达自己的集体过去。所以我对于现在大家格外热衷于探索东方哲思感到将信将疑，这个现象里有一种迫切的狂热，好像所有我们自己的图像和隐喻都是多余的、都已经不重要了。事实显然不是这样的。西方传统的意象和象征里依旧有深水炸弹，我觉得问题是作家需要去使用它们。

《巴黎评论》：你说过你将自己视为文字的布道者。

温特森：是的，大概是"一日布道，终身布道"吧。我们在使用"布道"这个词的时候要格外谨慎。我觉得它有其积极的价值，但是对绝大多数人而言，它都意味着唐突、态度低劣、顽固盲从。我并没有什么特定的教义，没有什么我非想要传达不可的狭隘的东西，当然我还是要很谨慎，在处理问题的时候不要变得过于自以为是或咄咄逼人。我的生活态度确实充满活力，而且我想要改变一些事情。这是我的性格使然。我不知道当初我是因为这样的性格才会被教会里的做事方法吸引，还是说教会中的服事造就了我的性格。谁知道呢？但是我喜欢活力。我喜欢看见那种全情投入某项事业的人，喜欢看见他们做好准备走出去公开表示："听着，这件事对我真的很重要，也许对你也会重要，也许一切可以有所改变。"对我而言，这是一门艺术，尤其是文字，尤其是语言。我想大家得理解我想用当初站出来替上帝说话的热情来扩散文字的影响力……

《巴黎评论》：在《橘子不是唯一的水果》的结尾，叙事者告诉我们，她本可以成为一个牧师，但是她决定当一个先知。这种志业上的转变似乎与她转型成为作家有关。你是否认为你自己的成长环境和你的写作之间的关系也是将布道的精神转而投诸艺术？

温特森：我真正想做的是说服人们自己去体验我认为艺术中存在的那种无与伦比的释放力。我想，真正的布道人和我所做的事情之间本质的区别在于，我想将整个过程完全交给每个个体，我会说，没有定典，没有规则。你必须自己为自己找到它。但我希望它是令人振奋的，我希望它是让人充满力量的。

《巴黎评论》：作为布道人的训练为你留下了一个经久的馈赠，就是你与《圣经》之间紧密的关系。在你看来，《圣经》是基础文本吗？

温特森：对我们西方人而言是这样的。我有时候对更年轻的一代不太确定，但是我还是觉得每个人都至少会知道几个《圣经》故事，知道一点核心的基督教神话，比如圣灵受孕、耶稣生平、钉十字架、复活。我觉得你可以问任何人，他们都会对你说的东西有一点概念。那么，以此为出发点，你就可以构建出一套核心原型，我们的思想是围绕这个原型形成的。所有的故事其实讲的都是同样的东西。每个国家的叙事里都有这样的英雄，开始是一个受威胁的婴孩奇迹般地降生，然后是他长大成人后出众的事迹行为，后来他通常会被敌人杀害，但是依然在人们的观念和思想上留下了深刻的影响。这样的故事比比皆是。就像是，你看，无论是在这里还是在非洲腹地深处，我们人类的身体在一些最重要的身体特征上都是一样的，人类的潜意识里也有一些神话元素是在所有种族里共通的。

《巴黎评论》：在《橘子不是唯一的水果》当中，你对《圣经》或者《圣经》的某些方面进行了改编，但是在《宇宙的均衡》中，你看起来已经直接将《圣经》作为更宏大的传统中的一部分予以接受。你对《圣经》的看法改变了吗？

温特森：我觉得我的经历挺普遍的，如果你沉浸于一样事物太久，某一刻你就必须反叛它。对我而言，把我此前人生的整个背景——身体上的、情感上的、知识上的——都完全抛在身后，和它们完全脱开干系，这是一种需求。《橘子不是唯一的水果》是我用来净化自己、完全摆脱所有那些过去的方式，是我在说："不，这才是我真正的样子，不是另外那一个，不是我被做成的那个自己。现在我要去创造我自己了，我会重新发明我自己。"从我写完那本书到现在，已经过去十一年了，在此期间，我继续对自己从小就开始考虑的事情做了更为长久深刻的思考。现在我对于将《圣经》作为众多源头文本之一——而且是非常重要的一本——进行使用完全不会感觉不适了。我对《圣经》太熟悉了，非要避开它不使用是很荒唐的，而且没有道理。我不接受教会所解读的上帝神话，我认为那是愚蠢的。但是这不意味着我不接受经文里本质上的神秘以及宗教信仰本身。

《巴黎评论》：但是目前的阶段你已经不再觉得需要与之对抗了？

温特森：完全不需要了。现在它更多的是我的一个盟友。《圣经》对我而言曾经是要么全能全知，要么一无是处，现在它是一个走在我身侧的朋友，既不在前面引领也不落在后面。

《巴黎评论》：那么《圣经》和你的工作和生活中的其他文本是否拥有同样的地位呢？

温特森：对，完全如此。我想知道许多故事和神话。这对我而言特别重要，能帮助我思考一些东西，帮助我把这些东西拼合起来。《圣经》是一座桥梁。我认为它是一直以来人类用以了解自己的环境及其构成的挑战的方式之一。

《巴黎评论》：在你早期的作品中，你会使用神话和童话进行改编，创作出新的故事。这是你为人们提供新的故事情节去思考的方式吗？

温特森：是的。很多人都从什么地方听过这些故事，或者其中某个版本。我想做的是把这些故事从被遗忘的角落重新哄回人们有意识的记忆当中。我记得我以前说到过，作家或者艺术家就像挖泥网，深入到人类精神世界的泥沙里，挖出通常情况下意识触及不到的东西。长时间地、深入地思考，钻到人类意识的下层去释放这些内容，这是作家——其实是所有艺术家——的职责。而且我觉得当你钻进人类意识的深处，所有的感官都会因此释放，因为人们体内郁积着太多压力，而他们却不知道这些巨大的压力从何而来。很多时候，一件特别简单的东西，一种阐明的方式，一种讲故事的方式，就能释放这种压力，让他们感觉到"没错，这就是发生在我身上的"，或者"这就是我的感受"。就这样，一个人能立刻感觉到自己心口的混沌中那颗可怕的小石块被拿走了。在那片混沌当中，你完全是独自一人，释放压力之后，就能重新融入社群当中。

《巴黎评论》：在你的写作中，你通过暗指、引用、在文本中化用句子等方式锻造着和那些纸上友人——弗吉尼亚·伍尔夫、T.S.艾略特、威廉·布莱克，等等——之间的连结。你觉得这是一种致敬，还是你的读者生涯造就的不可避免的结果？

温特森：我觉得二者皆有。我的记忆力特别好。在我长大的过程中很难接触到书籍，这可能让我比一般人有更大的紧迫感要把读到的内容背诵下来。而且，我在长大的过程中也被要求大段大段背诵《圣经》。所以我熟记了许多东西，我继续忙其他事情的时候还在嘟囔它们。我最后可能会变成那种成天嘟嘟囔囔跟自己说话的可怕的老太太。我觉得我现在已经是了。这些让我反复吟诵的东西，它们是我的救生索，像是某种念珠般的存在，全是各种神圣的文本，所以出现在我的作品中是自然而然的事情。就是出现了，就这么简单，我在写作的时候忽然想到，觉得"没错，这句合适"。于是就可能出现一处暗指——取决于这句话为我的书带去了什么，读者理解也好，不理解也罢。我能塞进去的东西越多，我的作品的层次就越丰富，我的作品带给别人的东西就越多。

《巴黎评论》：你写过："如果没有那些已知的作品，我不可能写出我的作品。"你会给自己制定某种计划吗？比如会为了写作特意去集中阅读一些文本，还是说你不太刻意安排这种事？

温特森：两种情况都有。我当然是经常逛二手书店。很幸运的是，我住的地方离牛津很近，那是搜寻二手书的绝佳去处。我喜欢漫无目的地翻翻逛逛，看能找到什么。我觉得计算机革命的负面作用之一就是没有这种乱找瞎逛了。电脑索引是一种没收意外知识的糟糕方式。这真的让我担忧。我喜欢在二手书店里慢慢翻找，看看都有什么。所以可以说其中一部分阅读是杂乱无序、没有计划的。很奇妙的是，我正准备要开始写一本书的时候，总是能恰好发现我想要的书，仿佛偶然，实则不然，那是一种冥冥之中的共时性。另外的时候，我就会选择我想要读的东西，而且我会大量地去读。几个冬天以前，我想把莎士比亚全部的作品都重读一遍，于是就想：好的，这就是我从十月到明年三月要做的事,这是我每天都要做的事。目前,我正在读荣格作品全集的后八卷,我去年冬天已经把前九卷读完了。

《巴黎评论》:你说过收藏书籍是你在还没有足够财力的时候就已经开始做的事情。现在你是不是可以更自由地享受这个爱好了?

温特森:是的,我之前接受加拿大国家广播公司的电台采访,采访我的家伙问我在购买初版书上花过的最大一笔钱是多少?我说我在一本书上的花费从来没有超过三千英镑,他差点昏过去。他说,好吧,那差不多有六千加拿大元!他完全被吓到了:怎么会有任何脑子正常的人……当时我就说,听着,有人花同样的钱去巴贝多斯度假,去买一套高端的高保真音响设备或者一台新电脑。老天,还有人会花同样多的钱买一条裙子。去一趟骑士桥区的唐娜·凯伦专卖店就能花掉那么多钱。没人会觉得有什么奇怪的。但是我说我把这笔钱花在买一本书上,人们就会觉得惊讶。对我来说,这没什么稀奇的。可以有能力这样做感觉十分美妙。可以有能力买下拍卖目录里出现的东西,让它们进入我的私人圣殿,这种感觉特别激动人心,我觉得我永远不会厌倦。

《巴黎评论》:在《艺术与谎言》里你谈到作为艺术品的书籍可以持有并传承自身的历史。这也是你执迷藏书的原因之一吗?书籍在不同的人手中、在不同的时代间传递?

温特森:是的。我特别喜欢这一点。我特别喜欢去想象一本书的秘密一生,它去过哪里,曾经属于什么人。这样的联想尤为引人入胜。而且,我所收藏的那个年代——现代主义,一九〇〇年至一九四〇年——令人无比怀恋,因为它恐怕是我们所知的最后一个伟大的书籍年代。我的意思是,当时的书籍依旧制作精良,通常是手工纸,由极其有想法的人来制作封面,有些成品极为美丽。如今只有以收藏家为目标受众的专业私人订制版书籍才会很有意识地这样做。我不是这种书的目标受众。我不想收藏任何制作出来就是为了被收藏的书。我们这是个什么世界啊！居然会有用那种方式来收藏的东西！

我有一个非常好的朋友最近刚刚去世，他是英国最重要的收藏家之一。他的藏品现在散布各处，这是他的遗愿：这些书必须回到市场上，进入其他人的收藏。所以，这些书没有留给博得利图书馆①，要知道那可是价值上百万英镑的藏书。它们回到了市场上，这是最美妙的事。这里面有一种正当性，不是吗？有点像亚瑟王的圣剑重新回到湖里。我想我将来也会这样做的，这样我的藏书又会重新出现在市面上。这很美好，每个人都只能在一段有限的时间里拥有它们。

《巴黎评论》：你怎么看待你自己的书作为艺术品的一面？你会积极参与它们的装帧设计吗？

温特森：如果要论犯懒，我最喜欢的时光是从写完一本书到这本书出版之间，因为你已经做完了你所有能做的，你知道现在这本书已经有了稳妥的归宿。交稿后我喜欢参与到一本书印制的具体细节中。我们怎么让这本书看上去很美？我们要怎么宣传它？我们如何从视觉上利用它？所有这些我都很感兴趣。有的作者把稿子全都寄出去然后就表示"我不想再知道任何此后发生的事情"，我不是这样的。我曾经在出版行业工作，这依旧是我想要参与并与之紧密工作的部分。

我很不愿意看见图书和出版衣衫褴褛地跟在其他媒介后面。如果图书出版人甚至作家本人都想着"我们的产品最后看起来是什么样并不重要，反正一定会有读者的"，那就有点危险了。这是一种故步自封的态度——"不，我们没必要到外面去创造新的读者群""那些CD或者影碟或者电影院的消费者通常不读书"。这种态度就像是在说：

---

① 博得利图书馆（Bodleian library），牛津大学的主图书馆，英国藏书总量第二的图书馆。

此刻不热爱阅读、不热爱书籍的人永远都不会热爱，所以我们不需要在意他们了。可是，我非常在意的。我认为你需要搭建桥梁，去帮助人们简简单单地先打开一本书开始阅读。因为一旦他们这样做了，你就已经成功了一半。

《巴黎评论》：你在别处谈到过人们需要提升自己以抵达艺术所在的层次，而不是艺术降低自己去迎合人们所在的层次。

温特森：我绝对是这样想的。但是我觉得你可以去帮助人们，也许有的人只是有一点害怕书。哪怕是在多媒体时代，语言文字也有自己的力量，不习惯于文字的人会有一点被它震慑到，尤其是如果他们没有接受过特定的教育；他们成长的过程中并没有书籍的陪伴，所以他们会觉得书籍不是为他们而存在的。你需要帮助他们意识到书不会当他们的面爆炸。这时候图书的装帧以及真正聪明的出版策略就派上用场了。包装和营销没有错，不用为之感到不好意思。

《巴黎评论》：你为谁写作？

温特森：我从来不考虑这个问题。我仅仅是做我需要做的事，完全没有去想象受众。我真的遇见读者或者做公众活动的时候，看见来自各行各业、多种多样、混合交织的读者群，总是会感觉很意外。我的个人目标之一就是把文字归还给被剥夺了文字的人。所以每当有人走到我面前说，"我通常不读书的，但是有人送了我一本你的书，现在我把你的书全都读过了"，我觉得对我而言，这就是巨大的胜利，因为他们当然不会仅仅读完我的书就停下了，他们还会去读其他人的书。

《巴黎评论》：所以你希望通过写作以某种方式改变人们的生活？

温特森：确实是这样。这不是说我开始写作的时候就想着这一点。我从来没有坐下来然后想：现在我要用一种占据道德制高点的语调或某种特定的严肃性去写作，或者要去写跟今天的性别议题密切相关的内容。我从来没有那样去想。写作更多像是在走私，一种想要把禁运品带过边境的感觉，把它们带到通常被禁止的地方。

我认为人们经常不太能意识到自己的内在自我，另一个自我，想象中的自我，没有展示给外界的自我。这是你长大之后渐渐不再拥有的东西，真真切切就是失去了的自我。我认为文学是找回被遮蔽的自我最好的办法之一。你读到一本真的对你奏效的书（无论是小说还是诗歌），只要一读进去，就好像被催眠了一样。你会发现自己放下了戒备，一旦如此，想象中的现实就会接手，因为你不再审断自己的感知，不再警惕自己对世界的认知。我们中的大多数人都会花很多时间过滤我们看见和听到的每一样事物——它符合我们对世界的刻画吗？如果不符合，我们怎样能把它关在外面？怎么忽视它？怎么挑战它？在生活中，我们不停地感受到威胁，真的是这样。但是一旦你单独和一本书在一起，或者和一幅画、一段音乐，所有这些戒备都会被放下，你就能进入到一个截然不同的空间，学会以截然不同的方式感知自己。

《巴黎评论》：曾经有一段时间你一边写作一边工作谋生，现在你完全依靠写作就可以养活自己。全职写作以来，事情有什么改变吗？

温特森：我已经全职写作很长时间了，从一九八七年一直到现在。《激情》出版后，我就决定只用它的版税过活。我的需求很简单。当然了，人有多少钱就会花多少钱。这一点真是太奇怪了！完全存不下钱。你会想着，十年前我的收入要是能有这么多钱，就会觉得无比富有了，可是我现在还是能把它全部花掉，一点不剩。当下，单纯从经济的角度说，我在市场上是有个好身价的。我的书在很多国家出版，所以收入不错。但是我不会幻想也不可能期待情况可以一直如此。一位作家的人生非常像走高空绳索，尤其是现在市场力量的变化如此剧烈，二十年后都不知道还存不存在书籍，也不知道到时候书籍会变成什么样。所以我认为最重要的是只关心作品本身，写出你能写出的最好的作品，而不要去在意市场、受众这一类的变量。

《巴黎评论》：编辑和出版商现在是不是更容易接受你的试验性风格了？

温特森：要是我的书卖得不好，我就没办法出版。这是肯定的。我和我的出版人一直私交很好。目前在格兰塔出版社工作的弗朗西斯·科迪开始在兰登书屋出版我的作品。后来我的出版方发生了一些变动，但那是因为我的职业生涯正好撞上八十年代出版公司不停地被买卖的奇怪现象。所以我不停地变换出版公司，比正常情况下更频繁。那确实有一点奇怪。不过我觉得我现在基本上可以做任何我想做的尝试。你要知道，不管怎样我都会做的，所以我不操心。要是他们不付我钱就不付我钱好了。我还是会做。

《巴黎评论》：你是用打字机写作的吗？

温特森：是的，我直接在打字机上写。任何其他方式我都不喜欢。我甚至不喜欢用纸和笔来写。如果只有纸笔我也可以用，但是我倾向于不用。

《巴黎评论》：你隐隐地表达过自己不喜欢计算机时代，也提到尤为衷爱你的打字机。这是不是意味着你是不用文字处理器的？

温特森：对，的确是这个意思。我不用文字处理器。我喜欢我的打字机。当然了，它是电子打字机，是那种美妙的旧款，永远不会失灵，可以无止境地持续工作下去。从《激情》开始，我所有的作品都是用那台打字机完成的。它是我的挚友。我了解它所有的小把戏。我不想要任何其他工具。

我喜欢实体纸张的触感。我喜欢修改的时候就直接把稿纸撕开重新拼接。我总是撕得乱七八糟。《宇宙的均衡》原稿上的边角全被撕掉了，因为我想要重编页码。当时我想，怎么做最快？不如就把边角撕掉再复印，然后直接在复印件上重编页码。所以那本书的原稿上就留下了那些蠢蠢的三角形印子。但是我喜欢这样。这是我的书稿。我想怎么处理它都可以。我不在乎它看起来是什么样子，又不是做自出版，交上来的已经是用文字处理器加工好的成品，让人看了会想：嗯，看起来是很精美，但是……

《巴黎评论》：你是怎样开始构思一本书的？先想到一个人物吗？

温特森：每本书都不一样。每个灵感的触发点看起来都像是一场意外，不是去找来的。关于写作我和自己有一个约定，那就是我每天都去书房里，然后耐心等待。我会在那里读书，我会写一点东西，但是如果我不是正在一本书的写作过程中，就并不一定期望书房一日能发生什么。但是我还是会每天都去。这样似乎可以创造一种必要的心理空间，也能构成一种必要的紧张感，总会有什么东西从这种紧张感里成形。写《宇宙的均衡》的时候，我花了特别久的时间。那本书的构思崩过三次。我不得不扔掉三份已经写了大半本的草稿，因为我还没有到我真的可以写出它的那个点。那种时候你真的得保持信心，这确实是一个关乎信心的问题——你真的必须相信会走到的，因为没有其他的路。这件事没有任何客观性可言，就是信仰，是信念。并不是说你过去写过那么多书，你将来就一定还写得出来，也不保证将来就一定写得好，没有这种保证。但是我确实会对要写的人物有一点概念，我知道从人物外在设定上我想怎么处理，以及这意味着什么。关键问题是怎样找到一个实际上足够简单的结构来支撑住一些非常复杂的材料，这个结构还必须足够直接，才能讲清楚一些难以解释的事情。我需要建立起对照，怎样让形式和内容得到最好的呈现，同时又互相不缠扰。这一点实际上做起来非常困难。

《巴黎评论》：你找到合适的结构之后，书来得快吗？还是说依旧是一场攀爬？

温特森：一本书以某种方式被写出来的时候，意味着不可能是任何其他方式。你会想，这么费劲到底为了什么？没错，确实是很难。就像是烧火。一开始你必须非常小心；不是你扔什么东西进去都能烧得起来的。等到火势已经很旺的时候，你往里面扔旧轮胎或者沙发它也能继续燃烧。但要是一开始就扔，火苗立刻就灭了。我经常因为在火烧旺了之前就扔进过于笨重或不合适的材料而把火弄熄。那样我就必须再从头开始一遍那个最艰难的过程，用细小的树枝和纸片点火，小心翼翼地煽风，直到某一刻，我觉得，没问题了，我可以把这一堆东西都扔上去，火光会很耀眼。

《巴黎评论》：在自己的创作中，你是将哲思视为推动情节的动力，还是说哲思与情节紧密相连无法区分？

温特森：这其实是与思考有关。有时候我看着我的书，心想，老天，我的人物简直不做别的事，就光思考了！可我就是做这个的。我必须一直思考，一刻不停。那就意味着抽象的推断，但是我总是希望可以用非常具体的经历让这些抽象的推断奏效。我愿意相信我的工作是切实可感的，是你触摸得到、品尝得到、闻得到、感受得到的东西。我不想过分迷失于哲学化和抽象化的表达，不想因此导致我的作品与现实没有任何关联，这也是为什么我尝试用某些特定的方式来讲故事，把意象具体化，我希望我讲故事的方式能让抽象的哲思也鲜活有色彩。我自己其实不真的需要把事物具体化，但是在传递想法的时候我想用这种方式。我喜欢抽象画，写实的画作并不令我激动。不是

125

说我看不起它们，也不是说它们不如我喜欢的东西；只是对不同的人来说，能满足他们、能以某种特定的方式对他们奏效的形式是不一样的。我喜欢端赏那些脱离了意义，也即脱离了表层含义的色彩、声音或语言的和谐搭配。

《巴黎评论》：你也不喜欢现实主义，这是一脉相承的？

温特森：我不喜欢现实主义，只是因为小说的叙事功能如今已经被电视和电影接手了，而且后者完成度更高。举个例子，摄影艺术被发明出来的时候，很多画家认为自己会失业，也确实有不少人失业了。但是像毕加索这样的画家就不会失业，他热爱摄影作品，自己也拍过许多照片，他认为摄影艺术的诞生意味着画家可以拥有全新的自由，不再需要描绘实际存在的事物，而是可以更加主观地进行创作。在他看来，也就意味着更加诚实，画家不再受到必须描述事实的约束。我觉得对我们作家而言也是一样。既然电视和电影可以实现叙事的功能，可以如实记录生活，记录每天的图景，那很好啊，就让它们去实现吧。人们也需要这个。那么文字就可以承担一些更加诗意的功能，书写内在生命，书写想象中的世界……

《巴黎评论》：你曾经批评有的当代写作过分专注叙事，你甚至说过自己写的不是"小说"。你是否认为作为文体的小说已死？

温特森：我确实这样想。因为"小说"这个词来自一个特定的历史时期，它是一个十九世纪的概念，我看不出即将进入二十一世纪的我们该把它置于何处。我更愿意探讨"虚构写作"，因为对我来说，"小说"指的是非常特定的东西，源自特定的十九世纪情感。我自己非常喜欢那个时代的书，不希望失去它们，希望大家都去读它们，等我的小教女能看书了，我会立刻让她开始阅读狄更斯。但是，这就像是仿制旧式家具，你不能总是生产在过去曾经成功或者表达过过去的人类生活境况的东西。你必须向前走，必须给每过几代人就提供新的东西，因为不然你的写作就不再是鲜活有生命的了。书籍不应该是印刷版的电视节目，它们需要有自己存在的意义。

《巴黎评论》：你对作为文体的"小说"表达出一种不自在的自我意识，让人想起十八世纪的小说家对这个当时刚出现的文学形式也表现出局促不安。

温特森：确实如此。其实我对十八世纪颇有好感。我的房子就是乔治王朝时期的建筑。我喜欢十八世纪的物件。我喜欢当时自由的无政府主义状态与数学般精确、彬彬有礼、做作到荒谬的仪式感共存的状况。我喜欢那个世纪的自我意识，我觉得那种意识到十九世纪就消失了，变成了某种腐化的道德说教，自我意识变成了伪善。在艺术和社会结构中都可以看出来。我认为小说这一文体达到鼎盛是十九世纪独有的一个现象，在十八世纪或者二十世纪初，文学作品都不是以十九世纪小说的那个特定样貌出现的。我认为小说作为文体是属于那个特定的时代的，应该放在那个时代的背景里进行考量。我不会把《奥兰多》称为小说，我觉得伍尔夫也不这样想。我的意思不是说伍尔夫会把它称为传记，而是《奥兰多》就不是一部小说。它在任何方面都完全不像一部十九世纪的作品；要说像，它甚至更像一部十八世纪的作品。所以我并不是说我讨厌小说，我是觉得应该精确地定义我们在讨论的东西。我并不讨厌小说。但是我想知道我们正在写的是什么，我不觉得它们是小说，也不觉得它们应该是小说。

《巴黎评论》：如果说超越"小说"的文体概念可以让你有更大的能力创造出更加真实的形式，你是怎样着手去做的？作品的形式是自然而然有机形成的，还是你从外部加诸其上的？

温特森：我认为二者是结合在一起的。就像是画画的时候，你会想根据你的主题对象、根据你想要表达的情绪浓度来选择使用特定的颜色。写作也是如此,形式必须以某种方式有机生成,不一定是取决于内容,但确实要和你想营造出的情绪相关。

有时候你非常幸运,一招致中,一切都完美实现,有时候你必须一步一步边走边看,直到创造出合适的形式。你必须想,现在我要试试什么?这样会奏效吗?那样会有用吗?有谁的作品能帮到我吗?这种时候你就必须去自己的个人先贤祠里看看他们是如何解决这个特定的问题的。要想写得好,你确实需要一整套技术层面的知识储备——这一点总是被忽略,而人们谈论绘画或者音乐的时候并不会忽视技术问题。在你完全彻底地浸淫英语语言和文学(假设你是用英语写作)之前,你永远不会知道自己究竟需要知道什么。那些创意写作课程的可笑之处在于他们总是急于教人怎么表达陈词滥调的玩意,而不去教人怎样溯源而上,去找到他们需要发现的东西。你去学习音乐或者绘画的时候,一定会学习这门艺术的历史和过去。你会学习应该去哪里看,应该看什么,怎样找到该看的东西。人们需要的是"创意阅读课程",而非创意写作课程,这样才真的能得到他们可以自主使用的东西,而不是急着去想:我该怎么表达自己?

《巴黎评论》:在《艺术与谎言》中,你写道:"质疑标准是正确的,认为不存在任何标准是错误的。"标准从何而来?

温特森:你需要选择历史上最好的东西——在英语文学中这个标准是非常高的——然后问自己,我做到了哪一步?我的作品有任何可能接近它吗?要是没有,你最好就停下来吧。如果你真的认为你和你仰慕的那些作家完全没法比——必须是不留情面的、诚实的自我审视而不仅仅是恭维他人——那你真的应该停下来别写了。只有彻底了解那些经典作家并且敢于挑战他们,你才能真的从事写作。所以,总是存在这种尊重与挑战的悖论,必须承认存在一些作品是你始终想要努力接近的目标，是你仰慕的对象，是绝妙的作品，你可能永远也达不到。这其实几乎是要找一个平衡——你要么有这个天赋，要么没有。我真的不知道写作是不是可以教的。因为大多数人总是会失衡地偏向其中一边，要么过于谦卑尊敬，要么过于大胆无礼，要么是"我太胆怯了，我还是模仿吧"，要么是"我自己能行，完全能写成这样"。

《巴黎评论》：你会觉得有些人仅仅是通过漠视他们并非完全理解的标准来进行试验性写作吗？

温特森：的确是这样。你只有了解你想挑战的对象才能真的挑战它。你需要明白规则，然后才能打破规则。如果你并不了解规则，你就是在一种无定形的混沌当中工作，当然这样你也可能误打误撞地创造出一点有意思的东西，但是你肯定无法重复这个花招，而且你自己也无法彻底地支撑你试图去完成的设想。这会让你就像弹球游戏机里的一个弹子，不停地胡乱开火，也许会打中什么，也许什么都打不中。

《巴黎评论》：所以你认同 T.S. 艾略特在《传统与个人才能》一文中谈到的，艺术家与传统之间的连结是在吸收和进入传统的过程中改变传统？

温特森：是的，我完全认同。我觉得艾略特对于想要表达自己个性的人非常谨慎，这也是很正确的。重要的是首先你需要确定你真的有值得表达的内容，同时应该体现出对语言的用心，这意味着，你要知道语言是先于你存在的，先于你的个性，先于你自己的野心。这个层面上的谦卑必不可少。每当我们谈论写作，我们就必须从谈论一些相对立的概念开始。我们刚才已经讲到了尊重与挑战，现在我们谈论的是无所顾忌与心怀谦卑。在所有人当中，作家既是最自卑的也是最傲慢的。因为真正懂得过去的荣光和传统对自己有多重要的人，恰恰也是做好了准备说"现在我也要成为荣光的一部分"的人。

《巴黎评论》：你怎样描述你自己和语言之间的关系？

温特森：我喜欢使用多种多样的词语，这也是我被广为诟病的一个点：为什么你要用这些奇怪的词？我的回答是，因为这些词存在在那里。英语语言这样有好几百年历史的工具精炼而微妙，几乎可以做到任何你想要它做的事。同时它也是一门古老的语言，所以你必须持续地更新它，让它恢复生机，用各种出乎意料的方式遣词造句，只要你足够耐心，它会允许你这样做的。这就是我的挑战的一部分：确保我正在使用的语言是新鲜的、有活力的，而不是任何陈词滥调或者不假思索的。我非常努力地想要找到不仅是最合适，同时内部包含了诸多联想的词汇。

《巴黎评论》：有时候你会从词源学的角度（例如处理"发明"或"隐喻"这样的词的时候）复原这些词语遗失的意义？

温特森：对。我想做的是把它们带回到词语的历史，以及使用它的个体自身的个人历史当中，这样我们就能看出一个词语的释义怎样跟随时间的推移逐步积累，能看出它能够定格于何处。因为有些词看起来很小，内涵却极为丰富，把其中隐含的某种意义放出来，让它重新回到人们的常识领域，我觉得这是个好主意。因为这样等到大家在别处见到这个词的时候，或许就也会读出更多的意义。

《巴黎评论》：你这样做的时候，来源上更多是取自诗歌还是文章？诗歌是否某种程度上比文章更能提升语言，更能超越日常用语的领域？

温特森：我认为这取决于谁在使用它。过去，诗歌确实因其精确性能够令语言结晶、拓展语言的可能性。但是我不认为必须如此。文章同样可能与诗歌在同一个层面上奏效,也有许多这样的例子。当然文章不可能从头到尾都如此,因为你很难保持那样的烈度。文章需要一张一弛。我不是说文章的用词就可以不加考量,但是一篇文章里总有一些部分强烈、灼热、有力,另一些部分则让读者可以获得一点放松精神的空间。你必须控制自如,将诗歌的浓度带入文章,同时也要理解空间是必须的,必须有过渡的空间、暂停的空间来让你自己以及读者平静地坐下来,休憩一会儿。

《巴黎评论》:你认为文学要求读者对自己的人生负起责任吗?你的作品会挑战读者让他们以全新的方式看待自己吗?

温特森:是的,我的确这样想,至少我希望如此。要是人们读完我的书却没有一点关于自己人生的思考,我会觉得自己很失败。我希望我的书能够让他们思考自己怎样能有不一样的活法,怎么才能让自己的生命更有意义。当然同样的东西不可能对所有人都奏效。有些东西非常打动我,有的人完全不为所动。所以才需要多种多样的艺术作品,才需要大量的艺术作品。我们永远不应该觉得已经足够了。有一种观点总有人在引用,说万事万物都有限度,你不可能再拥有更多或者你不需要更多了——"没错,我们已经拥有得足够多了。这样就可以了"。比如有的人会讨厌凯西·阿克的作品,真的讨厌,但是又有很多孩子真的热爱她的作品,她的作品对这些人真的有意义,有特殊的意义,帮助他们理解自己在一个充满不确定性的社会里究竟是谁。这就非常棒。

我非常厌倦有的人完全不了解情况就无止境地贬损某位作家的作品。不说别的,作家本人心里比任何评论家或者读者都要更有数,因为至少他们得到的反馈是来自更广泛而多样的人群,他们会知道自己的想法有没有传达到位,有没有得到正确的理解。一本书仅仅因为一个人在自家客厅读完书,然后在报纸上写上几句想法就被追捧或者摈弃，这是很荒谬的。没有比这更荒谬的事了。因为虽然一本书确实和读者之间存在一对一的关系，阅读同时也是一本书与成千上万的人之间的关系，每个人都会有不一样的体验。我不太操心书评人怎么写我，其中一个原因就是因为，说到底，一本书应该依据自身的条件和特点而存活。很多书评人摆出自以为高人一等的派头，说人们想读的都是容易读的东西，或者明显与他们自身相关的东西。我完全不这样想，我的经历也告诉我事实并非如此。每次我去做公开朗读会都觉得很有意思。比如说我每次出新书都会在国家剧院做一场朗读会，每次门票都会售罄。总是有一千四百名左右的观众，会花上三英镑买门票，按时到场。那么，要是他们从中什么都得不到，他们为什么要这样做呢？没有哪个书评人——因为他们自视甚高又全能——会去这样的场合。所以他们看不到人们从街上拥进剧院，想要知道一本书讲的是什么。绘画、音乐都是如此。我认为评论圈和那些真正去现场、去花钱体验、希望艺术存在于自己生活当中的人是脱节的。

《巴黎评论》：你在《艺术物件》里提到有学生要求在课上学习你的作品。你觉得为什么你的主题会吸引年轻读者群？

温特森：我认为原因是我在营造一些特定场景的时候使用的原型人物。我刚才描述过那种英雄主题[①]的设定。这对任何一个年轻人而言都是真实存在的：他们必须成为自己人生的主人公。他们需要杀死一系列的怪兽，通常需要逃离专横强势的父母，需要离开家去大千世界实现自己的命运。所以，这种主题是很强有力的，存在于他们每个人的生命里，他们都已经做好准备迎接共鸣。所以无论是书中人物历经的千辛万苦、危险磨难，还是那种独立自主带来的巨大喜悦，都会

[①] 可参考叙事学和比较神话学中的"英雄旅程"（hero's journey），是一种广泛应用于各类故事的戏剧结构，主轴围绕一个踏上冒险之旅的英雄，历经险阻，最终获得胜利回返原来的世界。

让他们在阅读中联想起自己。

不过成长不一定只与年轻人有关，成长关乎任何还没有完成这一步的人。有很多年纪不小的人都拒绝成为自己人生的主角，有很多人都将这件事一推再推，有很多都是女性，她们认为成为自己人生的主角是不合适的。这是很可悲的事。你总是看到年轻的女性生机勃勃地进入世界，很快被打倒，而年轻的男性不会遭此命运。显然，女性已经开始认识到她们其实并不能忍受这样的命运。她们也想看看自己可以为自己谋得怎样的人生。我觉得这是我的作品比较大的吸引力。因为在我所有的书里，主人公都经历了一场探险的旅途。他们都在寻找某样自己没有的东西，最后当然他们会发现这样东西一直在他们内心深处。但这要到书的尾声才会揭晓。

《巴黎评论》：你所有的作品都有爱情线。但是你的人物在这方面通常都不能得偿所愿。你很少让你的人物在爱情里拥有那种完美的幸福。

温特森：我确实是不写大团圆结局的，不是吗？我的书总是在水边暧昧地结束。我不认为这样的结局是令人沮丧的，它们也确实不是我刻意为之。相同的事情总是不断重演，从来没有真的得到解决。只是暂时性地有了一个结局。我们生活在一个不停地兜售解决良方的社会：一劳永逸地解决你口袋里的余钱、日益稀疏的发量，或是你丢失的胃口、遗失的爱情。我们总是在寻找解决办法，其实我们必须经历的却是一个你总也答不对题的人生。你必须始终保持开放的心态，始终不停地向前移动。你必须不停地尝试弄清楚你是谁、你在怎样变化，只有这样才能让人生变得可以忍受。

《巴黎评论》：你在创作中总是对旅途很感兴趣，在两点之间移动——无论是物理上还是心理上——所覆盖的空间。你反复探讨同一个想法，那就是旅行可以在不同层面上发生。你是否将旅行视为叙事中的一个隐喻？旅途对你而言代表了什么？

温特森：我确实对此有点执迷。我也注意到了。我还注意到我大部分的书都是在海边或者河边收尾的，结尾的地方总是要有一片水域。人一旦意识到自己的执迷点，就知道自己开始变老了。我觉得我对旅途着迷是因为我极度厌恶旅行，我的伴侣对此颇有怨言，因为她是一个热爱旅行的人。为了不去旅行我可以做任何事。比如她说，我们去这个地方吧。于是我们就买了各种相关的书，我读完以后编出故事来把那个地方描述个透。最后她就说，你现在不想去了，因为你已经去过了，不是吗？遗憾的是，的确如此。

我写《激情》的时候还没去过威尼斯，书中的水城完全出自我的想象。我写《宇宙的均衡》时已经七年没去过纽约了，但是这对我并没有什么影响。我会在我的脑海里旅行。这就像是一个关于魔毯或者飞天扫帚的老笑话。穷人就是这么旅行的，因为他们付不起钱真的上路。在我小时候，这是我们经常玩的游戏之一。我们会编出一个我们要去的地方，互相描述给对方听，因为我们中间没有哪一个人付得起钱去任何地方旅行。我第一次去伦敦的时候已经二十一岁了。

可能是因为童年时代虚构旅行见闻给我带来过快乐，这件事现在依旧让我快乐。但这是另一种层面的快乐了。对我而言是某种更加深刻的东西，因为旅行的概念是那种特别好用的隐喻，每个人一看都能懂，也都能理解你同时在谈论外在的和内心的旅途。用简单的转义传达复杂的信息——这就是我试图做到的，选择一样简单却可以充当强有力的导体的东西。在我的书中，这些旅途实际上是为了把某个人从受害者的状态中解救出来。

《巴黎评论》：你的写作可能会让人觉得有一点用力过猛。对于这个特点，你有什么格外想说的吗？

温特森：如果一个人想阅读直接而清晰的东西，可能最好是不要去读我的书，去读别人写的吧。我真的不觉得，仅仅因为某个我想象不出也永远不会认识的读者不想读这种书，我写自己写的书这一点就需要任人指摘。这给人感觉有点不公平。要是论艺术的话，我永远也赢不了，因为总会有人对我的作品生气。这就是为什么最好不要去在意，我只要想着，不管怎样，我必须真的做出我要的作品，希望它能抵达读者，余下的就留给命运使然了。这种态度时常被误会为傲慢，其实不是。艺术家必须相信自己是优秀的，因为如果连你自己都觉得自己是垃圾，你为什么还要做这件事？那你为什么还要把这些东西摆出去让人去买？在我看来，如果一个人觉得自己的作品是垃圾还让大家破费一番去买，这才是真正的傲慢。

《巴黎评论》：有人指责过你傲慢吗？

温特森：是的，主要是因为我确实坚持用我自己的方式完成我自己的作品。我对读者的态度是：要么接受，要么走开。人们随时都有自由不看我的书。这是他们的选择。我不会多虑或者批评他们的选择。想要试图取悦所有人只会把自己弄得一团糟，我也不想像机器一样去生产出精准符合某个特定兴趣群体喜好的内容。我想也许出版商在某种程度上想要这样的东西，因为有利可图。但是作家不是那样工作的，也不能那样工作。如果说，傲慢指的是一个人想要用自己认同的方式去把自己有能力做的事情做到最好，那么，没错，我就是傲慢。

《巴黎评论》：在你的笔下，性别经常被呈现为交到我们手中的一个人生情节，你是否认为性别是灵活流动的？

温特森：社会显然不认为性别不重要，社会觉得性别极为重要。许多不公平由此而生。我年纪越大越觉得性别不重要。我不再在意某个人是男性还是女性。我就是不在意了。这是件奇怪的事，因为我曾经非常在意，尤其是考虑到我在情感和性的方面喜爱的是女人，这显然是一个非常具体的选择。那么，就像刚才说到的，必须精准清晰地定义一样东西，要真的知道你感受到的是什么，然后才能放松。当时我很明确地定义我想要的伴侣，也想要依此来安排我的人生。并不是说现在我就不是当时的我了，我们现在很幸福，我希望我们能一直在一起。但是现在的我比之前有了更多的男性朋友，我对整个性别观念的事更加放松了，这一点确实改变了。当然这不意味着我不知道外部世界正在发生什么。

《巴黎评论》：你小说里的人物常会玩异装或者挑战性别的概念。比如《激情》里的维拉内拉。《给樱桃以性别》里的乔丹也穿女装，还能在周围没有男人的时候做出女人说话的样子。你是否认为性别是一种表演？

温特森：我觉得我是这样认为的。如果我们跳过十九世纪直接往回追溯，会发现事情就是这样：十八世纪的时候一切都灵活得多。男人可以化妆。拜伦就化妆，没人觉得有什么问题。他是最后一代还会化那样的妆的男人。进入十九世纪后，随着王尔德的出现，才有了第一个像十八世纪人那样讲究打扮的公子，而王尔德，你也知道当时的人是怎么看待他的。

在十八世纪的歌剧中，作曲家——比如亨德尔或莫扎特——只会为一个特定的声音而创作，他不会去考虑这是个男人还是个女人。他喜欢某个人的声音，就会写一个角色。所以等这个歌剧演员走到台上的时候，有时候需要当一个男人，有时候需要当一个女人。十九世纪可不是这样的。直到一九一一年施特劳斯的《玫瑰骑士》上演，十八世纪的风貌才重新浮现，那真是一部伟大的作品。可见十九世纪对于性别问题有多敏感，对任何跨性别的东西有多害怕——男人就是男人,女人就是女人。但是这其实是一种扭曲的观念。举个例子,莎士比亚的戏剧完全可以让你相信一个男人爱上另一个男人,它不会让你觉得这有什么滑稽可笑的地方,它要让你看见的是其中的冒险、恐惧、危险和非法侵入的元素。《皆大欢喜》里罗瑟琳就是女扮男装,当时当刻观众需要相信她是一个男孩。你不应该看破伪装,就像故事里她身边的人也没有看破她的伪装一样。现在的莎剧版本里,这种模棱两可、揶揄逗弄又回来了,我觉得很欣慰。人们应该体会让自己的情感和感觉脱离日常的框架,面对一些更危险之物时是什么感受。

《巴黎评论》:你是否认为自己直接参与了女性写作的传统?还是说这是你想要有意回避的问题,更喜欢归属于一个更为广阔意义上的传统?

温特森:两者皆是。我觉得自己的确属于更为广阔的传统,它必须是,因为我认领了它。这是一种继承,是你被给予的东西,但是你必须配得上它,你需要赢得它才能让它变成你自己的东西,然后你必须运用这个传统。这就有点像《圣经》里按才受托的比喻①。贵族拿出银子分给自己的仆人,问他们,你们打算用这个钱做什么?然后就出外远行了。有一个仆人把银子拿去做买卖,有一个仆人则把银子埋在地里。作为作家,我们也获得了巨额的文学遗产,但是你必须自己想办法让这个遗产为你所用。你必须用好它。如果你仅仅把它埋在地里,它就是死的。所以,对我来说,持续地使用最广阔的传统并从中汲取尽可能多的资源,这是非常关键的。但是与此同时,在这个传统内部,我也能体认女性写作传统,我置身其中,与之对话的方式是极为私人的。必须如此,因为我也是参与这一斗争的一份子。

一方面我是一名作家,无关性别;另一方面我不仅是一名作家,

---

① 见《圣经·新约·马太福音》25:14—30,此处的译文依据和合本。

还是女性。我对此非常有意识。我意识到女性写作的声音在不断增强，这也是为什么我认为我必须继续，必须再多做一点，如果可能的话，再往前多跑一点点。不然的话，我就同时辜负了过去和未来，辜负了当初那些绝对尽了全力、做出过巨大牺牲的女性。在《一个自己的房间》末尾，伍尔夫写过一段话说我们必须为女性作家努力，这样才会继续出现女性作家。我的工作就是如此。

《巴黎评论》：你是否感觉到来自读者的压力，他们希望你成为女性、成为女同性恋者的发言人？

温特森：的确如此！不过要是我真去参与政治发言，那会是很糟糕的一件事。我能做到的事我都尽力做到了，那就是写作。我不反感被反复追问这件事，也是有理由的，但是我不想这样做。我不想做一个政治化的作家，或者一个只对性别政治感兴趣的作家。

《巴黎评论》：伍尔夫在《一个自己的房间》里诟病夏洛蒂·勃朗特在《简·爱》里掺入了政治主张，且特别点出了简反思自己作为女人的生命局限，并对自己身处的框框条条宣泄怒火的那一段，伍尔夫认为勃朗特让这种愤怒进入到文本中，造成了一种艺术上的缺陷。你怎么看待政治主张与艺术创作之间的关系？

温特森：我理解伍尔夫从自身的焦虑出发会这样讲是很合理的，这是她自己非常担忧的一件事，但是我不觉得她是正确的。哪怕简的愤怒在某种程度上损害了作品的艺术性其实也无妨。我认为在写作的过程中，最好是先诚实地说话，这比压抑和削弱自己的能量要好。我认为最好是冒这个险。你可以过后再把这段删掉，如果删不掉（因为这会像截肢手术影响到整体）那就把它留下，让文本为自己辩护。就让别人去说"这段没用"好了。我的意思是，我读劳伦斯的时候，他每次开始工人阶级式的抱怨我就觉得很烦。我也写过这样的段落。我知道自己也这样做。但是，其实可能也无所谓，因为没有哪部作品是完美的。我们不能无止境地为如何写出完美的作品而焦虑。我们能做的就是尽自己所能做到最好。所以不值得浪费精力操心那些事。

《巴黎评论》：不少人想把你的作品完全读成女同文学。这对你来说是个困扰吗？

温特森：并不是。因为我对此无能为力，所以不会困扰我。这只是我们当下遇见的又一种偏颇。它会过去的。如果这本书流传下去，将来这就不会是一个问题了。我必须看得长远一点，不要去介意。因为这不过是人们按照自身偏好去阅读文本的稍微极端一点的版本，是一个群体而非个体的人想在书中找到身份认同。

《巴黎评论》：在你的小说中，女同性恋的感情关系给人感觉比异性恋感情关系更高级？

温特森：可能是吧，但是在《宇宙的均衡》里不是这样的。至于《写在身体上》，我们并不真的知道发生了什么，对吧？

《巴黎评论》：《写在身体上》被讨论得最多的话题就是我们不确知讲述者的性别。这是你有意为之的吗？有意模糊处理这本书里的性别设定？

温特森：其实不是。我只是懒得去设定。我不想确切地指出主人公的性别。我觉得没有必要，所以就没去做。要是我设定了性别，会让故事向着我不想要的方向偏重。所以我就没有设定。我没想到会引发这样的热烈讨论。我得说我非常意外。

《巴黎评论》：有的书评人认为《写在身体上》的主人公是男性，并因此赞誉你在这本书中对男性心理的理解，你怎么看待？

温特森：有一点怪。不过没关系。那本来就是一个开放的文本。某种程度上，你阅读一本在意的书时，会把它作为你自己的文本重新建构一次。这是不可避免的。我们都会这样做。你会和这本书之间建立起一种非常惹人嫉妒的、私人化的关系，这样它就成了只属于你的文本。你最不希望的事就是别人告诉你还有其他解读它的方式。

《巴黎评论》：你现在对异性恋的观点是什么样的？《橘子不是唯一的水果》将异性恋刻画成只会压迫女性的结构；而在《宇宙的均衡》里完全不明朗最后到底谁跟谁在一起了，或者说是不是有谁和谁在一起了，看起来你好像没有通过贬损异性恋关系来推动同性恋关系。

温特森：在《宇宙的均衡》里，我不想有任何明显的赢家；事实比这样的输赢要复杂。我觉得，在一个女人想厘清自己、开启人生的时候，男人真的可能是个阻碍。因为他们实在太占地方了。如果我是异性恋，我完全不幻想自己还能在文学创作领域走到我现在所到达的地方。我真的觉得我做不到。因为——我知道我这样说曾经给我带来过麻烦，但是我觉得再陷入一次麻烦也无妨——我找不到任何一个可以参照的榜样，找不到任何一个既做成了自己想做的事，还过上了正常的生活、生儿育女的女性作家。这样的人在哪儿呢？我不是傻子，如今再来看待这个问题，我认为人的性向并未那么固定。但是我的直觉告诉我，为了能够追求我想追求的人生——这本身已经很困难了——我最好是要么保持单身，要么和女人在一起。男人只会挡道，我会耗尽力气，而我根本没有多余的精力可以浪费。我真的是这样认为的。也许现在我换个新的伴侣也不会有什么影响了，因为我已经在事业上站稳了。但是，如果你还很年轻，还在世界上跌跌撞撞给自己开路，那么这真的会是个问题。

有些女人会试图把这个问题抛到脑后，她们会说诸如"我不到四十岁不会考虑生孩子"之类的话，可等到那时候，她们就会完全被疲惫击垮。我觉得依靠二十一岁的精力对付生养孩子已经需要用尽全力。我认识一些快四十岁才有孩子的人，她们真的是精疲力竭。她们已不再是二十年前的自己，没有办法应付整整两年不能睡个好觉。所以把问题推迟到未来并不意味着解决了它。这件事的实质其实是女人要怎么跟男人生活在一起，怎样在生养孩子的同时做自己的工作，这一点始终没有被真诚地摆出来说清楚，人们只是到了四十岁再去对付本来会在二十岁时候出现的问题罢了。

《巴黎评论》：你最近的几本书开始写与疾病有关的主题。从《写在身体上》开始，《艺术与谎言》中也有——亨德尔是个外科医生，《宇宙的均衡》里也隐约提到了疾病。你如何看待疾病作为隐喻的功能，它和你对广义上的身体的其他想法有关吗？

温特森：疾病是所有人都能理解的那种好用的隐喻之一。人们对那种会随着时间的推移不断恶化的疾病感觉十分恐惧，无论是癌症还是艾滋病，那种会把一个健康的有机体整个劫持并毁掉的疾病。哪怕最迟钝的人也能看出，这个隐喻并不仅仅关于他们自己的身体，它讲的是整个瓦解衰退的状态。所以这是作家可以轻松地拿来为己所用的隐喻。我使用它是因为我想利用那种恐惧让人们变得警觉、集中注意力，把内在的身体代入外在的身体，让他们去思考：你到底发生了什么？你对你的身体、你的心理、你的神志都知道些什么？又绕到了另一个问题，就是人们总是持续被一些他们不明白的事情摆布，因为他们拒绝去认识它们。我们知道早期的癌症和艾滋病几乎是察觉不到的（除非你很走运地恰好去做了检查）。等到查出来的时候，伤害已经造成。我非常强烈地感觉，因为人们把太多东西拒绝在外，就有毁灭性的力量在捕食和伤害他们，毁掉他们的内里，让他们只剩下不能正常运转的空壳，等他们发现的时候，为时已晚。这就是为什么《写在身体上》和《艺术与谎言》中有的内容不一定适合神经脆弱的人。我想让人们体会到畏缩,因而不得不去思考这个问题。

《巴黎评论》:你经常将宽恕作为疗愈伤害的重要途径。这是《艺术与谎言》中的毕加索必须学会的事。她回忆自己在家人手中遭受的虐待,意识到必须原谅自己也是造成这些痛苦的共谋。你能谈谈你怎么看待宽恕吗?

温特森:任何故事其实都只有三种可能的结局:复仇、悲剧或者宽恕。所有的故事总是这三个结局中的一个。无一例外。我觉得,从性情上而言,这取决于你想选择哪一个。我留意到宽恕对于我非常重要。我自己有过一段非常跌宕的人生。我知道我的父母永远不会原谅我做过的事,但是到了某个阶段,我知道我必须原谅他们。这是我做出的选择,我知道我不会得到他们的宽恕作为回应,甚至我都已经不再想要他们的宽恕。这不是和解,这只是宽恕……只是我想要诚实地看着他们,认识到他们是什么样的人,不再论断他们,也不再对他们感到愤怒。对我来说,在心里找到这种共情某种程度上与《橘子不是唯一的水果》有关,从很多角度说,那本书都是细致描摹一个怪物的肖像画。

可以说,这是自传体起作用的地方:我和我母亲的关系非常像歌剧,非常瓦格纳,疾风骤雨一般。她在体格和情感需求上都是一个庞然大物,而我体格很小。所以立刻就出现了这种对比和张力……一个庞然大物不停地咄咄逼近一个瘦小的生灵,伴随着操纵摆布和残酷无情。我一直在想要怎么面对这一切。《艺术与谎言》里出现过这个问题——你不可能余生都在说:"看看我遭到过怎样的虐待啊,我是一个可怜的受害者。"这也是那本书里毕加索的名句想说的:"我会找到别的东西,我会把过去抛在身后。"只有你能宽恕过去,只有你能让苦涩走开,才有可能实现那句话。我在我自己的人生中决然地发现了这一点。现在的我很幸福。这是我学到的第一课，学会去原谅他人，在那之后，我有过不少次这样的宽恕。我不是说我是个圣人，我的意思是你必须做出选择。到最后，最好是能说，我改变不了他们，但是我可以原谅他们，我可以改变我自己。

《巴黎评论》：这也是要改变一个人对自身故事的讲述。

温特森：确实如此。你怎么描绘你自己的人生是非常重要的。对有的人来说，要么就是复仇——他们总是想找一个人去怪罪、去报复，要么就是以悲剧告终，因为整个事情都是一团乱麻，他们永远走不出来。一旦你能够原谅了，你就拿回了掌控力，疗愈之水就开始流淌。我自己的经历这样告诉我，我从文学作品里也读到过。莎士比亚的喜剧里，到了第五幕，所有人都会聚集到一起，看清每个人的真实面目。《皆大欢喜》的结尾就是如此，剧中人物都从阿登森林回返，他们各自的经历让他们变得冷静。他们都不再是过去眼中的自己，甚至也不是他们本想成为的样子，却深深接纳了自己和彼此，最后当然全剧以皆大欢喜告终。甚至在莎士比亚的悲剧中也有类似的情节。《冬天的故事》的结尾，赫米奥娜从雕塑台上走下来，她和里昂提斯互相和解，宽恕了过去发生的一切。他们坚硬如石的心脏突然开始涌动，重获温度。

《巴黎评论》：由此就延伸出了一个新的开始的可能，一条通往未来的清晰路径。你写过："继续做新的工作，意味着继续发展出一种让作家自己都会意外的风格。"你最近给自己带来了什么意外？你知道自己接下来的几年会做什么吗？

温特森：《宇宙的均衡》和《艺术与谎言》截然不同，但它探讨的还是那些我一直感兴趣的内容，还是很明显是我写的书，不可能是别人的书。为自己构建一本想不到的新书，而且要偏离前一本刚写完的书，这是很重要的。我试过这样做。但是我不确定自己未来是不是还能够做到。没有人知道。目前我正在写短篇小说，体会到一种非常直接的幸福感和放松感，每次写完一本书，我都会体会到这种感觉，一种额外的能量流动，这种能量可以转化成别的东西。这是一段格外美妙的时光。所以我正在享受它。但是我很清楚，等我开始写下一本长篇小说，真正的劳作又要开始了，而我还完全没有概念……不，那是谎话，我有一点点非常模糊的概念下一本书要写什么。还不完全算得上是想法，还在很深的水底，有一丝光，但是不明亮。不过我会走到的。构思就在那里，只是需要很长的时间才能浮出水面，可能需要一年。开始写新书这个过程可能如同地狱，可能就像当初写《宇宙的均衡》的时候。也可能最后是惨败，根本没写出什么新东西。

在搬离伦敦之后，写完《艺术与谎言》之后，我有过一段时间的隐退和崩裂。不是说精神崩溃，而是我当时所成为的一切的破裂，因为那一切对我来说已经没有任何用处了。某种程度上，我必须重建自己才能写出《宇宙的均衡》。那个过程必须继续。如果我停下来，如果我不再重建自己，我就再也写不出任何好作品了。所以，我面对的挑战是如何继续重建自己，同时继续保持理智。此外，我还要始终记得我在这里写作到底是为了什么，无论旁边有多少声音在对我说我写作其实是为了别的东西或者什么目的都没有。

有一个关于王子和黑石头的童话故事。在一座水晶山的山顶上有一位公主（或者其他价值连城的东西，最被渴望的东西）。这个王子——踏上冒险之旅的英雄——想要走到公主身边（想要得到那个价值连城的东西），他开始爬这座山。因为山是水晶做成的，特别滑，特别难爬。刚开始的一段，王子爬得还可以，紧接着，沿途的黑石头开始对他说话。它们说："你是个傻瓜。你为什么要爬这座山？你永远爬不到顶的。而且就算你到顶了，也不值得，那里什么都没有。"它们还说："你会渴死的，你会饿死的。"一路上，沿途的黑石头都在不停地说这些话，王子越来越沮丧，他想，我永远也爬不到顶了。当然了，最后，王子爬到了山顶，解救了公主。他回头望去，才发现那些黑石头都是此前爬山失败的人的灵魂，所以它们不想看见任何人成功，只有这样才能证明自己的失败是合理的。对一个作家而言，这是个有用的故事，因为我们沿途遇见的全是这样的黑石头。你只知道那个价值连城、绝对值得的东西存在在那里，知道你必须一直坚持不懈地去尝试得到它。每一次，当你沿着陡滑的山岩向上攀爬，完全不知道能不能爬到顶，你该做的就是塞上耳朵，继续攀爬。

（原载于《巴黎评论》第一百四十五期，一九九七年冬季号）

玛丽莲·罗宾逊

◎李尧/译

玛丽莲·罗宾逊于一九八〇年出版了她的第一部小说《管家》。那时她在文学界还不为人知。但是《纽约时报》早期发表的一篇评论使得这本书受到了关注。"写这本书的时候,她似乎突破了普通人所有的不满,实现了一种变形。"阿纳托利·布罗亚德[①]写道。他的热情和敬畏得到许多评论家和读者的认同。这本书成了经典,罗宾逊被誉为我们这个时代重要的美国作家之一。然而,过了二十多年她才写了另一部小说。

二十年间,罗宾逊致力于非小说写作。她的随笔和书评发表在《哈泼斯》和《纽约时报》"书评"栏目。一九八九年,她出版了《祖国:英国、福利国家和核污染》一书,就英国塞拉菲尔德核电站对环境和公共健康构成的威胁以及支撑它的政治和道德腐败进行了严厉的批评。一九九八年,罗宾逊出版了她的评论和神学著作合集——《亚当之死:现代思想论文集》,对诸如查尔斯·达尔文、约翰·加尔文和弗里德里希·尼采等人做了重新评价。一九八六年,她在《巴黎评论》发表短篇小说《康妮·布朗森》之后,直到二〇〇四年,才凭借小说《基列家书》重返小说界。这部小说一经出版便好评如潮,获得美国国家图书评论奖和普利策奖。她的第三部小说《家园》于今年秋

[①] 阿纳托利·布罗亚德(Anatole Broyard,1920—1990),美国作家、文学评论家、《纽约时报》编辑。

天出版。

　　从外表看，罗宾逊即使穿着她写作时喜欢穿的衣服——宽松的裤子和运动衫——也焕发着帝王般的优雅。虽然她对自己取得的成就和成就带给她的赞誉表现得十分谦虚，但她身上智慧的力量显而易见。她在非小说类书籍以及最近出版的小说中，满怀热情地从事公共政策以及哲学和神学研究。学术生涯的经历——她在华盛顿大学撰写了关于莎士比亚《亨利六世》第二部的博士论文——使她成为一个虔诚的《圣经》经文的读者。这些经文至今仍然是她思想和谈话的试金石。她显然以对知识的追求为乐。比如，她就卡尔·马克思的《资本论》所做的即席演讲，常常夹杂着笑声和诸如"噢，太好了！"这种轻松愉快的口头语。我们采访她的过程中，她停顿下来准备回答问题时，常常耸耸肩说，"又是加尔文"，然后把目光移开，好像这个十六世纪的法国人正站在房间里等着给她建议。

　　罗宾逊是一个基督徒，她的信仰很难"一言以蔽之"。加尔文的思想对她产生了很大的影响。她在自己的文章中把加尔文描绘成一个被误解的人文主义者，把他的"世俗化倾向"比作"人们在爱默生和惠特曼身上看到的对人性的颂扬"。

　　她的小说也可以被描述为对人性的颂扬——书中的人物令人难忘。《管家》是露丝和妹妹露西尔的故事。母亲自杀之后，性格古怪的姨妈西尔维照顾她们。罗宾逊详细讲述了三人世界的新生活如何改变了她们。而《基列家书》则是对人物性格更为细致入微的探索。小说主人公约翰·埃姆斯，一位七十七岁的牧师，记录了他的生平和家史，准备死后留给年幼的儿子。《家园》借用了《基列家书》的人物，但是主要讲述了埃姆斯的朋友罗伯特·鲍顿牧师和他总是惹是生非的儿子杰克的故事。罗宾逊回到《基列家书》中描绘的地方，她说："写完小说或故事之后，我总是想念书中的人物——有一种失去亲人的感觉。"

《基列家书》和《家园》都以爱荷华州为背景。罗宾逊在那里生活了近二十年,在爱荷华大学的作家工作坊任教。为了这次采访,我们在五个月的时间里见了六次面。在此期间,爱荷华市似乎经历了各种极端天气:两场暴风雪、严寒、冰雹、大雾、春雨和强雷暴天气。我们最后一次会面后不久,爱荷华河洪水泛滥,达到有史以来最高的水位。

罗宾逊过着一种相对孤独的生活。她离异,两个儿子都已经成家立业,自立门户。她追求知识,沉迷创作,雄心勃勃,几乎没有时间参加社交活动。她说:"我对自己想要完成的事情有一种紧迫感,只能通过独处约束自己。"但她也有一部手机和一部"黑莓"①。我们谈话的时候,"外部世界"偶尔会打断她的思路。有一次,她的"黑莓"响了起来,告诉她有一封电子邮件。她说那是以前一位学生发来的。"跟我要'导语',"她说,"我欠这个世界一个'导语'。"

——费伊·费伊

《巴黎评论》:有哪些玛丽莲·罗宾逊的小说尚未出版,我们对其一无所知呢?

玛丽莲·罗宾逊:上大学的时候,我参加了一个小说写作班,开始写一本小说。我很不喜欢那部小说,毕业之后,就把它扔到一边儿去了。好像有一条条虫子或者什么东西从里面钻出来似的。我写的那个故事发生在中西部,可我从未到过那儿——一条小河穿城而过的中

---

① "黑莓"(BlackBerry),指的是由黑莓有限公司(RIM)设计和销售的一系列无线手持设备和服务。这里指该公司1999年发布的第一个黑莓设备——电子邮件寻呼机。

西部小镇。这种写作不是很奇怪吗？

《巴黎评论》：是什么吸引你来到爱荷华市？

罗宾逊：工作。我对爱荷华州没有任何具体概念，从来没有想过要在中西部生活。因为我和其他人一样，对这个地区存有偏见。但是当他们邀请我来这儿教书的时候，我觉得这是一件很有趣的事情，就来了。

《巴黎评论》：你是否被告知教授创意写作会影响你的创造力？

罗宾逊：是的，当然被告知了。但是说实话，任何工作都会影响你的创造力。几年前，我接受了美国学院一项资助。这项资助本来可以支持我五年内安心创作，不必教书。可我只坚持了大约一年半，差点儿发疯。教学对于创作，无疑是一种干扰和负担，但也是令人难以置信的激励。在某种意义上，是一种缓解。你想做某事，却毫无进展时，可以去学校。两个半小时的时间里你就可以完成一些事情。

《巴黎评论》：小时候，你认为长大之后自己会是什么样子？

罗宾逊：哦，当个隐士？哥哥说，我会成为诗人。我有一个好哥哥。他做了许多好哥哥做的事情。我们生活在爱达荷州的一个小镇，他就像亚历山大划分世界一样，划分了我们的未来："我当画家，你当诗人。"

《巴黎评论》：《管家》下笔之初，用了你攻读英国文学博士学位时写的一系列比喻，这是真的吗？

罗宾逊：我上大学时，学的专业是美国文学，这在当时很不寻常。但这意味着我广泛接触了十九世纪美国文学。从爱默生开始，我对美国作家使用隐喻性语言的方式产生了浓厚兴趣。攻读博士学位

149

时，我把这些比喻记录下来，只是为了体会把声音写下来的那种感觉。完成论文之后，我通读了一堆隐喻，发现它们以一种我不曾预料的方式结合在一起。我因而创造了一些寓意更为深刻的东西，并且开始写《管家》。这本书的人物对我很重要。我告诉一位朋友——名叫约翰·克莱顿的作家——我一直在写这本书。他要看一看。没过多久，就收到他的经纪人的来信，说她很乐意代理这本书的出版事宜。

《巴黎评论》：你感到惊讶吗？

罗宾逊：是有点惊讶。这种事情总会附带一些条件。她说"我很乐意做这本书的代理，不过很难确定究竟给谁出版"。她把它给了法勒、斯特劳斯和吉劳克斯出版社的一位编辑。那位编辑写信给我说，他们很乐意出版这本书，但它可能不会引起关注、被人评论。

《巴黎评论》：但后来，还是好评如潮。

罗宾逊：阿纳托利·布罗亚德——上帝保佑他——很早就评论了这本书，因为他担心没有人会发表评论，就想抛砖引玉，确保它得到关注。

《巴黎评论》：你是如何在《管家》中塑造露丝和西尔维这两个人物的？

罗宾逊：每个人物性格的发展过程、情感纠葛都与之相伴。让我感兴趣的人物是那些在我苦思冥想时能够提出问题的人。一旦把某个人物放在他整个生存背景之下，尽你之所能思考时，他就立刻变得神秘起来。

《巴黎评论》：你们家信教吗？

罗宾逊：我们家是虔诚的长老会教徒，主要因为我的祖父是虔诚的长老会教徒。但更多的是遗传的直觉，而不是实际的事实。餐桌上，我们更多谈论的是政治。他们对共和党的政治非常感兴趣，我几乎不用插嘴。或许我也确实需要说点什么。

《巴黎评论》：你父亲是做什么的？

罗宾逊：他在木材行业工作，以早已过时的方式一步步往上爬。木材工业在爱达荷州我们居住的那个地区占主导地位。你现在飞过落基山脉时，看到森林被肆无忌惮地乱砍滥伐，但那时候还没有被开发到现在这个程度。

《巴黎评论》：你的家人是怎么来西部定居的？

罗宾逊：我们家有一个关于十九世纪先人来西部拓荒的传说——坐着有篷马车，穿过幽暗的森林，狼，来要馅饼的印第安人。我的曾祖母是最早移居华盛顿东部地区的白人之一。据说，看到印第安人站在门外，她就赶紧走出去。那人会说："馅饼。"当然，这只是个故事，但是我们家的女人总是烤馅饼，并且为此沾沾自喜。

《巴黎评论》：你烤馅饼吗？

罗宾逊：我过去常常烤馅饼，那时候家里吃饭的人多。现在不烤了。

《巴黎评论》：你最喜欢什么馅饼？

罗宾逊：柠檬蛋白派，我们家的传统美食。

《巴黎评论》：你只发表过一个短篇小说《康妮·布朗森》，是在《管家》出版之后几年发表的。从那以后你还写过别的小说吗？

罗宾逊：那个故事是我上大学时写的。我对它有一种偏爱，因为在我看来,它是对《管家》的期待,尽管我早在十多年前就写了这篇小说。所以,当《巴黎评论》向我约稿时,我就把它寄了出去。事实上,我真正感兴趣的是这样一个事实——我居然从来没有写短篇小说的冲动。其实短篇小说是一种很有吸引力的文学形式。现在,《康妮·布朗森》对我而言,就是任何一个作家对自己年轻时创作的作品的兴趣与迷恋。除此之外,它对我几乎没有任何别的意义。

《巴黎评论》:在你的第二部小说《基列家书》中,主人公是牧师约翰·埃姆斯。你认为自己是宗教作家吗?

罗宾逊:我不喜欢拿宗教和非宗教分类。一旦拿宗教画线,它就会被篡改。在我看来,任何富有同情心和洞察力的作品都可能符合宗教的所有教义,不管作者是否有意将其宗教化。

《巴黎评论》:你说,埃姆斯宛如一个声音来找你。你怎么知道这将是你的下一部小说?

罗宾逊:那年过圣诞节的时候,我客居普罗文斯敦[①]艺术工作中心。一些学生请我来参加一场朗读会。我在普罗文斯敦阳光最充足的地方找了一家旅馆,预订了几间客房,打算让两个儿子(当时他们都还没有结婚)和我一起在那里过圣诞节。但他们有事耽搁了,我只能在空无一人的旅馆里独自待了几天。小房间里,艾米莉·狄金森的光华透过窗户倾泻而入,大海在远处咆哮。我手捧活页笔记本,思考眼下的处境、倾听由远及近的涛声,开始写作。坦率地说,这种陪伴让我感到高兴。

我就像写连载小说一样,完成了那本书的创作。写三十页左右,就寄给编辑,然后再写三十页,再寄给编辑。

---

① 普罗文斯敦(Provincetown),美国马萨诸塞州避暑胜地。

《巴黎评论》：你平时是手写，还是在电脑上写作，还是两者都用？

罗宾逊：写《基列家书》的时候，我时而手写，时而用电脑。写《管家》的时候，手写。那时候，我没有电脑，也不喜欢被打字的声音分散注意力。

《巴黎评论》：你写《基列家书》花了多长时间？

罗宾逊：大约十八个月。我写小说很快，这一点可不为人称道。

《巴黎评论》：埃姆斯说，在我们的日常生活中，"美好的事物比眼睛所能看到的还要多"。他生活在二十世纪五〇年代末的美国。倘若今天，他还会这样说吗？

罗宾逊：你必须有一种超然物外的态度，才能发现真正的美，而不是那些被打上引号的所谓"美"。想想荷兰绘画，阳光洒落在一盆水里，一个女人站在旁边，身着早上醒来时穿的衣服——那种美是对一些非常普通的东西不经意的一瞥。或者一幅像伦勃朗的《牛的尸骸》[①]那样的画，画中的一块肉引起他的注意，因为它有某种神秘的东西。你也可以从爱德华·霍珀的作品中看到这一点："看看阳光！"或者"看看人类！"，这些都是天才的例子。文化呵护、滋养了艺术家。因为他们是有资格说"看看这个"的人。不是凡尔赛宫，而是一堵砖墙，一缕阳光照在墙上。

与此同时，人类总是有一种基本倾向，那就是对美持怀疑态度。想想那些把自己缩小到宫廷里的文化——人们用含铅的油漆涂抹自己，变得一天比一天愚笨。女人为了让腰肢变得更细，不惜把肋骨去掉。毫无疑问，我们现在有自己的"版本"。在这个"版本"的影响

[①] 《牛的尸骸》(*Carcass of Beef*)，又名《被剥皮的牛》，伦勃朗作于 1657 年的布面油画。

之下，我们所做的最具破坏性的事情，就是假装这是某种文化和精神衰落的迹象。而实际上，那只是人类的正常行为，我们大多数时候都照此办理。

《巴黎评论》：埃姆斯认为，宗教的好处之一是"帮助你集中注意力。它赋予你一种美好的也是基本的感觉，让你懂得什么事情必须去做，什么事情可以忽略不计"。这也是信仰和宗教实践教会你的事情吗？

罗宾逊：宗教是一种框架机制，一种定位语言，以一系列问题的形式出现。它讲述了生命的轨迹和经历的重要。我发现这些都是值得思考的。宗教在扩大人的想象力和表达能力方面发挥了巨大的作用。直到最近我才明白高雅艺术与宗教是如何紧密相连的。

《巴黎评论》：我们是不是已经失去了这种宗教的框架？

罗宾逊：曾几何时，人们认为大多数形式的结构或者框架都是一种约束，于是就开始攻击它。在文化现象中，这就像一个自身免疫问题：有机体不允许自己处于自身存在的条件之下。我们是文化生物，其意义不是凭空产生，而是由文化框架支撑的。这就犹如没有骨架支撑，你就可以从门底下的缝隙溜进去一样。或许有趣，但全然不是那么回事。

《巴黎评论》：科学是如何适应这个框架的？

罗宾逊：我尽可能多地阅读当代宇宙学，因为现实本身就是极其神秘的。例如，量子理论和经典物理学在各自的范围内都很深邃，但目前它们彼此不能调和。如果不同的体系不能以一种可以理解的方式融合，那就是我们自己理解上的缺陷，而不是这个或那个体系的不足。

《巴黎评论》：宗教和科学是两个无法融合的体系吗？

罗宾逊：这似乎是一场介于对宗教的天真理解和对科学的天真理解之间的争论。当人们试图揭穿宗教的面纱时，在我看来，他们引以为据的是十八世纪关于科学的概念。我这里说的是理查德·道金斯[①]。对他的身份地位，我不甚了了。他认为我们所看到的物质世界无一遗漏地描述了现实生活。另一方面，许多想要清晰表达或者形成宗教表达的人并不诚心诚意。"我们对他们"的对立心态是整个文化的严重腐败。

《巴黎评论》：你写过批判道金斯和其他新无神论者的文章。是他们对宗教的蔑视和对纯科学的拥护困扰你吗？

罗宾逊：不是，我总是尽可能多地阅读纯科学书籍。其实，他们的想法并不科学，这是事实。科学令人激动之处在于，它总是推动发现一些它无法解释或没有预料到的东西。新的无神论者，如道金斯，似乎认为科学揭示的世界是一个封闭的体系。这全然不是当代科学的意义所在。许多科学家是无神论者，但他们谈论现实的方式与道金斯不同。他们不会假设所有的问题都有一个简单的答案。当然更不是基于过去一百年来科学的发现。

我更喜欢的科学是宇宙学和量子实相理论。这些理论比经典物理学的描述能力更为精细。科学是神奇的。我们已经在一粒天体尘埃上找到了观察宇宙边缘的方法。我觉得我所读的一切都给了我指导。科学给我的满足感不亚于优秀的神学所带来的惬意。

《巴黎评论》：但是，科学是对客观现实的看法，而宗教论述的是

[①] 理查德·道金斯（Richard Dawkins，1941— ），进化论生物学家，牛津大学新学院名誉院士，因1976年的著作《自私的基因》（*The Selfish Gene*）而声名鹊起，该书普及了以基因为中心的进化论观点，并引入了模因（meme）一词。

人类如何想象我们自己,难道不是吗?

罗宾逊:作为一项成就,科学本身就是引人注目的论据,证明人类在所有现存的事物中具有独特性。这种声望来自人们经历过的明确无误的变化——诸如太空旅行、免疫接种。它具有一种权威。这种权威基于显而易见的力量。但在讨论人类的时候,它倾向于向下比较:我们是聪明的,因为鬣狗是聪明的,我们只是多了几次向前的跳跃。

宗教的首要职责是维护人的价值观。如果你必须对《旧约》作个总结,结论应该是:停止这样对自己。但是停止伤害自己并不是我们的天性。我们的行为不符合自己的尊严或他人的尊严。《圣经》不断地重申这一点。

《巴黎评论》:你曾经有过"宗教觉醒"吗?

罗宾逊:没有。我不会把时间和精力浪费在所谓神秘的经历上。日常生活中的事物对我来说已经那么不可思议。加尔文主义的一个观念深深植根于我的脑海之中,那就是人与世界的接触有两个方面。你不会简单地感知静态存在的事物,但事实上所有的经历都有一种想象的特质。它之所以意味着什么,仅仅因为它是冲你来的。这就是沃尔特·惠特曼和艾米莉·狄金森的个人主义。你可以因感知而领悟到什么,就像一个神秘主义者从想象中领悟到什么一样。

《巴黎评论》:人怎样才能学会用这种方式看待普通事物呢?

罗宾逊:这不是可以后天习得的技能,而是与生俱来的东西,只是我们后来失去了它。学会不丢掉它就是了。

《巴黎评论》:有时你会在教堂布道。这是怎么回事?

罗宾逊:有时候,如果牧师病了或者出城了,就需要有人替他布道。大伙儿通常会请会众中的某个人来干这差事。因为我写东西,他们就经常找我。

《巴黎评论》：当替补你会紧张吗？

罗宾逊：会。你是在会众面前讲话。他们知道这种讲话的性质。除了布道要讲的特定的经文之外，布道时还有很多内容需要引起大家的共鸣。按照我的"传统"，我总是以一种和蔼可亲的姿态出现在会众面前，无论布道的主题是什么，都有问必答。

《巴黎评论》：和蔼可亲？

罗宾逊：你画一条线，这边是好人，那边是坏人，这不是"和蔼可亲"。

《巴黎评论》：你的新小说《家园》设定的时间、背景和《基列家书》完全一样，并融合了许多相同的人物。你为什么又回到从前的故事？

罗宾逊：我每写完一本小说或者一个故事之后，总是十分怀念小说中的人物——就像失去了亲人。所以我对《基列家书》之后人物的去向和经历都做了充分的思考和准备。然后我想，如果这些人物在我的脑海中如此栩栩如生，为什么不把他们写出来呢？尤其是杰克和老鲍顿，还有格朗瑞。我觉得在埃姆斯的故事中，有一些角色还没有完全展示。我实在看不出放弃它们有什么意义。

然后，我必须确保这本书的时间顺序正确。此外，第一本书里出现的某些事件在第二本书里也会出现。例如，那次晚宴。埃姆斯虽然参加了这次活动，但在《基列家书》中对此却只字未提。这完全符合埃姆斯的性格，他不会选取那些他觉得痛苦的事情或者他认为会引起伤心回忆的往事跟别人讲述。但我想让《家园》成为一本独立的书。我不想把它写成《基列家书》的续集。我希望读者拿起两本书中的任何一本都可以从头读起。

《巴黎评论》：《基列家书》读起来几乎像是在沉思——约翰·埃姆斯给幼子写信。《家园》却有着不同的个性。

罗宾逊：这部小说的大部分内容都是对话。我真的很惊讶。我一直在想，必须停止这样做——这只是一个接一个的对话场景。

《巴黎评论》：你会为你的小说设计情节吗？

罗宾逊：我真的不喜欢设计什么情节。当然写《家园》的时候，有一个框架，因为它必须与《基列家书》共生共存。除此之外，没有任何事先的设计与安排。我强烈地感觉到行动源于人物。我认为没有什么比人物形象更重要的东西了。我的小说始终如一的一点是，有一个人物一直停留在我的脑海之中。我想更好地了解这个复杂的人物。

《巴黎评论》：《家园》这部小说的中心人物是杰克，但它是从格朗瑞的角度来讲述的。你有没有考虑过从他的角度出发展开这个故事？

罗宾逊：杰克一直在想——想得太多了——但是如果我试图以一个讲述者的身份去靠近杰克，就会失去他。他以一种复杂的方式被冷落了。别人不理解他，他也不理解别人。

《巴黎评论》：写一个"坏"人物很难吗？

罗宾逊：加尔文说上帝对人有审美上的享受。我们没有理由去想象，上帝会选择将自己永远置身于那些唯一的特质就是从不犯错的人中间。以大卫王为例，他就做过很多坏事。倘若我们认为只有完美无瑕的人才值得颂扬，那就令人难以置信地排除了人类传奇中几乎所有具有深刻价值的东西。有时候我无法相信上帝会那么狭隘，明确指出他赞成什么，不赞成什么。

《巴黎评论》：你在小说中怎样描写历史人物？

罗宾逊：我对任何事情的一定之规就是阅读能找到的最原始、最接近历史真实的材料。我尽量谨慎地使用历史人物。我的约翰·布朗只是黑暗中的一个声音。

《巴黎评论》：你的信仰和你的"正常生活"有冲突吗？

罗宾逊：我教书的时候，有时会遇到一些问题，比如在学生创作的故事中读到一个场景，以我的标准，这个场景似乎是色情的。我认为，即使对一个虚构的人物，也不应该肆无忌惮地践踏和剥削。与此同时，我也意识到无法将自己的标准普遍化。在这种情况下，我觉得必须克制自己的宗教信仰。很重要的一点是，除了在非常极端的情况下，让人们在不受挑剔干扰的情况下体验世界。

《巴黎评论》：你试图教给学生最重要的东西是什么？

罗宾逊：我试图让作者切切实实地看到他们写了什么，哪里才是力量之所在。通常在小说写作的过程中，总有一些东西会跃然纸上——某个画面或某个时刻——足以成为故事的中心。如果他们能看到它、利用它，使之得以升华，就能写出一部颇多新意的好小说。我不想教技巧，因为坦率地说，当作者意识到故事的精髓之所在时，大多数技巧问题都会随之消失。我看不出有任何理由去修改那些根本不会有进展的作品。作者要做的首先是与写到纸上的东西认真"互动"。当人们完全投入自己所写的东西中时，惊人的变化就会发生——文思泉涌，下笔有神。

《巴黎评论》：你读当代小说吗？

罗宾逊：我对当代文学并不是漠不关心，只是没有时间。对我的同龄人而言，跟上我比我跟上他们要容易得多。他们都写了十五本书了。

《巴黎评论》：你对文学批评有什么看法？

罗宾逊：或许事实并非如此，但文学批评似乎只是为了批评，和人们实际上写了什么关系不大。在新闻批评中，这种做法很常见，似乎作者们都在炮制消费品，而他们希望把这些东西清理得干干净净。我不认为人们对活着的作家一定要像对死去的作家那样心存敬畏，但如果一位作品应该得到尊重的知名作家，花十年的时间写了一本小说，而这本小说又不是世界上最伟大的小说，对他嗤之以鼻也是不公平的。一部未能产生影响的作品，在另一代人看来未必就不成功。那可能是作者人生旅途的一部分。

《巴黎评论》：你写作时有什么习惯、癖好，或者特别之处吗？

罗宾逊：我穿得像个流浪汉。约翰·契弗①写作时穿西装、戴帽子，夹着公文包，楼上楼下地走来走去。我却不是那样。我喜欢尽可能地忘记自己的存在。

《巴黎评论》：你是在书房里写作，还是随便在哪个房间里写作？

罗宾逊：主要在书房里，但也会倚在沙发上写。我喜欢四处走动，而不是像有些人那样完全固定在某个地方。不过，我待在自己家里。这一点至关重要。

《巴黎评论》：为什么？

---

① 约翰·契弗（John Cheever，1912—1982），美国当代小说家，著有长篇小说《瓦卜肖特纪事》《鹰猎者监狱》等。

罗宾逊：因为我可以忘掉周围的环境，不会因为思考而分心。比如是谁选择了那幅画呀——我知道是谁选的那幅画。

《**巴黎评论**》：写作对你而言容易吗？

罗宾逊：写作的艰难怎么强调都不为过。最好的情况是保持一种专注的状态。这是一种令人满意的体验，无论多么困难或令人沮丧。那种专注是一种奇妙的感觉。这就是为什么当我不得不面对这个世界的合理期望时，宁愿"闭关锁国"，甚至有点牢骚满腹的原因之一。

《**巴黎评论**》：你按照自己制定的时间表写作吗？

罗宾逊：我真的没有自律的能力。倘若某种东西强烈地呼唤我，我就写作。不想写作时，就绝对不写。我几次尝试用所谓职业道德要求自己——不能说已经尽我所能——但如果脑子里没有什么我真正想写的东西，就只能写一些我讨厌的东西。这让我沮丧。我连看都不想看那些信笔涂鸦。更不想让它从烟囱里爬出来。也许是自制力的问题，也许是秉性的问题，谁知道呢？我希望能多做一些事情。我不介意自己已经写了十五本书。

《**巴黎评论**》：即使其中多部反应平平？

罗宾逊：没错。

《**巴黎评论**》：你记日记吗？

罗宾逊：在我一生的不同时期，都买过装帧精美的笔记本，带扣子的那种。写了几天的感想，就扔到一边儿。过后拿起来再看，心里想，真是个白痴。

《**巴黎评论**》：修改手稿呢？很费心劳神，还是初稿不会大动？

罗宾逊：如果我写的东西自己不喜欢，基本上就把它扔掉，试着再写一遍，或者写一些有类似情节的东西。但是我真的不会回过头来从头到尾再改一遍已经写过的东西。倘若我需要写一句话，表达某个意思，便在脑子里一遍一遍地想，直到听起来正确为止。我大部分修改的内容都是事先想透了才落笔。

《巴黎评论》：你坐在书桌旁或沙发上的时候会发生这样的事情吗？或者你整天都在脑袋里构思吗？

罗宾逊：写作期间，我一直在脑子里构思。但就创作而言，只有一笔一画写下文字的时候才会这么做。比方说，我跨过一座小桥回家的时候，如果脑子里突然有了一个想法，心里就想，先把它"屏蔽"掉，因为如果现在想清楚了一个场景，等我拿起笔开始写的时候，就什么都毁了。

《巴黎评论》：大多数人都知道你是小说家，但你花了很多时间写非小说。是什么让你开始写这些作品的？

罗宾逊：我想改变自己的想法，试图创造一个新的词汇体系或平台，这样就可以为自己"开疆拓土"——我总是想象荷兰人向海洋索取土地——打开以前对我封闭的领域。这也是我的乐趣所在。我不断地审视自己的想法，写了一些东西，然后想，我怎么知道那是真的呢？如果从一开始就认为自己写的那些东西都心知肚明，那么就学不到任何新东西。

在这种文化中，写文章往往只是为了写作而写作。有人对作者潜在的兴趣吹毛求疵，便说三道四。这并不意味着作家没有能力做一些更有趣的事情，但我们也确实写了很多无关紧要的文章。最好的文章来自人们真正需要解决问题的那一刻。

《巴黎评论》：你如何确定论文的主题？

罗宾逊：所谓论文主题的确定几乎总是出人意外。我找到了玛格丽特·德·纳瓦拉①，因为我正在读但丁《神曲·地狱篇》的译文，开始研究它的写作背景。但丁写"地狱篇"之前，发生了阿尔比根十字军东征，杀了许多人。我不知道但丁是否受到阿尔比根主义的影响，但正是"地狱篇"让我想起阿尔比根主义，让我开始研究法国南部的文化，并发现了玛格丽特·德·纳瓦拉，她是加尔文的老前辈。

《巴黎评论》：你喜欢这种通过间接知识确定主题的方式吗？

罗宾逊：我已经学会相信它。我担心陷入舆论的旋涡之中，因为坦率地说，舆论并不一定就能得到很好的证实。每逢看到于我而言不正常的事情时，我就试着弄清楚怎么回事儿。这是一种冲动。我想，天哪，这可能会让我以某种方式重新武装我的大脑。我觉得那种选择并不体面：你过你的小日子，活下去，一路跌跌撞撞，最后掉入坟墓。

《巴黎评论》：你的《亚当之死：当代思潮文集》中有一篇文章《面对现实》。在这篇文章中你指出，许多美国人对美国历史知之甚少。

罗宾逊：我们仿照亚伯拉罕·林肯——他多少有点后现代主义的味道——同时我们用马克思主义概括现代性。然而他们俩却在谈着同样的话题。奴隶经济和工业经济是相互关联的。马克思被认为是现代的，因为他描述的是一种持续不断的现象——工业主义。而工业主义又一次显示其类似奴隶制的地方——童工现象，等等。你在大学二年级时修了一门课，叫做《现代西方文明》。你学了马克思和尼采，但

---

① 玛格丽特·德·纳瓦拉（Marguerite de Navarre，1492—1549），法国的公主、纳瓦拉的女王、阿伦孔和贝瑞的公爵夫人。

没有学林肯。他们都穿着长礼服，戴着大礼帽，这一点没有引起人们的注意。

《巴黎评论》：你也写过美国人不愿意思考重大的问题。我们害怕什么？

罗宾逊：害怕自己。就像弗洛伊德说的那样，最好的事情是完全没有感觉，我们似乎应该在这个世界上毫无痛苦地、无意识地生活。我对此有全然不同的看法。古人说得对：先人宝贵的经验是一种非凡的、困难的、不无阴影而又辉煌耀眼的经验。这种经验并不能使人在世上活得舒适。"阴影之谷"就是其中的一部分。如果你没有经历人类所经历的、包括怀疑和悲伤在内的艰辛，你就是在剥夺自己。我们把痛苦和困难视为失败，而不是说我要经历这些，我所崇拜的每个人都经历过这些。音乐产生于痛苦和困难，文学产生于痛苦和困难。我们应该把人性看作一种特权。

《巴黎评论》：你因焦虑而受苦吗？

罗宾逊：我感到的焦虑可能比一般人少。然而，那些受过教育、按世界标准算富裕的人却选择了焦虑。我认为那种焦虑源于未被消耗的能量——因为没有被消耗而变味儿的能量。人们认为，加尔文主义能引起情感上的禁欲主义。按照传统，你总是被问到一个问题：上帝想从这种情势之中得到什么？它创造了一种超然。这种超然带来的是认识能力而不是认识能力的缺失。在这个问题上，我的孩子们已经长大，在生活中确立了自己的地位。他们知道如何使自己快乐。小时候，我为他们焦虑。这是一种动物般的警觉：我需要在山口为他们阻挡什么？

《巴黎评论》：你在《清教徒和伪君子》一文中，重新评价了健康的饮食可以提高生活质量的观点。你指出，尽管鱼类更有益于健康，但过度捕捞正在破坏海洋的生态平衡："为了满足人类新的需求，海洋遭到了袭击和掠夺。"

罗宾逊：欧洲诸国是进口鱼类最多的国家，掠夺性捕鱼船队正在破坏非洲西海岸的鱼类资源。其结果是，渔村受到严重破坏，一波波移民浪潮从非洲涌向欧洲。人们说，如果他们在法国不开心，为什么还要去法国呢？我说，总比挨饿强吧！

《巴黎评论》：你吃鱼吗？

罗宾逊：我属于蛋奶素食者，还得去掉蛋。我知道希特勒是个素食者。在意大利访问墨索里尼时，他拒绝了国宴。他既不喝酒也不抽烟。我拿他作为一个例子来讲，试图说明，一个让人厌恶的人的美德是如何成为"负号"的。

《巴黎评论》：你是如何决定在《祖国》这本书里写塞拉菲尔德核电站的？

罗宾逊：我当初并没有真的想写《祖国》，老天爷知道。我正在英国，报纸和电视上到处都是这个消息。我当然很惊讶，因为这是一件可怕的事情。塞拉菲尔德核电站非常草率地提取钚-239和其他可供销售的超铀元素同位素，并将大量放射性废物排入大海。这真是灾难。他们从一九五六年就开始这样做了。令人惊讶的是，这种极其特别的"恶作剧"居然一干就是五十二年，但他们确实做到了。我从英国回来后，甚至连行李都没有打开，就坐下来写了一篇文章，立刻寄给我的经纪人。我说，如果你不愿意，不必去处理它。但她把它寄给《哈泼斯》之后，杂志几乎马上就发表了。然后另一个出版商打电话来问我是否愿意写一本关于这件事情的书。

《巴黎评论》：《祖国》出版于一九八九年。你今天怎么看这本书？

罗宾逊：如果我只能写一本书，那就是这本书了。写这本书对我来说是接受了一次"再教育"。这个项目一开始就几乎瓦解了我之前受过的教育。我仿佛在脑海里又写了一篇论文，试图确定哪些东西与之相关，下一步该如何运作。而且，如果没写那本书，我就无法独立生活。我会觉得我在做大家都在做的事情，世界就是这个样子。

《巴黎评论》：什么样子？

罗宾逊：假装不知道我们正在做什么。我们知道，塑料袋在非洲正以惊人的速度杀死动物，但每个人仍然在使用这些玩意儿，就好像它们会漂走一样。我们知道这种新灯泡会减少耗电量，但它们是从哪里来的呢？中国？匈牙利？它们必须作为有毒废物处理，因为它们含有汞。那么，在这些化学品被制造出来的时候，谁会接触到这些有毒的化学品？它对中国或匈牙利的环境会造成什么样的影响？我们把这些灯泡万里迢迢运送过来，仅仅是为了节省一点电力，权衡的利弊究竟是什么？

我之所以偏爱这本关于塞拉菲尔德核电站的书，还因为我认为它揭露了我们基于种族主义的行事方式。我们认为欧洲人是白人，因此比其他民族更理性，倘若要干那些怪诞的、不需负责和不人道的事情，就必须去一个更黑暗的大陆。

《巴黎评论》：你有没有担心过它会引起一场论战？

罗宾逊：哦，我不会因此而担心。写这本书的时候，我心里只有愤怒。这些年来发生的事情并没有证明我在书中提出的问题有失偏颇。塞拉菲尔德现在只是做得更大了。

《巴黎评论》：《祖国》出现在《管家》和《基列家书》两本书之间，时隔二十多年。你为什么花了这么长时间才重新开始写小说？

罗宾逊：我在很大程度上，由于写作《祖国》，开始了一种相当于自我再教育的努力。在学校工作这么多年之后，我觉得我所知道的东西都是靠不住的。我不希望自己写的书再成为一条注入胡言乱语的海洋的溪流。而多少年来，人们的智慧都浪费在这种"海纳百川"之中。我还不至于天真地以为，除了个别情况和小细节之外，已经逃脱了这种命运。但我所做的研究和批评在某种程度上帮助我形成了自己的想法，这是我在写小说之前必须达到的一种境界。

《巴黎评论》：你曾经说："这个世界对我们而言，没有好坏之分，只有坏和更坏的区别。"你是否担心过，这种想法过于悲观？

罗宾逊：我担心还不够悲观。我对自己的生活颇为满足，只有这个世界并不美好的事实让我心烦意乱。我珍惜时间。大多数情况下，我可以把握时间。对我而言，这是高标准生活的标志。我画了一条"回归线"，在那里可以做自己想做的事情，并因此得到回报。我的生活中有一种清教徒式的享乐主义。

《巴黎评论》：清教徒式的享乐主义？

罗宾逊：我读过像《神圣的观念：对神圣观念中非理性因素的探究》这样的书。哦，很棒的一本书。我几乎从未做过不想做的事。生活被命运安排得可以满足我任何愿望的10次幂、100次幂。我只能假设我一定肩负特殊的使命，去做点什么，才会有不可思议的好运气。

《巴黎评论》：而不是总是想得到更多或其他东西？

罗宾逊：我想我不能再要别的东西了。比如，我有点孤独。这绝非别人希望的事情，但对我来说，是一种享受。我承认融入社会的存在会给人带来满足感，但于我而言，即使一天到晚听不到别人的声音，都不会有所感觉。我从不害怕孤独，唯一害怕的是对它强烈的依恋。这是我家的一种倾向。我弟弟是个独居者。母亲是独居者。我在成长过程中一直坚信，人最大的特权就是独处，拥有你想要的所有时间。那是生命的精华。我之所以能做成点事情，都是因为这样一个事实——独处时我感到非常自在。这是作家的良好素质。书籍是很好的伙伴。没有什么比书更有人情味了。

《巴黎评论》：弗兰克·康罗伊[①]去世前，你和他关系很好。你和其他作家关系好吗？

罗宾逊：爱荷华大学作家工作坊的学习与生活在一定程度上似乎发生了变化。对于还留在这儿的我们几个人来说，这是最安静的地方。一个很棒的单位，很棒的工作环境。我喜欢这种方式：倘若有学生来找我，周围的同事总是提前安排好种种细节。但是我对自己想要完成的事情有一种紧迫感，只能约束自己，尽量不要和别人打交道。我知道这是一个认识这些人的好机会，但我还有其他事情要做，可能要花上几个小时、几天甚至几周。

《巴黎评论》：你一直就有紧迫感，还是现在才有？

罗宾逊：现在这种感觉更强烈。几年前，我比现在年轻。

《巴黎评论》：你曾经说，阅读乔纳森·爱德华兹[②]的《伟大的基督教原罪教义》的脚注改变了你的意识。这个脚注是什么？

[①] 弗兰克·康罗伊（Frank Conroy，1936—2005），美国作家，出版了五本书，包括广受赞誉的回忆录《停下，时间》。
[②] 乔纳森·爱德华兹（Jonathan Edwards，1703—1758），18世纪启蒙运动时期著名的清教徒布道家。推动北美殖民地的"大觉醒运动"，引导日益脱离教权主义的民众重新归向基督教。

罗宾逊：对于一篇文章来说，这不是一个吸引人的标题，但在文中他谈到了"存在"本身的任意性。他拿月光作比喻。我们看到的是连续的光。但它不是月亮内在的光，而是不断更新的光。没有一个物理学家能告诉你为什么事物会一直存在，为什么一个瞬间会跟随另一个瞬间。我们存在其中、像对待一只旧鞋一样对待的现实十分任性，令人惊讶。

《巴黎评论》：这种随意性包括超自然现象吗？

罗宾逊：我不太相信超自然这个词。我不喜欢把世界看作一个被压缩的现实，并有选择地对其进行干预。我们所经历的现实是整个现实结构的一部分。故意认为宇宙在别的地方、做什么事情是不正确的。我们就在它中间，完全依赖它，完全被它定义。如果你读类似华莱士·史蒂文斯[①]这样的人的作品，就会发现他说的基本上是同样的话。

《巴黎评论》：你相信有来世吗？

罗宾逊：我假设永生，但宗教不曾教我假设永生。我假设永生，加强了宗教的理念。但面对死亡和对死亡作抽象思考这二者之间有质的区别。由于上帝的恩惠，到目前为止，它对我来说一直是一个抽象的概念。

《巴黎评论》：它不会让你夜不能寐吗？

罗宾逊：不，我也有失眠的时候。但醒来之后，头脑异常清醒。周围的世界万籁俱寂。我可以阅读或写作。好像从哪儿偷来了时间。一天有二十八个小时。当我想到死亡，想到没有我，生命还将继续，

[①] 华莱士·史蒂文斯（Wallace Stevens，1879—1955），美国著名现代诗人。

我会变得忧郁。这里有太多让我留恋的东西：历史和建筑！但它们不会留恋我。

《巴黎评论》：宗教是人们面对死亡时感到安慰的一种方式吗？

罗宾逊：信念听起来总像一种意志的表现。坦率地说，我不知道信仰上帝是什么意思。对我来说，更多的是对上帝的感觉。没有什么比这更神奇的了——我们有了一种意识。这种意识使得世界对我们而言可以理解，使得我们可以被美丽的东西感动。

《巴黎评论》：有人曾经说，基督教一定出了问题。因为经历了四百个教派变迁之后，他们仍然不能正确地回答某些问题。

罗宾逊：教会里的人也担心这个，但是我们会因为失去天主教而更富有吗？我们会因为失去贵格派更富有吗？每一个信仰某种传统的人都认为自己是以其他信仰所不能表达的方式来表达基督教，那真是五光十色。可果真如此吗？

宗教是以极不吸引人的形式出现的。它让人们陷入一种兴奋的状态，而这种状态对他的邻居却毫无吸引力。人们似乎对宗教有很深的感情，却不是十分擅长表达这种感情。

《巴黎评论》：你曾经为了达到宗教要求的标准而审视自己吗？

罗宾逊：与其说审视，不如说鞭策。我常常被自己思考的东西湮没，容易忘记其他人的存在。我没能在任何情况下都善待他人。不是宗教信仰限制了我，而是宗教信仰并不总是足以克服我的某些缺点。这些缺点倾向于唯我论。

《巴黎评论》：你觉得你在生活中错过了什么？

罗宾逊：我总觉得自己错过了一些东西。例如，应该多旅行。去年秋天我去了巴黎，对我来说这是个了不起的开端。我乘坐印度航空公司的飞机，这本身就很了不起。在法国度过了一段美好的时光之后，我想，应该经常出来走走。可是一回家，就想，还有那么多工作等着我去做，那么多书还没有读。坦率地说，我认为一路走来，已经到了这样的境地——可以开动思想，去做一些不寻常的事情。那么，我想，就去做吧。

（原载于《巴黎评论》第一百八十六期，二〇〇八年秋季号）

希拉里·曼特尔

◎龙荻/译

　　希拉里·曼特尔的本名叫希拉里·汤普森，她出生在德比郡的哈德菲尔德，那是曼彻斯特以东二十四公里的一座工业城市。在她的回忆录《放弃幽魂》(2003)一书中，她记录了自己在信奉爱尔兰天主教的劳工阶层家庭经历的晦暗童年："在我大概四岁的时候，我开始相信我做了什么错事。"她七岁的时候，她妈妈的情人杰克·曼特尔搬进了他们家。"学校的小孩问我关于我们家人是怎么住的，谁在哪张床上睡觉。我不明白他们为什么想知道，但是我什么也没跟他们说。我讨厌去学校。我总在生病。"四年以后，杰克·曼特尔和希拉里的妈妈把家搬到了柴郡，此后希拉里再也没有见过她的父亲。此处再引用一次《放弃幽魂》："我童年的故事是一个我总在努力写完的复杂句子，想把它写完然后丢在身后。"曼特尔毕业于谢菲尔德大学，获得法学学士学位。读大学的时候，她是个社会主义者。她在养老院和商场工作过。一九七二年，她嫁给了杰拉德·麦克尤恩，他是一位地质学家，很快这对夫妇搬到博兹瓦纳住了五年，在那里曼特尔写了她的第一本小说《一个更安全的地方》(1992)。这对夫妇在一九八〇年离婚，一九八二年又复婚，登记处负责手续的一位工作人员祝他们这一次好运。

　　曼特尔的一生都被一种痛苦的病所折磨，她的身体也因此一直很虚弱。一开始她被误诊，医生给她开了治疗精神病的药。在博兹瓦纳的时候，通过阅读医学课本，她确诊自己得了子宫内膜异位症。从那时候起，曼特尔写了大量关于女性身体的作品，她自己的，还有其他女性的身体。其中有一篇文章从凯特·米德尔敦王妃的着装写起，接着讨论了王室成员的身体，那篇文章引发了巨大争议，以至于（用她对《新政治家》杂志的说法）"如果一个记者在路上看到一个有点岁数的胖女人走过，他们会跟着她跑，然后大喊：'你是希拉里吗？'"

曼特尔早期的小说——《狼厅》(2009)是她第十本小说，也是她的第十二本书——都折射了她童年生活的晦暗，也都带着一种苍凉的黑色幽默。"克伦威尔三部曲"中已经出版的两本小说《狼厅》和《提堂》(2012)的基调也是晦暗的，但就它们的主题来看——亨利八世的首席国务大臣血腥的宦海沉浮——这两本小说却极其生动地刻画了工作、家庭和平凡的幸福。这两本小说都获得了布克奖，也让曼特尔成为第一个两次获此殊荣的女性。这个冬天，小说改编的舞台剧《狼厅》第一部和第二部的演出票在伦敦持续售罄；《狼厅》的改编剧集也同时在 BBC 播放。二月的时候，曼特尔被封为女爵士。

在我们采访的三天里，她像一个充满激情的大学生一样，每天工作到凌晨三四点，就算在剧院看了两场戏、晚餐吃得很晚，早晨九点，她总会一切就绪，和我见面接受采访。

——莫娜·辛普森

《巴黎评论》：你最早的小说就是历史小说，后来又回到这个门类。这中间发生了什么？

希拉里·曼特尔：我成为小说家是因为我感觉自己无缘成为历史学家。所以这就成了我的第二选择。我不得不告诉自己一个关于法国大革命的故事——这是个关于革命者的故事，而非革命的敌人的故事。

《巴黎评论》：为什么是那个故事？

曼特尔：我读了我能找到的所有关于这个主题的历史书和小说，我对它们都不满意。所有我找到的小说都是关于法国贵族和他们的伤痛。我觉得这些小说的作者忽略了一个有趣很多的群体——理想主义的革命者，他们的故事是极其精彩的。但从没有小说写他们。于是我下决心要写他们——至少是关于他们中一些人的故事——那我就可以读了。当然在很长一段时间里，我是唯一一个这么做的人。我想的是写一个完全遵循史实的纪录片式的小说。然后写了没几个月，我发现某个时期的史实枯竭了，我用了整整一天去编造细节和事实。最后我想，我很喜欢这么干。这听起来是幼稚的，不知道我必须编一些情节，但此外我也相信，我要的所有材料都在那儿，一定存在于某个地方，如果找不到这些材料，那就是我的错。

《巴黎评论》：但是人类历史的绝大部分都遗失了，不是吗？

曼特尔：是的，当你意识到这一点的时候，你可以说，我不知道这个情节具体是怎么发生的，但比方说，我知道它发生的时间和地点。

《巴黎评论》：你是否会为了增加戏剧性去改变史实？

曼特尔：我永远不会这样做。我的目标是让小说围绕我掌握的史实来灵活变化。否则我不知道写作（历史小说）的意义何在。似乎没人明白这一点。没人赞同我对历史小说的态度。我想，如果说我有一个行为准则的话，那就是在好的历史书和好的戏剧之间并没有必然的矛盾。我明白历史并非线条分明，我也知道史实总是隐蔽的、支离破碎的，其中有各种多余的东西。如果你是上帝的话，你可以将历史事实切割打磨得更有形，但真实情况是，我想我的工作真正迷人的地方、需要技艺的地方正是在这些不连贯的地方下功夫。

《巴黎评论》：是不是能包含这些矛盾？

曼特尔：正是如此。是矛盾和别扭——这是历史小说的价值所在。为小说找到一个结构，而不是强加上一个结构。以及允许读者与模棱两可的内容共处。托马斯·克伦威尔这个角色是最典型的例子。他几乎成为一个关于"暧昧性"的个案研究。有通俗历史里的克伦威尔，也有学院派历史里的克伦威尔，但这两者之间几乎没有任何关联。我设法去做的就是让这两派结合起来，所以现在就有了一种新派克伦威尔传记，涵盖的东西横跨流行历史和高度权威和学术化的历史研究。所以我们就有了一个比较连贯清晰的克伦威尔的概念，也许如此。

《巴黎评论》：雷蒙德·卡佛在写作那篇关于契诃夫之死的短篇小说①时，杜撰了很多细节，还有一个人物。后来，珍妮特·马尔科姆追踪了这篇小说出版后，卡佛小说中的这个虚构人物如何进入后来的传记②。历史突然抓住了他。

曼特尔：是的，一旦你知道你和历史学家在用这样的方式工作的话，你必须做得更好。你有责任做好你的研究。当然了，你并不想这样的事发生。在《一个更安全的地方》中，卡米尔·德穆兰老在琢磨

---

① 卡佛的这个短篇题为《差事》(*Errand*)，最早刊于1987年6月的《纽约客》杂志。
② 此处应指菲利普·卡洛（Philip Callow）关于契诃夫的传记 *Chekhov: The Hidden Ground*（1998）中虚构了一些细节，其中之一是卡佛在契诃夫死前的场景中虚构了一个金发侍者，卡洛将这个人物挪用到了契诃夫的传记中。

他为什么总是碰到安东万·路易·德·圣茹斯特。他说我们可能有点像表兄弟一样了,因为我总在洗礼上碰到他。现在他们是表亲就变成了一个"事实"。在互联网上内容传播得很快。事实变成虚构的,虚构的变成事实,没人会站出来说,你的资料从何而来?

《巴黎评论》：你的第一本关于法国大革命的小说《一个更安全的地方》,是在你完稿后几十年才出版的。

曼特尔：我从二十二岁就开始写这部小说,那时我刚大学毕业一年。应该是在一九七四年。我利用晚上和周末的时间写作。相比后来的写作习惯,那时候我总会在写作之前做更多的研究——幸运的是一九七七年春天,我们搬到博兹瓦纳,你可以想象那里根本没有可用的资料可查。我在出发之前有若干个星期特别紧张地做研究,我对自己说,找到所有你没有的资料,这是你唯一的机会。

那是一段奇怪的生活,我生活的一部分在博兹瓦纳,另一部分在十八世纪九十年代。我精力高度集中地写着我的法国大革命小说,但我也因为偶然当上了老师。当地一些女性怂恿我加入一间很小的、为十来岁本地女孩所设的非正式学校,每周上几小时课。从那里开始,我又去了当地的中学教书。我那时候二十五岁,我教过最大的学生比我大一岁。班里的学生从十二岁到二十六岁都有。我们的班里会有十二岁的女孩和十八岁的男孩,这种混合是很麻烦的局面。这个学校完全不是一个令人愉快的地方。弗朗兹·法农[①]会喜欢这个地方——文化上的深刻隔阂,那时的人们尚未觉察到的殖民主义的种种恐怖,以及人们之间的紧张对立。我们有一些来自津巴布韦的老师按照语言划清界限,恩德贝勒族人不会跟修纳族人说话。那些来自南部非洲的

[①] 弗朗兹·法农(Franz Fanon, 1925—1961), 20世纪研究非殖民化和殖民主义的精神病理学的思想家之一,著有《黑皮肤、白面具》《大地上的受苦者》《为了非洲革命》等。

老师把一个西非来的老师当成麻风病人一般对待。他们唯一的共同点是憎恨尼日利亚人。印度员工不会去招惹非洲员工，但是非洲员工总给印度员工制造麻烦。博兹瓦纳有一个法国那么大，所以我们的学校是全日制的，有学生白天来上课，有很多学生来自几百英里之外的地方。对他们来说，我们的灌木丛里的小城就像是纽约。这些小孩要经历文化差异的震荡，又离家很远。还有，可怕的性侵行为无处不在，让我羞愧的是我当时并没有完全注意到。我只是模糊地察觉到了。学校的校长和男孩都在侵犯女生。这是艾滋病爆发之前的博兹瓦纳，我只有很少的途径可以了解在发生什么，但如果我真的发现了我又能做什么，你知道，那地方的根深蒂固的腐败渗透进生活的各个层面，而我还得继续每天教乔治·爱略特。

《巴黎评论》：你有事先定好的教案吗？

曼特尔：是的，这些学生都是按规定笔试，有人监考，然后送回英国阅卷。当你的学生只有六百个的英语基础单词词汇量时，教授乔治·爱略特的作品是很难的。但同时，还有一些孩子来自不同的背景，他们可以讲流利的英文，可以从语言层面上赏析文章，并不是从文化的层面上。想象一下，试图给学生解释，这是乔治·艾略特，她在十九世纪写作。她写的是十八世纪，但她写得并不怎么好。试试向从没见过一匹马或者狐狸、树篱、绿地或者雪的孩子解释猎狐就知道了。但他们有时会对文中强烈的道德感产生共鸣。他们会和自己的道德状况对比。我们没有电视，也没有剧院。所以我们是在向那些没有任何我们习以为常的途径去了解外部世界的人教授文学。在博兹瓦纳教莎士比亚是很难的，你一定会这样想。但是他们真的很喜欢。我从来没告诉过他们这本该很难。我必须承认我的教学成果不错。我想我是全身心地投入其中——你知道的，相比其他老师，我没有现实的困扰。但是一些不愉快的发生迫使我离开了学校。

《巴黎评论》：发生了什么事？

曼特尔：有天我在上夜班时，有人扑倒了我。这不是性侵。当时有一群小孩，其中一个打了我。相比可能发生的更可怕的事，这不算什么。当时天很黑，他们不是我的学生，我也指认不出来是谁，学校也不想查出来。学校那时候一团乱。我觉得我并没有得到校长的支持，所以我离开了，但我并不想走，我喜欢我的学生。

离开学校以后我就只是写作了。

《巴黎评论》：你一直都想成为一个作家吗？

曼特尔：从来没有。直到我提笔开始写之前，我都没有想过要成为一个作家。这个想法开始形成是因为我的健康给我带来了困难。十九岁时，我发现自己的身体出了问题，但没有一个诊断，也没有得到什么帮助，我意识到未来的选择在变少。我不会成为曾经幻想自己会成为的那些人。我能做到最好的便是去做一件我能控制的事。但回头看，就算我意识到小时候的我并没有对自己说过想成为一个作家，我实际上已经自己开始了一项训练课程。我总在想别人在成为作家的时候生活是否像这样。从大概八岁的年纪开始，我开始对我读的东西相当敏感，而且我的阅读方式一直都是分析式的。我并不只是简单地沉浸在一个故事里，我总会问自己，这个故事是怎么写成的？大概从十一岁到十八岁，每天我在走路上学的路上都会"描述"天气，如果没有写出一个完美的段落，我就不会停下来。所以我脑子里有一个巨大的描述天气的文件夹。当我写《每天都是母亲节》的时候，我从脑海里的文件夹里挑出一个句子，然后放进书里——这样做让我很快乐。我并不担心还没用过的那一万个句子，因为它们总是有意义的。这个练习的关键在于，在我没有精确地完成描述、找到正确的词语之前我不能停止练习。这是关于风格而非故事的练习。青春期的时候，我还没有什么可写的题目，但我已经练就很好的写作风格。当我开始学法律，这个经历破坏了我的风格，因为你必须用一种预设的严谨方式去写。当我开始写我的小说，就不得不重新建立我的风格。就我的写作主题来说，法国大革命比任何关于我自己生活的话题都重要。它真的非常重要，比任何人都重要。但那时候也没有写别的书的可能性，因为我就是没有别的要写的主题。

一九七九年十二月，我写完了《一个更安全的地方》，但是我没法卖掉它，完全不能把它推到任何出版社。我回博兹瓦纳之前有十二周的返英假期。我立刻跟一个出版人取得了联系，他看上去比较有兴趣，那是我的第一步。然后我就进了医院。我病得很重，做了一个大手术。身体好转之后，我身体里的某个声音告诉我，我不认为你可以卖掉这本书。这并不意味着我对这本书失去了信心——我从没对这本书失去过信心——我只是觉得在当时的情况下我无法操作这件事。对历史小说来说，那不是一个很好的时代，从我和出版代理的通信以及我得到的模糊的回答来看，我意识到让他们读那本书都是不可能的。

于是我有了一个狡猾的计划。我想，那我就再写另一本小说。我写一本当代小说。那就是《每天都是母亲节》。我在非洲时候开始写，后来我在沙特写完了。有时候我一点也不知道拿这本书怎么办，或者这本书最后能不能成功或者赚钱。那是尽全力为了抵抗各种不确定而写的小说。我想那是一个反抗的行为，我不会被打败。写完之后，我便有了经纪人，也有了出版人，然后我开始写一本续集。我并没有计划写两本书。对我来说这只是让自己一脚踏入文学圈的敲门砖。一旦我拿到一份合同，我就卷起袖子开始用自己从来没有尝试过的方式写《空屋》。整个上午我都闷头写作，杰拉德会在下午中间时候回来睡午觉，他醒来的时候，我会读给他听我写的东西。后来我再也没有像那样写过东西。

《巴黎评论》：杰拉德是一位地质学家——你是否把他训练成了一

个文学读者?

曼特尔：那不是我需要的。这听起来有点可怕，但我需要的是一个能倾听的人。我需要有一个写作的对象，这个人想要知道接下来会发生什么。

《巴黎评论》：哪怕在当年，你都更喜欢写历史小说，或者说，它们是同样重要但不同的事业追求？

曼特尔：我必须诚实回答。我写当代小说只为了找到一个出版人。我的心属于历史小说。现在仍是如此。

《巴黎评论》：但你还是继续写了几本当代小说。

曼特尔：你知道的，事情有所改变。我意识到写一部当代小说并不是找到一个切入口，它本身就是一门营生。《空屋》刚出版，我们就从英国回到了沙特。那时我有很多关于沙特的资料，我知道我必须用它们，因为我有这么一个特殊的机会。所以再一次，那本《加沙街上的八个月》成了必须写的书。然后我又有了一个关于《弗拉德》的想法，在脑子里已经酝酿了很久了。

《巴黎评论》：在这段时间里，你都没有把《一个更安全的地方》的手稿给你的出版人，为什么？

曼特尔：因为我完全沉浸在当时在写的小说当中。我想，当事情进展顺利的时候就继续吧。《弗拉德》就是那种一瞬间就有了的小说。你知道的，写出第一句时，你就有了最后一句。但这时候你很容易失去兴奋感，所以，我又产生了一种紧迫感。

《巴黎评论》：你之后很多小说的主题都是从那两部小说发展而来——厌食症、节食、淹死的婴儿，以及对"王室"的迷恋。

曼特尔：《每天都是母亲节》的结语用的是帕斯卡的句子："有两种错误：从字面上把握一切，从精神上把握一切。"你不觉得这就是对所有这些的结语吗？

《巴黎评论》：你是怎么写《加沙街上的八个月》的？

曼特尔：我一直都在写日记，我也一直都在做笔记。但是那本小说还是有很多问题。我觉得它太过模糊。我不觉得我真有把书写得实。那是因为我缺乏经验，但你必须生搬硬造时会很痛苦。我总感觉是透过一层灰雾在看这本书，但我记得如果我写好了另一本书，我就会说那本书是清晰明了的，但是《加沙街上的八个月》一点儿也不清晰。我们住在市中心，有天我爬到我们公寓的楼顶，那是唯一的户外空间。我伸长脖子看到邻居阳台上有只箱子。我想，我的小说就在那个箱子里，那东西似乎带着难以置信的不祥意味。但又怎样呢，那到底是个什么东西？那是一个盒子。就我的经验来说，那些就是动笔写小说的动机。你必须等待。如果我没有爬到楼顶去，这部小说会不会写成？我不知道。

《加沙街上的八个月》这本书的诡异之处在于，沙特阿拉伯国内的恐怖主义活动曝光之后，我写的很多东西都被证明是对的。人们做的就是我写过的，大家在城里自己的小公寓里囤积武器。

写完这本之后，我又写了《弗拉德》，但并没有很快写完，而是写了好几年。到这个时候，你知道的，我写第一本小说赚了两千镑，第二本小说赚了四千镑。《加沙街上的八个月》和《弗拉德》两本书的合同我拿到了一万七千五百镑版税——但这不够我生活的。也就是在这个时候，我成了一个影评人，同时也成了一个书评人。我每周写一篇影评，每月写几篇书评，我自己那时候就成了一个产业。

《巴黎评论》：你怎么做到的？你是不是变成了看书很快的人？

曼特尔：长时间的工作。我不认为我改变了阅读速度。我做很多笔记。我虽然不是全世界最有见地的批评家，但是我是个极度认真的批评家。我的第一篇电影专栏一发表就立刻引人注目，约稿多到我写都写不过来。但我那时是为了过日子。我要支付得起自己的生活。而且，我觉得自己是在建立起某种东西。打开报纸总能看到上面有自己的名字是件很有吸引力的事。每个周末，两份报纸或者三份报纸。如果你是一个来历不明、不属于任何圈子的人，我就正好是这样一个人，你就会发现自己正在打入文化圈的中心。

《巴黎评论》：写书评是否让你从一个整体的角度审视自己的作品，你是否能觉察出你的小说和其他小说流派存在的联系？

曼特尔：没有，老实说，从来没有过。我认为我一直都有一个只属于自己的路径。这就是为什么在很长一段时间里我根本不赚钱。虽然我的小说在批评界声誉不错，但我的读者很少，因为我不想找到一个套路，然后一直写下去。直到开始写作克伦威尔系列小说，我在大众读者那里也没有任何名气。对出版人来说，一个在感兴趣的写作主题或者写作方法上没有连贯性的作家，是很难做市场推广的。

《巴黎评论》：伊恩·麦克尤恩难道不是什么都写吗？

曼特尔：我觉得他的关注点是连贯的。你和我都知道我写的书有内在的紧密联系，中间有连贯性，但是从商业的角度来看，这并不是一个吸引人的组合。然后还有当代小说和历史小说的区分。当我开始写法国大革命主题的小说时，对我来说这是世界史上最有意思的事件，现在从很多方面看依然是。我当时并不知道英国民众对法国大革命其实知之甚少，或者是一点也不关心、不想知道也不在意的态度。现在依然有这个问题。他们都想了解的是亨利八世。

《巴黎评论》：所以你觉得读者的兴趣是基于主题而定的。

曼特尔：是的。人们的想象力是偏狭的。从商业的角度来看，我选了一个再冷门不过的题目：法国大革命。

《巴黎评论》：《一个更安全的地方》最后是怎么出版的？

曼特尔：是因为一篇报纸文章才得以出版的。那是一九九二年。我已经出版了四本书，也有了我的评论事业。我没有赚多少钱，但是我在向某个方向努力。这部魔鬼一样的书仍然躺在书架上。我好多年都没有碰过它。我想，要是这本书不行呢？因为它不行，我二十几岁的年月就白写了。那也意味着我职业生涯是从一个巨大的错误开始的。但我内心还是坚信这本书有天总会出版。我的一个朋友、爱尔兰作家克莱尔·博伊兰打电话给我，说她正在给《卫报》写一篇关于作家们没有出版的第一本小说的文章，她问我有没有这样一本。我当然可以撒谎，但就好像魔鬼跳出了我的嘴一样，我回答说："是的，我有一本！"当然她也问了一圈别的作家，他们都说，是的，我八岁就写了第一本小说，那本小说仍在一个鞋盒里。我是唯一一个想看到自己第一本小说出版的作家。给我的代理送书稿的路上，我和一个小说家吃饭。这本书稿当时被放在我的椅子底下，很大一包——备受冷落，像一个突兀的客人。我们其实应该给它单独摆一把椅子。他当时说，别这么做。

《巴黎评论》：你写这本书的时候是二十七岁，现在你四十岁了。

曼特尔：差不多这样。在我写完这本小说之后，关于法国大革命的学术研究有了突破。法国大革命两百周年过去了，然后女权主义的历史也经历了变革。当我再读过去那些草稿的时候，我发现女人只是壁纸一样的存在。我写书的时候找不到资料。今天你可能会想，那时候我必须编一些女人的情节。在那个时候我并不觉得有这个必要，我

183

不觉得女人是有意思的。那时候我的生活更像是一个十八世纪的男人,而不是一个十八世纪的女人。那时候我并没真正想问自己这些问题。现在我想,我得在这方面更下功夫。

《巴黎评论》:你花了多长时间修改?

曼特尔:我用一个夏天的时间修改这本书。这本书出版的过程很可怕。首先,这本书是用现在时时态写的。有个出版社的人不喜欢这样,于是他改掉了,后来我又改了回来,类似这样,在不同修改版本中来来回回。最后的结果就是,如果你现在看这本书,某些段落两种时态都有。总有一天我会把书再顺一遍的。但是我在那几周里的工作很残酷,因为我必须在有限的时间里改好。我一工作就是好几个小时。在那之后,我身上有些部分已经和以前完全不同了。如果说那个夏天塑造了我,会显得很浪漫,但事实并不是那样。那个夏天令我变得残酷无情。我不知道我是否能表达恰当,但在那之后,我关闭了自己。为了改好那本小说,我把我生活中很多东西关起来了,再也没有打开过。

《巴黎评论》:你是说你为了这个小说进入了一种孤立的、或者说被约束的状态,算是对写作更深的承诺?

曼特尔:被约束的状态,是的。我想作为作家来说,这对我是一件好事。但我不觉得这样对一个人来说是好事。我觉得某种阴郁的东西侵入了我,而它依然还在。我觉得那本书对我来说一直比任何东西都重要。

《巴黎评论》:在克伦威尔系列出现之前,这本书就是最重要的。

曼特尔:是的。这是我在做我做的事,我想无论好坏,这是我唯一能做的事。没人像我这样带着我对历史的虔诚理想来写小说。无论这是不是一件好事，或者会不会有好结果，这就是我在做的事。

《巴黎评论》：你说你从生活中退出了，你把生活中的什么东西去掉了？

曼特尔：朋友，私人关系。好玩的事。所有的事都放弃了。我觉得我以前也没有很多很要好的朋友，但那个夏天之后我再也无法放松了。那些能成为我朋友的人，是可以极大地容忍我常常几个月完全消失的人。因为身体的原因，我总需要获得和保存精力用在我的工作上。然后如果还有精力剩余的话当然好，但通常没有。我从没在伦敦住过，所以我不工作的时候从不和文学界的人社交。我并不是自绝于其他作家离群索居。虽然不去文学派对，我会去委员会。我是皇家文学社的委员，我也是作家协会的管理委员之一。有六年时间我是公共借阅权利顾问委员会的成员，这个委员会向政府建议从公众的图书馆借阅收入里拿出一部分作为作家收入。那是我和文学界的关系。如果你喜欢的话，就是这种技术性的联系。这是有用的工作，但是大部分人会觉得这极度无聊。

《巴黎评论》：你有过对你写作很有帮助的朋友吗？

曼特尔：整体来说，我得回答没有。杰拉德是我的第一个读者，但我不想他给我文学性的建议。他不会跟我说，哦，那让我想起穆里尔·斯帕克书里的一些东西。他得像一个普通人一样对这件事作出反应。这难道不是我们想要的吗？

我写的时候心里也想着别的读者，我会在文章最早写成的时候给他们看。一个叫詹·罗杰斯的粉丝变成了朋友，她是 BBC 的制片人，是她促成我给电台写东西的。她对革命史颇有了解，她让我对爱尔兰历史有了更深的了解，以及她让我对文学理论有所认识。我还有一个叫简·海因斯的朋友，她是一个心理医生——这是我另一方面的兴趣所在。

我并不真的跟其他作家谈论很多关于写作的东西。只有一个作家——亚当·索普。亚当住在巴黎,我从没见过他,但如果他现在走了进来,我们大概会聊得不错。我们肯定会聊写作相关的话题。我想他该是唯一一个我会保持这种关系的人,我有好几个月都没有和他联系过了。

我和玛丽·罗宾逊通信很多,我把我的克伦威尔系列都献给了她。我几乎每周都跟玛丽通信。

《巴黎评论》:你们是怎么变成朋友的?

曼特尔:好些年前,大概十五年前,我被亨廷顿图书馆邀请去参加一个会议,与会的还有马丁·艾米斯、伊恩·麦克尤恩、克里斯托弗·希金斯——你知道的,那几个男人的小团体。我记得自己跟一位女士随口提到,我会写一本关于托马斯·克伦威尔的书。然后她说,你要开始写的时候,我们这里有一位女士你必须认识。直到动笔之前,我都没有多想过她的提议,但当我开始动笔了,我就问她,我相信你们这里有一位女士我需要认识。然后我们(我和玛丽)就开始通信了——最开始是很实验性质的。玛丽很早以前的博士论文就是关于托马斯·克伦威尔内阁的。她也写过一些关于他的财产的论文。但她并没有问过她自己这个男人到底是什么样的,因为这不是她的研究重点。

《巴黎评论》:你们的通信是怎样的?

曼特尔:闪闪发光的。我并不是真的在问她问题。我会激发她给出一些建议。我会说,我查到了这样一个东西,我觉得它讲的是那个事,但如果只是我的臆测呢?你能看到一些与它矛盾的说法吗,或者资料里真的有一个空白,或者这只是我自己不知道的资料?她的兴趣和知识就在这些东西上，等着被唤醒。

《巴黎评论》：你有找到专门研究莫尔和沃尔西①的人吗？

曼特尔：没有，没有。我之前不认识什么历史学家。我现在有认识的，但当我刚开始写的时候我只认识玛丽。她就好像一座信息喷泉。但她也是我的缪斯，我需要一个缪斯。我需要有一个为之写作的人。我需要有人对我说，哪怕在迷茫中你看不到下一段该怎么写的时候，我为你举着火把。我需要有个人对我说，去做吧，我在乎，这很重要。我需要有个人对这件事着迷，就像以前杰拉德在我给他读《空屋》的时候一样。最棒的地方就是玛丽非常投入。我没有一点一点告诉她我写了什么，但是我会告诉她我的故事怎么构架，我在想什么，我在盘算什么。这是件很美妙的事。

我记得，比方说，有个周六的早晨，我正在写作。有那么一段是在马上比武大会的场景，格里高利·克伦威尔也参加了，有人急急忙忙跑进来说，国王从他的马背上摔下来死了。但是当那个人跑进来的时候，克伦威尔首先想到的是，我儿子死了。他站起来，然后明白发生了什么。他等自己起草的文件的墨干透，然后拿起桌上装饰性的匕首，走出去面对将要发生的事。这个时候，当我写到他晾干墨汁的部分，我就看不到他是怎么做的了，我需要能看得到。除非我能看到，不然无法往下写。于是我给玛丽发邮件，就写了三个词：文件、墨水、晾干的手法。玛丽提供了所有的信息。我们整个周末都在发邮件——讨论如何让墨迹变干。那其实不是一个档案学家的关注点。但这是一个好朋友会做的。我们见过三次面。她来斯特拉福德看戏。这就像梦幻一般。因为我从来没想过小说会变成戏剧，或者玛丽和我坐

---

① 托马斯·莫尔（Thomas More, 1478—1535），英国政治家和人文主义者，早期空想社会主义学说创始人。托马斯·沃尔西（Thomas Wolsey, 1473—1530），英国政治家、红衣主教，英王亨利八世的大法官和主理国务的大臣，克伦威尔同时期历史人物。

在观众席里看戏。

《巴黎评论》：在你开始写小说之前，你想写克伦威尔想了多久？

曼特尔：三十年。但我直到二〇〇五年才开始动笔。我并不是做好一部分研究就写一部分。研究和写作之间应该是流动性的。我有很多第三本克伦威尔小说的资料。我每天都在处理这些资料。那个时候，那本书是按照完全无规则的顺序写完的。必须有一个阶段能让我待在家里，坐在书桌前，把所有的资料都组合起来，但是我几乎一年的时间没有在家。

《巴黎评论》：为什么（不在家）？

曼特尔：因为我在参与舞台剧的工作。开始是和麦克·宝顿合作，他是改编剧本的作者。然后我得和演员们排练。我成了一名职业观众。通过这些我学会了跟着排练表演的过程，看戏剧如何获得成功。与扮演克伦威尔的演员本·迈尔斯的合作，是我从来没有尝试过的一种创作过程。他问过我，我能否提供他一些克伦威尔的女儿们的记忆作为参考资料。这显然不是你可以在书里找到的东西。这些小女孩在历史里几乎不存在。她们只是一串名字。所以我们遇到了一个让我觉得很困难的部分，因为我一直习惯依靠史实写作。但我发现当我开始编故事的时候，我一下就能写出好几千字。这令人兴奋，也时常让我不安。事实上，那些项目彼此之间开始有竞争关系——也就是两本已经被改编成舞台剧的小说和第三本仍未完工的书之间。某些顿悟会让剧本中多些东西，或一些更长的文章，而我会把它们当作倒叙情节放进第三本书中。或者，有时候本可能会描述他在表演中感受到的东西，一些互相对立的情感，或者可以这么理解——你在说这一件事，但是你脑中想的是另一件事。我能用到这种感觉。或者他会给我一个图景。有时候真的就是一张照片。我也能在创作中用到这个。

《巴黎评论》：你以前有想过会在剧院里工作吗？

曼特尔：很久以前我严肃地计划过申请戏剧学院而不是读一般的大学。但那时候我已经知道我的健康状况不足以支撑我。从某种程度上，我可以表演，那是我作为一个作家要做的事，这是我塑造角色的过程——我在内心扮演它们。

《巴黎评论》：你的健康状况是否有所改善？

曼特尔：哪怕是一年之前，我都无法坚持这样的合作。我无法按照别人的时间表来工作。我总是需要按照自己的节奏来工作，这样我是能够掌控的。但是现在我能够参加排练，然后去看戏，然后凌晨三点回家休息，第二天起床继续按照这个节奏生活。我不确定这是不是明智的。但这跟明智有什么关系呢？我小心翼翼地自我约束了很多年。过去的六个月中，我开始享受我自己的生活，这给了我很多乐观主义的精神。我希望《镜和光》出版后能被改编成舞台剧。另一种可能是我自己去写一个剧本，我想这是很可能会实现的。

下个月我就六十二岁了。大概四个月之前，我注意到我不再每天都感到疼痛了。我发现自己比二十岁以后任何时候都感觉更好，所以，我觉得我可以做一些事。我还想写很多小说，但我也想写一些戏剧。在这个年纪才开始写有些不正常，但为什么不呢？

《巴黎评论》：杰拉德是你在写《镜和光》时候的第一读者吗？

曼特尔：我可以跟他聊也可以不聊。他从来不会说，告诉我你在写什么。他给了我空间。他完全接受这种状态，写到某个程度，我就会把我写的给另一个人，然后我的精力也就全花在这事上。他不会说，我的那一份（关注）呢？如果我需要有听众，他就会听我说，我现在不太挑战他的耐心了。我觉得，尤其是在博兹瓦纳的时候，我以前沉迷于我的写作材料，我也没人可以聊写作。那时候只有我自己，我秘密的革命,以及杰拉德。啊,我想有时一定特别无聊。作家来来回回说,他们强调自己的写作中遇到了问题,但是你又看不到问题是什么。现在我们的关系改变了很多,因为我们是工作伙伴了。

《巴黎评论》:什么样的工作伙伴?

曼特尔:大概从两年前开始,到现在快三年了,杰拉德自己就不工作了,他和我一起工作。他已经很多年不当地质学家了。我们八十年代中期回到英国的时候,他开始在 IT 行业工作——他为 IBM 工作了九年,也去了很多地方。我们都热爱旅行。我们的生活非常独立于彼此。然后我们俩的生活同时出现了危机。杰拉德二〇〇八年病重,那时候我正要写完《狼厅》,这给我们的生活带来了裂痕。他的身体好转以后,我的生活也改变了很多,我拿到了自己的第一个布克奖。也就是在这个时候,我开始需要很多帮助,你懂的,办公室管理,需要有人来安排我的生活。然后我经历了十分可怕的一年。我动了很复杂的手术,预后很糟糕。我一辈子都在和子宫内膜异位症抗争,但现在它终于耗尽了自己,但在我体内留下了很多创伤。我病得很重,在床上躺了六个月。我失去了二〇一〇年,这是在两本小说之间发生的事。当我重新开始工作,我很快就写完了《提堂》。那一年我们不是很清楚要怎么办,以及杰拉德到底要不要捡起工作重返他的职业生涯。

然后我们决定他来和我工作,我们搬到了德文郡,之后生活发生了完全的改变。这就是我们现在的样子。

这对杰拉德来说是很无私的行为。我担心这种状态。上周有人对他说,你难道不像是撒切尔夫人的丈夫?我觉得对我俩来说这都不是恭维话。我担心的另一件事是,他是孤独的,因为我总是被我的工作占据,而且我工作的时候不喜欢周围有很多人,但杰拉德过去这些年总有很多同事。然而,小说戏剧改编的工作把我们推进了一个热爱社交的世界。他现在是我们这群人的一员。

《巴黎评论》：你曾描述你写剧本是在关注观众的感受。这对小说家来说很不同寻常，他们写了很长一段时间，然后过了很久才得到反馈。

曼特尔：现场观众的存在是件很复杂和奇妙的事。他们要有机会能放松和笑起来。同时，他们也需要有理由去倾听。我们希望人们能很认真地去听这些戏。我们也希望他们能有愉悦的观感。你可以感受到观众的情绪一秒一秒地变化，看那些有经验的演员——带着他们激活的直觉——塑造、回应着观众，控制着观众。我反而会感到我的小说的读者很遥远。历史小说里最关键的是你一直保持信息同步。我告诉了我的读者什么？在我告诉他们的东西里，有多少是他们第一遍读的时候就记住了的呢？我告诉他们太多东西了吗？是不是我告诉他们的太多了，太宠着他们什么都送到嘴边了？或者我告诉他们的太少了，让他们迷惑了？当然不仅是历史小说的问题，所有的小说都有这样的问题。如果要在把信息都送到读者口边和让人迷惑之间选择，我会选择让人迷惑，因为你必须认为你的读者和你一样聪明，如果不是比你更聪明的话。

《巴黎评论》：你当然希望你的小说经得起重读。

曼特尔：如果一位年轻作家说想要写出经得起重读的作品，定是件颇有野心的大事。最开始你会因为不能一次性传达所有的东西而生自己的气，但后来你就会发现小说里的某些东西是你后来重读才会领悟的，所以你并不把这看成一种失败，而觉得这是过程的固有部分。并不是所有的东西第一次读的时候都能显现。

《巴黎评论》：是什么给了你自信？

曼特尔：当我开始写作的时候，我就写了《一个更安全的地方》，这是一本需要非常多研究的大部头小说，而且在那时候看不到任何众读者的需求。我知道这会花掉我许多时间，没有任何联系人，不认识任何历史学家，也不认识任何作家和出版人，所以当我回看的时候，那是一个非常奇怪的决定。我觉得，是因为我当时二十二岁，我知道我有的是时间。不过我觉得我当时没预料到出版要花多少时间是幸运的。

当我开始写的时候我有一个完美的信念，虽然我不做的事很多，但是我知道该怎么写一部小说。有些人可能不这么认为，看到我的努力，没有人会很快承认我的自信，但我自己内心是知道自己是可以写一本小说的。原因是我已经读了很多小说了，对小说的规则已了然于胸。我一直都是一个极度有野心的人，任何事只要我要去做，不达到我认为我能达到的程度我是不会放弃的。这里的问题是，你会放弃什么？你会为了你的书去放弃哪些东西？但你一本接着一本写下去的时候，后来的情况是很不一样的，每本书有每本书的需求，需要不同的技巧去取舍。

《巴黎评论》：你一直都是一个初学者。

曼特尔：肯定是——每天都是。你没权利认为你昨天能写你今天就可以写。另一方面，很迷茫的时候，你就能说，我之前面对过这种情况。你明白你总会不得不原地踏步，你不能心急，只要你等待，书就会接着写下去。但你只能经过很多经验积累获得这些知识。你的日常工作更多是关于句子和段落的，而不是关于职业生涯的宏大设想。

《巴黎评论》：有没有其他当代作家对你的发展是很重要的？塞巴尔德？门罗？麦克尤恩？

曼特尔：我很早就定型了。对我有影响的有莎士比亚、罗伯特·路易斯·史蒂文森，然后我看了《简·爱》——尤其是读《简·爱》，并不是其他勃朗特姐妹写的作品。那时候我九岁或十岁吧。那是我第一次意识到世界上有另一个头脑和我一样——读最开始的章节，当简的亲戚们斥责她不像一个小孩时，我就有这样的感觉。对一个年轻读者来说那是一个重要的时刻，你意识到你的自我在这个世界的存在，存在于文学当中。我对简不像小孩完全感同身受。我对她的爱情故事从来不太感兴趣。

《绑架》①我每隔几年就要读一次。它对我从没失去魔力。

《巴黎评论》：你也重读过《简·爱》吗？

曼特尔：当我重读《简·爱》的时候，我就会想，上帝啊，你怎么不把这点略去、那点略去，还有那一点略去。我会开始删改它，好像我可以改好一样，但是《绑架》就是完美的。书中并没有多余东西，也没有缺少什么。我知道史蒂文森曾谦逊地说过，这只是一本写给男孩们的书，但其实这是一本完美的小说。

我总觉得讨论作家的影响这件事很难，因为我从没认真说过自己希望写得像哪个作家，或者看到谁写的书然后想，这是个好的写法，我要试试。我从没试过模仿某种风格。我不认为影响是指这些东西。但当我读到史蒂文森的时候，我会想，这就是故事应该有的样子。当我读到《简爱》的时候，我觉得我也存在于小说中。《绑架》是第一本，也是迄今为止我最有共鸣的书，可能是因为这是关于一个男孩的故事，是一本关于男性的友谊和男性气质的养成的书，以及这是关于一个男孩离开了家却无法回去，因为再无家可回。那是我一生都在讲的故事。这个主题变成了好几本书，但对我来说这是个基本的叙事

---

① 此处的《绑架》(*Kidnapped*) 指罗伯特·路易斯·史蒂文森（Robert Louis Stevenson）1886年的小说。

线。去年夏天，杰拉德为我们计划了一周的苏格兰之行。他挑了一个离《绑架》里的核心事件发生地两英里的漂亮酒店，那个事件是真实发生过的。我做了史蒂文森说的你必须做的事——给你自己找来一张地图，你就会更明白接下来的情节。我第一次沿着石楠丛中的那条逃生路线去看了谋杀发生的地点，去了所有的地方，然后开始疯狂地读书，让情节和看到的景象拼起来。那一周里，我没有一天是在凌晨四点之前睡觉的。六天结束的时候，我学到了很多苏格兰历史。这是一件很开心的事，但对杰拉德来说并不那么好，因为我俩开始只想要一个开车转转看风景的假期，然而这个路线被我的执念改变了。想想如果我要是先读的是《简·爱》会是什么结果。

《巴黎评论》：你读过《米德尔马契》吗？

曼特尔：我长大以后才读的。我并不喜欢艾略特。我也从来没有读完过弗吉尼亚·伍尔夫写的书。我读不下去。我可以读她的杂文，我可以读关于她的文章，我也能读所有关于她的文章。但我读不了她的小说。你知道，这听起来对弗吉尼亚来说相当不敬，但是我喜欢那些有故事发生的书。我想是福克纳说过的吧："写下他们说的，写下他们做的。"很大程度上我是这么做的，比人们想象的多。我没有花上好多页去写克伦威尔的心理活动。我直接写出他说了什么，我也直接写出他做了什么，然后让读者在字里行间自己体会。相比小说家描述一个虚构人物的心理活动，我更喜欢读历史故事。我最喜欢的人——我的英雄是奥利弗·萨克斯。我和他通过信，其中有一封我没有放进我捐给亨廷顿图书馆的档案中。我把它放进我自己的文件夹里。它非常珍贵。

《巴黎评论》：你有别的最喜欢的人吗？

曼特尔：艾维·康普顿·班内特①是我的真爱。如果我写不下去了——这样的情况时有发生，你的弹簧断了——我只需要读几个小时艾维，就可以写下去了。有种恍然大悟的感觉。并不是你要模仿她，而几乎像是机械性地恢复一种节奏和感觉。读完我就重启了。你知道的，她写的几乎都是对话，书里又很少用"他说"和"她说"这种对话，所以你需要从头去看，但是书中的人物只给你留下了很浅浅的印象，所以他们的对话就是公式性的，你会想，她真的说了那些吗？叙事中严肃残酷的东西和可怕的事都是在这些对话间偶然发生的——她真的与众不同。对我来说她拥有魔力。只有很少的人痴迷于她。大概二十年前我开始极力推荐人们去读她的作品。

但是就像我开始说的一样，至少对我来说关于影响的部分，是没有特别的"文学性"的。你的世界观并不总是从阅读小说获得，是从阅读所有不同的书获得的。对我来说至关重要的是在我十四岁的时候拥有了成人图书馆借阅卡，这意味着我自由了。但当我非常勤奋且专心地读法国人和俄国人的作品的时候，我也在读马克思。这也是很重要的，也许更为重要。对作家们自己来说，问题并不在于谁影响了你，而是谁给了你勇气。当我初尝写作时，我们同时代的女作家给我勇气的是伯瑞班·班布里奇。我写的东西和她不一样，从没相似过，但是当我开始读她的书，她的书都非常独特，都极具黑色幽默且非常隐晦，我想，如果她能这样写，我也可以。

我觉得实际上，R.D. 莱因②对我形成后来的写作风格的影响比其他任何小说家都要大。我们大学快毕业的时候，杰拉德认为他的下一步计划是去受训成为老师。所以他去了一所大学面试，我也跟着去

---

① 艾维·康普顿·班内特（Ivy Compton-Burnett, 1884—1969），英国小说家，曾受封女勋爵，作品多以反映爱德华时代中产阶级家庭的内部关系为主，代表作有《母与子》《夫与妻》等。
② R.D. 莱因（Ronald David Laing, 1927— 1989），英国存在主义精神分析学家，也是20世纪心理学和哲学领域最具争议的人物之一。

了。他被带着四处逛和面试的时候，我在这所大学的图书馆里待了几个小时，我拿起一本莱因和埃斯特森写的书，书名是《正常、疯癫和家庭》。我把这书从头看到尾，觉得茅塞顿开，这就是人们称之为"认同的震撼"的体验。我想，我明白这是什么。我很高兴他们告诉我这些，但这些我早就知道了。我明白书中写到的那些，来自人类交往最核心的腐坏，权利体系中的按资排辈，人们如何选择受害者，以及通过语言进行的操纵。读这本书的时候，我想，所以我知道一些东西了。这给了我一种内在的权威感，大概十二个月后，我开始写我的小说了。因为我知道，除了法国大革命，我知道一些别的东西。

《巴黎评论》：能再描述一下你是怎么创造你笔下的历史人物的吗？

曼特尔：我在写一部关于历史人物的小说时，需要成为里面的每一个人。这是很费劲的。我知道生活在克伦威尔的皮囊下面是什么感觉，但我从没觉得有必要钻进《一个爱的实验》（1995）那本书里的朱莉安和卡丽娜两个人物的皮肤下。我只是观察他们就够了。你知道"差不多家长"的概念——当然，有时候你也得接受"差不多的人物"。当这些人物是真实存在过的，虽然他们早死了，我对他们有种不一样的感觉，我觉得写好他们是我的责任。

《巴黎评论》：E.M. 福斯特说过立体的和扁平的角色。

曼特尔：我书里有很多扁平的人物。这完全没问题，因为你知道这些人物在书中发挥什么作用。但从另一方面说，在塑造这些人物的时候，你会觉得有点像在玩游戏。你不会那么投入。刻画主要人物或者中型人物的时候，因为他们是真实的历史人物，你会有极大的动力，不光是弄清楚事件是如何发生的，还要弄清楚这一切感觉起来是什么样。然后这样才能抵达事件的真相。

在克伦威尔系列小说里，许多历史人物都只是名字而已。我的意思是，历史只给我们留下了他们的名字，我做了剩下的事。但那个系列里只有一个完全虚构的人物——就是那个仆人克里斯托弗，但即便如此，他也有历史前情里的真实人物参照。沃尔西大主教到法国外事访问的时候，他被一个仆人有计划地偷走一些东西，是一个小男孩，他每次上楼下楼就会偷走一件主教的银盘子或者金盘子——因为那时候人们总带上所有东西去摆排场。这个仆人没有名字，他后来怎样了我们不知道。他可能是在加莱后街的酒馆里跟上克伦威尔的侍者。我就想，这个男孩会有用，因为最后当克伦威尔被关进了塔楼，我需要他有个能说话的人。那就是这个男孩。后来我觉得，我知道你是谁了，你以前偷了沃尔西的东西。所以他是也不算是一个完全虚构的人物。

人们总带着好意对我说，你为什么不直接编故事呢？这不是我的本性，如果史实就在那儿，是可以找到的。编造情节不符合我的性情，因为我真的不爱编故事。我怀疑我的书里不存在完全虚构的人物。我为什么要编故事，真的有必要吗？

《巴黎评论》：对于那些需要洞察他们的内心世界的历史人物，你在写小说第一节的时候就对他们颇有了解吗，还是在一节节的写作中逐渐了解他们的？

曼特尔：我总是从微小的核心片段开始，从对人物的一瞥或人物的一小段话开始写。当我开始写我称之为一幕大戏的部分，尤其是在写克伦威尔系列或者别的历史小说的时候，我会为它作准备。在这之前为之做的所有准备我都单独放到一边。我会读所有的笔记、所有的草稿、所有这些资料产生的基础物料，然后我会深呼吸一口气，开始写。这就像登上舞台的时候感到怯场。

《巴黎评论》：你何时发现自己找到了进入克伦威尔内心生活的入口？

曼特尔：我想有两点，真的。当我在看他自己写的东西的时候，这里指的是他的信件。其中有一封特殊的信件，在他名留史册之前就写了，那封信写于十六世纪二十年代早期，当时他还是议会的一员——是他开始在宫廷玩弄权势之前六七年。那个年代的议会都是每隔几周才开会，而且开会的目的都是国王想要增税。直到克伦威尔加入议会，议会才开始有了会期，然后开始重构国家治理。但是他写到的那次会议是为了征税和法国打仗，克伦威尔为此有一段非常精彩的讲话。

《巴黎评论》：这段讲话被记录在信中了？

曼特尔：没有，但是在别的关于他的史料里有。议会开会议程是没有记录的，所以不能百分百确定他到底有没有发表这个讲话，但也许他真的说了。也没有理由认为他没有讲。他告诉国王（亨利八世），不要打这个仗，你打不起。这个话是用阿谀恭敬的语言说的，这是对都铎君王必须使用的说话方式，但是这个讲话基本上就是说，如果你这么做，我们会破产。很明显的是他并不害怕这么说，以及他对经济局面有清楚的认识，而不仅局限于金融方面的知识。他可以看到更大的图景。你可以看到英国当时没有条件去欧洲大陆征战冒险。然后他在会期结束后给一个朋友的一封信中说，我刚刚忍受了一段足足持续了十七周的会期。他在信中列了很长一张表，写下了回忆中讨论的议题，他在信的末尾写道："我们做了先辈们不会做的事，那就是，我们也许会偏离我们的初衷。"这封信总被历史学家引用，常常他们会指出，你能看出，这个男人在他发迹之前就显现出尖刻的愤世嫉俗。这是克伦威尔早期的样子。所以这段话是被严肃对待的。我也觉得这很有趣。我突然理解了他，然后我可以听到他的声音。

但这是他作为公众人物的一面。他私下的样子就不一样了。当我提笔写下前面几页，写一个男孩如何被他父亲抽打，他作为个体的形象就出现了。写完两段后，我想，我此刻的位置在哪里？显然我是在他的眼睛背后，在那之后关于这本书如何写、故事该如何讲述的决定就完成了。

《巴黎评论》：虽然你非常反感篡改历史，虽然小说的一百五十九个人物中只有一个是你虚构的，克伦威尔私生活的故事肯定是你编的。

曼特尔：这就是我需要做的。否则你就是一个伪历史学家。

《巴黎评论》：他的信里谈到过他的婚姻吗？

曼特尔：没有。只有一封有六行字的信是写给他妻子的。

《巴黎评论》：所以我们什么都不知道。

曼特尔：我们有家务账本。有名字。有库存清单，所以我知道他们拥有过什么。我有住在他家的人的名字，我知道他们都花钱买些什么，他们拥有的财产。没有比这些更好的材料了。

我想到《狼厅》里一个关键又极其有趣的段落，可以用来说明小说家的工作和历史学家有什么不同。沃尔西大主教失势后，被赶出了伦敦的宫廷。他和家眷随从不得不搬去另一个地方生活，于是他们去了他在伊舍的房子。他们走进那座没人住的房子，他几乎不怎么用，房子并没有规整好，他们什么都没有，他们得开始重新安家。所有这些都有记录。沃尔西到达伊舍以后几天，有人看到克伦威尔站在窗前捧着一本祈祷书大哭。当人走近的时候，他说他是在为自己的不幸哭泣——大主教失势，他也会被打倒，他会失去他努力获得的所有。"我生命中的所有日子。"他是这样说的。每个写到克伦威尔的历史学家和传记作家都提到了这一段，有点奇怪的是，他们总会把这一段诠释成一种给外人看的愤世嫉俗的表演。从没有人解释他为什么会这样做，但这是他们惯常的解读。就算他们没有把这一段进行如此吓人的解读，他们会说，那么，这就是他在告诉自己正在发生什么。他哭是因为自己事业毁于一旦。

但是记录这一段的文章很清楚地说这件事是从万圣节开始的。但其实它是在万圣节前一天开始的，在万圣节前夜。似乎只有我这一个作家注意到了那一天是亡灵节。这是一个在此前的三年中接连失去了妻子和两个女儿的男人。现在他失去了他的赞助人，他的事业也将被摧毁。只要你意识到了那天是什么日子，一切都改变了。一个男人可能同时因为不止一件事而哭泣，当你问他为什么，他也许不会告诉你。对我来说，这就是那种作家会注意，但一代又一代的历史学家会选择忽略的东西。他们不会跳跃联想，因为对他们来说这只是一个日期——这也可以是五月二十五日。这让我感到很震惊，证据就在我们手边，但我们却看不到。

《巴黎评论》：你是怎么决定用现代英文来写对话的？

曼特尔：好吧，这是有都铎英语味道的当代英文。就像在《一个更安全的地方》里一样，如果我可以找到当代对话资料，我要用这样的对话，就会将它改写成我自己的对话。只是我能找到的当代对话是法文，所以我遇到问题并不完全相同。我想要实现的效果是，我可以将我要引用的早期都铎英语和我写的当代英语对话无缝衔接。我花了很多时间在单个词语上，但我花了更多的时间让思维过程与时代相符，那样小说里的隐喻就是十六世纪的人们会用到的。他们不能去谈论进化，他们不能去谈论自我。所有的隐喻都必须来自……这样说吧，他们的宗教世界观。

这比担心每个词语用得对不对更重要。有时候你是找不到一个可以用的都铎王朝时期的词语的，然后你必须努力去想——如果没有这样的词语，他们会不会有这样的想法？比如说无聊（boredom），好像不太对。他们是不是从不会无聊（bored）？但他们知道乏味（tedium）这个词。以及不知何故倦怠（ennui）是可以用的。有时候语言会变戏法，从而改变它们的意思。"让"（let）有时候并不意味着"允许"，它的意思是"禁止"。他们把一个玩偶叫成"婴儿"，所以被说成是婴儿的东西通常不指代婴儿。他们会叫一个聪明的男人"风趣的"（witty），并不是说他会讲笑话。所以你不能完全用文学的手法去写。你得试图写得真实。

当然，我非常注意不去假设他们和我们是一样的。那是很多人的幻想——他们就是和我们不一样。这之间的差别很有趣。然而在别的地方他们又和我们一样。

《巴黎评论》：他们的婚姻特别令我着迷。

曼特尔：婚姻……？

《巴黎评论》：我很吃惊它们其实很现代。你让克伦威尔有了一个拥有爱侣的婚姻，这让当代读者找到共鸣。

曼特尔：不过我认为这是非常典型的。这是我要设计成的婚姻的样子——我认为它是一个典型的婚姻，不是特别的婚姻。这是一个和女人相处得心应手的男人，他和宫廷的女人的情缘可能是极端利己性质的，但是他能让她们站在他的一边。他也有异性朋友，这在那个时代可能有点不寻常。

《巴黎评论》：我们在莎士比亚的作品中看不到男女之间的友谊。

曼特尔：你为什么要看到呢？整体上来说，友谊这个概念就没有戏剧性，不是吗？

《巴黎评论》：男性友谊肯定是戏剧性的，也构成了小说故事。

曼特尔：对于十六世纪的生活你必须了解的是，男性间友谊是比婚姻关系更重要的。我笔下的克伦威尔的婚姻不是爱的结合，而是一种商业结盟。虽然他们后来爱上了彼此，但这不是一个良好的感情状态。他们很多时候都不在一起。对他的小女儿来说，他差不多就是个陌生人。至此这都是很典型的。我想我把它写成一个好的婚姻而非一个坏婚姻的原因在于，在她死之后，克伦威尔依然维持着和她的家人的关系。她的家人继续和他住在一起。关于克伦威尔的私人助理拉尔夫·撒德勒的婚姻，我们知道的更多。那是一个不太寻常的婚姻，因为那是基于爱情的结合。这在那个时代是可能的。看看可怜的亨利他自己——他真是超越时代的人，他非常浪漫。

《巴黎评论》：他是一个浪漫的人。

曼特尔：他想要一个他可以说话的老婆。宫里好多人就不理解这个需求，所以当他的第四个老婆克里维斯的安妮出现时，没人明白为什么是那样一场灾难。无论怎样，他是个国王。他需要有子嗣。他为什么要跟她说话？为什么她和他在文化追求和别的事上没有共同语言就是个问题呢？但事实上，那个时代的人对这些事如此不解，正显示了他们生活在一个变革的时代。有些事还没有改变而已。诺福克公爵的婚姻是一个悲剧，但一五三七年，他在写给克伦威尔的一封信里，他刚和他的女儿谈过，她那时候差不多二十岁。她非常聪明，他写道。我从未就任何事和她亲近。我来解释吧，他的意思是他从来没有跟自己的女儿谈过。他感到非常吃惊。他其实并不因为她很聪明而高兴，因为他想操纵她，但是她不吃这一套。

《巴黎评论》：你会评判书里的人物吗？

曼特尔：我试着不去评判。对我来说，我会问我的人物的问题是，我可以和你住在一起吗？或者我不能？我对真正的聪明人着迷，我觉得克伦威尔有非常卓越的头脑——我知道他有——是少有的能拥有大局观又洞察所有细节的头脑。是他对细节的掌控让他有了现在的成就。当他说，我们要调查教会的财产，我们要查明钱到底去哪儿了，他用六个月的时间就完成了这件事，那可是按照十六世纪的沟通效率！本该花十年才能完成。但他知道该如何动员别人为自己工作，怎么给出精确的指导，怎么做计划。他对自己开始发迹的国家有宏大的抱负，他对如何实现这个规划有很实际的掌控。

《巴黎评论》：你无法和什么样的人物生活在一起？

曼特尔：我对那些一开始就拥有权力的人不太感兴趣——比如说，王室成员。这不代表我永远都不会写他们，但是我觉得所有这些都没有那些一心向上爬的底层人有趣。人们问，你会写亨利的女儿伊丽莎白一世吗？我对她有着很深的反感，我知道我不会写。在选择你的主角的时候，你必须像一个传记作家一样小心，因为你将花很多时间和他们在一起。必须得有喜欢的火花。

（原载于《巴黎评论》第二百一十二期，二〇一五年春季号）

多萝西·帕克

◎伽禾/译

接受这次采访的时候，帕克女士住在纽约市中心的一家酒店里。她的屋子不大，养了一条年幼的卷毛狗，这间屋子里它说了算，把屋里弄得像"霍加斯笔下的样子"①，帕克女士抱歉地说，地板上散乱的报纸，羊排碎块这里有那里也有，还有一个胶皮娃娃——喉咙被横向扯开——帕克女士坐在椅子上用左手把它抛出去，抛到某个角落让卷毛狗去捡回来，它从来都不厌倦。房间内鲜见装饰，最引人瞩目的是一张狗的巨幅画像，画的不是卷毛狗，而是作家菲利普·怀利的牧羊犬，那幅画是他妻子画的。画中的牧羊犬身形巨大，如果是真实的牧羊犬，会显得帕克女士矮小，她的个子本来也小，声音柔和，常常是抱歉的语气，偶尔被问到她非常关注的话题，也会直接说出看法，可谓态度严厉；不时地会道出精准的观察，可谓一针见血。彼时作为阿尔冈昆酒店的圆桌俱乐部的一员，正是她的妙语连珠令她声名鹊起，如今依然如此——她不是普通的幽默作家，在针砭时弊的同时展现出真正富于创造性的思维。她似乎能在任何场合下一语中的。一个朋友记得与她坐在剧院里，传来沉默的卡尔文·柯立芝去世的消息。"他们怎么能够确定？"帕克夫人耳语道。

这篇访谈的读者却会发现帕克夫人唯独鄙视热切盼望她能妙语连

---

① 威廉·霍加斯（William Hogarth, 1697—1764），英国著名讽刺画家。

珠的做法。"太糟了，"她生气地说，"为什么还没等我张开嘴说话他们就开始大笑。"对自己身为严肃作家的价值，她也持类似的态度。帕克夫人算是批评自己最厉害的批评者。她的三部诗集已证明她是书写轻体诗的高手，而她的短篇小说从本质上说基调都是严肃的——严肃在它们反映了她自己的生活，而她的生活从方方面面来看都不能算是幸福的——其写作意图也是严肃的。富兰克林·P.亚当斯在为她的书作序时写道："除非作家感到了深切的不公正，否则她永远无法写出这样有讽刺意味的作品——为遭受愚蠢、自命不凡、伪善之人戕害的人们打抱不平。"

——玛丽昂·卡普隆，一九五六年

《巴黎评论》：你的第一份工作是在《时尚》杂志，对吗？能否讲讲受聘的过程，以及为什么要去《时尚》工作？

多萝西·帕克：我父亲去世后没有给我留下任何遗产。我必须工作，你知道，克劳宁希尔德先生，愿他的灵魂安息，刊登了我的一首小诗，支付了十二美元的稿酬，还给了我这份工作，一周可以挣十美元。啊，我以为我是伊迪斯·西特维尔[①]。我住在103街的一栋寄宿公寓里，在百老汇大道也住过，一周的租金，加上早晚饭要花去八美元。索纳·史密斯也住在那里，还有另一个男人。晚上我们常常坐在一起聊天。那时候没有钱，我们却很开心。

[①] 伊迪斯·西特维尔（Edith Sitwell, 1887—1964），英国诗人，以奇异、前卫的写作风格和穿衣风格著称。

《巴黎评论》：你在《时尚》杂志具体的工作是？

帕克：我给杂志写配文。"这件小粉裙能为你赢得一个男朋友"，诸如此类。好笑的是，在《时尚》工作的女性素面朝天，打扮得并不时髦。她们人很好——再没有见过性格这样好的，她们只是做好自己的本职工作。她们戴着老式的女帽，在各自负责的版面上把模特从粗胚塑造成精致的可人儿。如今时尚编辑就更对路些：她们都打扮时髦，追名逐利；大多数模特的造型来自布拉姆·斯托克[①]一路作家的想法，而至于我以前的工作，即给图画配文，也不一样了。她们要为高尔夫俱乐部那些笨拙的会员推荐七十五美元一件的貂皮大衣——"献给什么也不缺的朋友"。文明正在终结，你明白的。

《巴黎评论》：为什么后来去了《名利场》工作？

帕克：克劳宁希尔德先生想让我去。舍伍德先生和班奇利先生也在那里工作——我们一直用姓氏称呼对方。我们的办公室就在纽约马戏团对面。表演结束的侏儒走出来，吓舍伍德先生一跳。他身高大约七英尺[②]，侏儒们常常走在他身后，会突然问他上面的天气怎么样。"和我一起散散步。"他会说，班奇利先生和我便放下手头的工作，领他去散步。有趣的事情太多了。我和班奇利先生都订阅了两份有关殡葬业的杂志：《首饰匣》和《向阳面》。别笑：《向阳面》有个笑话专栏叫《从坟墓到欢欣》。我剪下其中一彩色插图，是关于如何注射尸体防腐剂的，然后把它贴在我的桌上，直到克劳宁希尔德先生问我能不能把它撤下来。克劳宁希尔德先生是个可爱的人，但是也会让人困窘。我必须说我们的行为非常过火。阿尔伯特·李也是编辑，桌前挂了一张地图，插满了小旗子，当时正值"一战"，小旗子用来显示

[①] 布拉姆·斯托克（Bram Stoker, 1847—1912），爱尔兰作家，代表作有哥特恐怖小说《德古拉》。
[②] 约2.13米。

我们的军队攻打到了哪里。他每天都及时了解新闻，相应地把小旗子挪动位置。我结婚了，丈夫在国外，没有别的事可做，我便早起半个小时，走去办公室，挪动他的小旗子。不久，李来了，看着他的地图，发现有人动了手脚，他非常生气，然后花整个早上把小旗子挪回原位。

《巴黎评论》：你在《名利场》工作了多久？

帕克：四年。我接替 P.G. 伍德豪斯撰写戏剧评论。后来我批评了三部戏，其中一部是《恺撒的妻子》，比莉·伯克出演，结果我被解雇了。

《巴黎评论》：你批评了三部戏？

帕克：嗯，严厉批评。导致戏剧停演，制片人很不满，他们都是大人物——迪灵汉姆、齐格菲尔德和贝拉斯科。《名利场》是不持观点的杂志，而我却有观点，所以我被解雇了。舍伍德先生和班奇利先生也辞职了。舍伍德先生还好，但是班奇利先生有家庭，有两个孩子要抚养。这真的是最深厚的友谊之举。班奇利先生做了一个标牌，写着"为比莉·伯克小姐捐款"，我们离开时，把它留在《名利场》的走廊上。我们的行为非常过火。我们给自己制作了优秀退役士兵戴的 V 形臂章并且戴在自己的手臂上。

《巴黎评论》：你们之后去了哪里工作？

帕克：舍伍德先生为当时的《生活》杂志撰写电影评论。班奇利先生写戏剧评论。他和我共用一间办公室，非常小，如果再窄一英寸，就成了私通的地方。我们用"公园长椅"代替电报地址，但是没有人给我们写信。这真是很久以前的事了，在别人觉你有所成就以前，久得我怀疑是否有过电报这回事。

《巴黎评论》：有种常见的观点，认为在二十世纪二十年代，作家之间的交往更加频繁。比如阿尔冈昆酒店的圆桌俱乐部。

帕克：我并不经常去——花销太贵。其他人常去。比如考夫曼。我猜他很有趣。班奇利先生和舍伍德先生也去，如果他们手头有零钱。富兰克林·P. 亚当斯——他的专栏被很多想成为作家的人追捧，他偶尔也会去。还有哈罗德·罗斯，《纽约客》的编辑。他是专业级的狂人，但是我不清楚他是否称得上了不起。他不懂的东西可不少。在班奇利先生的一篇稿样上，他在"安德洛玛克"这个词的旁边写道："他是谁？"班奇利先生写下回复："你不用管。"去参加圆桌俱乐部的唯一一位声名显赫的是海伍德·布隆。

《巴黎评论》：二十世纪二十年代的哪些特征激励了像你自己和布隆等作家？

帕克：格特鲁德·斯泰因说过，你们都是失落的一代，这句话深深地挫伤了我们。有些人听到了这句话，奔走相告，我们都说，啊！我们是失落的一代。也许这瞬间让我们意识到一切起了变化。或者是事不关己。但是别忘了，虽然二十年代的作家看起来像废人，他们其实并不是。比如菲茨杰拉德，以及其他作家，当时的确鲁莽，也酗酒，但是他们拼命写作，一直如此。

《巴黎评论》：这种"失落的一代"的态度是否对你自己的写作有不利的影响？

帕克：如果把写得不好归咎为时代我就太蠢了，但是当时的确有影响。该死的，那可是"二十年代"，我们应该多动动脑子。我当时想显得机灵。这很糟糕。我应该更清醒地思考。

《巴黎评论》：在那段时期，你开始写诗歌？

帕克：写我的韵文。不能称之为诗。当时每个人都是如此，我也追随米莱小姐①敏锐的步伐，虽然我脚下的运动鞋可不太好使。我的韵文并不好。我们面对现实吧，亲爱的，我的韵文都太过时了，就像很多流行过的东西，现在看起来都很糟。我放弃了写韵文，知道不可能写得好，但是好像没有人注意到我利落的放弃。

《巴黎评论》：你是否觉得韵文的写作对你的散文写作有所裨益？

帕克：富兰克林·P.亚当斯给过我一本书，上面列出了法语韵文的格式，他叫我参考这本书，在模仿的过程中我会获得写散文的准确感。你模仿的写韵文的作家影响了你写的散文，我从中领悟到的就是要准确，这就是我在散文写作时意识到的。

《巴黎评论》：你是如何开始写作的？

帕克：我想我是从写诗句开始的，我是那些让人头疼的孩子中的一个。我在纽约的一处修道院学习过——圣体修道院。修道院学校和进步学校教的内容其实一样，只是他们不知道而已。他们不教你如何阅读，你必须自己摸索。在修道院，我们的确有教材，它用一页半的篇幅赞美阿德莱德·安·普罗克特②；我们不能读狄更斯，他算是粗鄙的作家。但是我读狄更斯，也读萨克雷，我还读过查尔斯·里德——即《修道院和壁炉》的作者——写的每一个字，你再不会听说第二个女人读过他。至于说如何应对外面的世界，修道院只教了我一件事：如果你向橡皮擦上吐唾沫，它就能把墨水擦掉。我记得油帆布的气味，修女装束的气味。最后我被开除了，原因很多，其中之一是我认为圣母无玷始胎说是自燃现象。

---

① 埃德娜·圣文森特·米莱（Edna St. Vincent Millay，1892—1950），美国诗人、剧作家，1923年获得普利策诗歌奖，是第三位获得该奖的女诗人。
② 阿德莱德·安·普罗克特（Adelaide Anne Procter，1825—1864），英国女诗人。

《巴黎评论》：你是否在那段时期积累了故事素材？

帕克：写自己的童年的作家！上帝仁慈，如果我写我的童年，你就不会坐在这里采访我了。

《巴黎评论》：那么你觉得你的大部分作品的灵感来源是？

帕克：需要钱，亲爱的。

《巴黎评论》：还有呢？

帕克：写你厌恶的东西容易得多——就好像批评一部糟糕的戏剧或书更容易。

《巴黎评论》：那么《高个金发女郎》(1929) 呢，这篇小说的来源是？

帕克：我认识的一位女士，是我的一个朋友，经历了很糟糕的事。就是来源于我认识的一个女人。作家的意图是说出他感觉到的和看到的。也有凭借想象写作的作家——鲍德温女士、费伯[①]、诺里斯，我对他们的作品并不熟悉。

《巴黎评论》：那样好像不够尊重女性同胞，至少是不够尊重女性作家。

帕克：作为艺术家她们是不够受尊重，但是作为挣钱养家的人她们是油井，她们会喷涌。诺里斯说除非是个有趣的故事否则她才不会写。我也懂得费伯对着她的打字机吹口哨的心情。再想想可怜的福楼拜，在地板上踱来踱去，花三天时间思索那个恰切的词语。我是个女权主义者，上天知道我忠于自己的性别，你得记住我在很早的时候，

[①] 埃德娜·费伯（Edna Ferber，1885—1968），美国小说家、剧作家，小说曾获普利策奖。

当这座城市还有水牛横行的时候，我就在为争取女性的平等权利做斗争了。我们在男人的嘘声中游行，当我们一直站在街灯下，试图争取平等权利时，亲爱的，我们并没有预见到那些女性作家。或者克莱尔·布斯·卢斯①，或佩尔勒·梅斯塔②，或奥维塔·科尔普·霍比③。

《巴黎评论》：人们普遍认为你是风趣的作家。你是否觉得这会妨碍读者把你当作严肃作家？

帕克：我不想被归类为幽默作家。那让我觉得内疚。我从未读到过适于引用的、自信的女性幽默作家写的东西，我自己也从来不是。我写不了。他们觉得我抖机灵，我讨厌他们这样看我。抖机灵和风趣之间隔得很远。风趣关乎真实；而抖机灵只是在玩文字游戏。如果说得好，我是不会介意的，可是这么久了，凡是称为俏皮话的都归到我头上，那么他们只能听到瞎扯的故事。

《巴黎评论》：那么讽刺呢？

帕克：啊，讽刺。那是另一回事。那些大作家。如果我被称为讽刺作家的话，等于说我没有了赚钱的生计。但是说到"讽刺作家"这个词，我指的是过去数个世纪里的那些大作家。我们现在称为讽刺作家的那些人，是就时事话题说俏皮话的，也把自己看作讽刺作家，如乔治·S.考夫曼和其他甚至都不知道什么是讽刺的人。老天在上，一个作家应该展现他的时代，但是不该以抖机灵的方式。他们写的东西不是讽刺，就像昨天的报纸一样乏味。有效的讽刺即使后天再读也是非常有力的。

---

① 克莱尔·布斯·卢斯（Clare Boothe Luce，1903—1987），美国首位驻外女性大使，写过剧本、小说和新闻纪实报道，是报业巨头亨利·卢斯的妻子。
② 佩尔勒·梅斯塔（Perle Mesta，1889—1975），社会活动家，曾任美国驻卢森堡大使。
③ 奥维塔·科尔普·霍比（Oveta Culp Hobby，1905—1995），美国首任卫生、教育和福利部（HEW）部长，也是"陆军妇女队"的创建者。

《巴黎评论》：那么如今的幽默作家呢？你如何看待他们？是否和看待讽刺作家一样？

帕克：你到了一定的年纪，只会觉得疲倦的作家是滑稽的。我现在再重读我的韵文，不觉得滑稽。我并不滑稽，已经有二十年了。无论怎样，也不再出现幽默作家，除了 S.J. 佩雷尔曼①。不需要这样的作家。佩雷尔曼想必感觉非常孤独。

《巴黎评论》：为什么不需要幽默作家了？

帕克：这是供求问题。如果我们需要他们，我们就会有这样的作家。那批想要成为幽默作家的新人不算在内。他们就像那些想要成为讽刺作家的人。他们写的东西有关时事问题。和瑟伯②、班奇利先生不同。这两位作家的阅读太广泛了，他们有教养——虽然我厌恶这个词。把他们区别开来的是他们都有要表达的观点。任何好的写作都需要有表达的观点。这也是帕迪·恰耶夫斯基③和克里夫德·欧德④之间的差别，前者仅仅是把台词写下来，后者的早期剧作不仅仅是在看，更是有一种观点。作家必须对周围的生活有所意识。卡森·麦卡勒斯写得好，或者说她以前的作品好，如今她回避生活，只写怪人。她笔下的人物显得荒唐。

《巴黎评论》：说到恰耶夫斯基和麦卡勒斯，你是否读过不少你的同时代作家或当今一代作家的作品？

---

① S.J. 佩雷尔曼（S. J. Perelman, 1904—1979），美国作家、剧作家，代表作有《道恩·金斯伯格的复仇》《环游世界八十天》等。
② 即詹姆斯·瑟伯（James Thruber, 1894—1961），漫画家、作家，尤其知名的是他刊登在《纽约客》上的短篇小说和漫画。
③ 帕迪·恰耶夫斯基（Paddy Chayefsky, 1923—1981），美国剧作家、编剧、小说家，曾 3 次获奥斯卡最佳编剧奖，代表作有《君子好逑》等。
④ 克里夫德·欧德（Clifford Odets, 1906—1963），美国剧作家、导演，代表作有《等待勒夫梯》。

帕克：我想说如今的一些作家谢天谢地终于有了适应时代的意识。梅勒的《裸者和死者》是一部杰作。我还读过威廉·斯泰伦的《躺在黑暗中》，也非常棒。一开头便抓住了你的心，用力抛出去的开头。他像神一样写作。但是我阅读的大部分书还是以前的，闲暇时的阅读。你的年纪渐长，你便越往回追溯。我在一年里会把《名利场》读上十几遍。我第一次读到它时是在十一岁，那句"乔治仰面躺着，已经死了，一颗子弹穿过他的心脏"令我感到寒意。有时我也读"是谁干的"，我的一位优雅的朋友这样称呼那类作品。我喜爱夏洛克·福尔摩斯。我的生活杂乱无章，而他的生活是这样整洁有序。说到在世的小说家，我觉得E.M.福斯特是最好的，虽然说不出具体的理由，但至少他可以入围四强，难道你不觉得吗？萨默塞特·毛姆有一次对我说："我们这里有一位小说家，E.M.福斯特，虽然我觉得你不熟悉他。"我真想踢他。难道他觉得我背上背着一个小孩？他为什么会这么想，我可以四肢着地，膜拜福斯特。我始终记得他写过的一句话："如果需要在背叛我的国家和背叛我的朋友之间选择，我希望我有勇气背叛我的国家。"对比之下，第五修正案不是显得拙劣了吗？

《巴黎评论》：能否问你一些技巧上的问题？你是如何写出一个故事的？先写出草稿，再润色，还是用其他的方法？

帕克：我要花六个月的时间写一个故事。我先构思，然后一个句子一个句子地写，没有草稿。我写五个单词就要改动七次。

《巴黎评论》：你如何给笔下的人物命名？

帕克：电话簿和报纸的讣告栏。

《巴黎评论》：你记笔记吗？

帕克：我也想记笔记，但是我总忘记我把那该死的笔记本放在哪里了。我总是说我明天要开始记笔记。

《巴黎评论》：某个故事是怎样被写到纸上的？

帕克：我先用笔写下来，但手稿留不下。我用两根手指在打字机上打字。我觉得你问这个问题可不太厚道。我对打字机一窍不通，我不会换色带，只好买新的打字机。

《巴黎评论》：目前你正在写一部戏剧，对吗？

帕克：是的，与阿诺德·杜索合作。我想写一部剧，这是我最想写的东西。首演夜是最激动人心的。听到你写的台词从演员嘴里说出来，感觉非常奇妙。不过我们合作写的一部剧《走廊的女士们》（1953），演出并不成功，但是我非常享受写这部剧的过程，既感到荣幸，也受到与杜索先生一起工作的激励，还因为这部剧是唯一令我感到无比自豪的作品。

《巴黎评论》：长篇小说呢？你是否试过这个体裁？

帕克：我也希望上天赐予我那样的才能，但目前还没有。

《巴黎评论》：短篇小说呢？你仍然在写新的短篇小说吗？

帕克：我现在试图写纯粹叙述的故事。我认为叙述性故事是最好的，虽然我之前写的小说都是通过角色说的话来讲述。我没有视觉性的思维，我用耳朵听。但我不想继续写那些他说、她说之类的，它们结束了，亲爱的，它们结束了。我想写的是叙述的故事，虽然它们会大喊房租从哪里来，我也要继续写。

《巴黎评论》：你认为稳定的经济收入对于作家来说是一种优

势吗？

帕克：是的。住在小阁楼里对你没什么益处，除非你是济慈那样的天才。在二十世纪二十年代，生活得好、作品也好的作家都有着舒服安逸的生活。他们能够找到故事和长篇小说，而且是不错的故事，源自年收入两百万美元的冲突，而不是阁楼引起的冲突。至于我，我希望拥有钱。我也希望成为一个好作家。两者可以兼得，我希望如此，如果这是奢望，我宁愿拥有钱。可以说我厌恶所有的富人，但是我也想做个有钱人。此刻，我想起毛瑞斯·巴宁①的话："如果你想知道上帝对钱的态度，只需要去看看那些被赐予钱的人。"我认识到狼来抓门的时候，钱帮不了你，但是它可以安慰你。

《巴黎评论》：你如何看待艺术家受到国家资助这一现象？

帕克：当然，但作家身无分文的时候，受到国家资助是非常好的。我觉得一国的艺术极大地增强了国家的声望，如果你希望这个国家拥有作家和艺术家——在我们的国家他们的收入都不稳定——那么国家必须对他们资助。我并不认为各种形式的艺术会靠着慈善变得兴旺，我指的慈善就是人或组织捐钱的方式。无论什么样的形式，在哪里兴办——都没有益处。国家资助和个人资助的区别在于后者是慈善，前者不是。慈善会扼杀一切，你明白。我还认为如果政府资助艺术家，艺术家不需要怀着感激的态度——太吝啬，迫使人哭哭啼啼，又或是十分有限的救济，或刻意讨好巴结。为国家工作，天呐，你会对你的雇主心怀感激吗？该让国家看到它的艺术家正在试图做什么，如法国的法兰西学士院。艺术家是国家的一部分，国家应该意识到这一点，这样两方都能够努力做事，并且为此骄傲。我真的这么想，亲爱的。

---

① 毛瑞斯·巴宁（Maurice Baring，1874—1945），英国小说家、诗人，"一战"期间服役于英国情报部门和皇家空军。

215

《巴黎评论》：艺术家在好莱坞的生活如何？

帕克：好莱坞的钱不是钱。它是凝固的雪，在你手里融化，这就是你的处境。我无法谈论好莱坞。我在那里的时候，就觉得恐怖；回头看去，仍觉得恐怖。我无法想象我是怎么过来的。我离开那里后，我甚至无法直接叫出那里的大名。"那个地方"，我这样叫。你想知道"那个地方"对我意味着什么？有一次，我走在贝弗利希尔斯市的一条街上，看到一辆长得要命的凯迪拉克，从窗边探出优雅的貂皮大衣和一只胳膊，胳膊末端的手戴着白色的小山羊皮手套，手腕处打着褶，手里拿着一只咬了一口的面包圈。

《巴黎评论》：你认为好莱坞毁掉了艺术家的才能？

帕克：不，不，不。我不认为有谁受到了贬损。虽然说到底他们写的东西是垃圾，好莱坞的写手们并没有显得遭受了贬损。这是他们最好的地方。如果你打算在那里写，就别假装遭受了贬损。那会是你能做到的极限，事实上就是那个极限扼杀了你。我非常希望自己写得好，虽然我知道我写得不好，我没能做到。在整个人生中，在生命的最后，我都敬佩那些写得好的人。

《巴黎评论》：那么好莱坞害人的地方是？

帕克：是人。比如导演用手指着司各特·菲茨杰拉德的脸，抱怨道："付你钱，为什么，你该付我们钱。"司各特经历了大起大落；如果你看到他，你会觉得难过。当他去世时，没有人参加葬礼，没有一个人来，连一束花都没有人送来。我说："可怜的坏蛋。"就是《了不起的盖茨比》里的一句话，别人都以为是一句新的俏皮话。其实我是以很正经的态度说的这句。我为他难过。不仅仅是人，还包括你要施展能力就必须经受的羞辱。班奇利先生演过一部电影。其中有一幕，蒙迪·伍利要走进房间，门梁上架着一桶水。他走进门，淋了一身湿,对班奇利先生演的角色嘟囔:"班奇利?哈佛的班奇利?""是的。"班奇利先生含混地回应道,反过来又问道:"伍利?耶鲁的伍利?"

《巴黎评论》:你的政治观点呢?它们是否影响了你的写作?

帕克:哦,当然。虽然我不认为这种"罗列黑名单"的做法会波及剧院或某些杂志,好莱坞存在这种做法,是因为几位绅士觉得这样很好,把一个个名字像弹珠一样抛下去,又像橡胶球一样反弹,那些他们觉得与"共产人"(他们这样友好地称呼)为伍的人。你不可能倒转三十年,做出像对萨科和万泽提那样的判决①。我不会那样做。好吧,好吧,好吧,就是这样。如果这样做对电影有益,我不知道从何谈起。萨姆·戈德温说:"我的好编剧们都进了监狱的话,我该怎么拍出好电影来?"他又补充了一句,滴水不漏的戈德温,"别误会我的意思,他们都该被挂起来"。戈德温先生不知道"绞死"②这个词。表达得很清楚了。并不是各种悲剧扼杀了我们,是混乱。我无法忍受混乱。我不会是个说俏皮话的作家。你见到我时,你便知道我不是——对不对,亲爱的?

(原载于《巴黎评论》第十三期,一九五六年夏季号)

---

① 指美国历史上一桩引起巨大争议的案件。1920年4月15日,马萨诸塞州一家鞋厂的出纳及警卫遭到抢劫,并被谋杀。3个星期后,意大利移民萨科和万泽提被指控杀人。在罪证不足的情况下,二人仍被判处死刑。
② 戈德温原句中hung(hang的过去式和过去分词,一般指悬挂、吊起),而英语中说绞死某人时应使用hang的另一个过去式和过去分词hanged)。

尤多拉·韦尔蒂

◎张晓晔 / 译

  尤多拉·韦尔蒂的火车抵达宾州车站大约一小时后，我与她在阿尔冈昆酒店的房间会面。她给错了房间号，所以电梯门开时，我先看到她正在向门外张望。迎接我的是位高个、骨架宽大的灰发女人，带着歉意。她坦言自己对接受采访有点紧张，尤其是对录音这件事儿。描述完这趟火车行程后——她不愿意搭飞机——她振作起精神，问我能不能开始提问了。
  采访开始以后，她渐渐放松下来。用她自己的话说，她"并非守口如瓶"。她讲话不慌不忙，带有地道南方人慢条斯理的口音，斟酌着用词。她极其内敛，关于自己的个人生活不愿吐露一丝半分。

——琳达·屈尔

  《巴黎评论》：你曾经写到，我们仍然应该接受简·奥斯丁类型的家庭小说。奥斯丁与你算是同类吗？
  尤多拉·韦尔蒂：接受？我就是这么想的！我热爱并仰慕她的一切，极其强烈，但我不是因为我们是"同类"而去阅读她或其他人的作品。你提到的那篇是路易斯·克罗能伯格托我为他编的选集《短暂的生活》而作。他的确给了我选择：简·奥斯丁或契诃夫，我确实更敢于认为契诃夫与我是"同类"。我感觉在精神上与他更为接近，但我不懂俄语，而我认为不管是谁写他，都应该懂点俄语。契诃夫是我们中的一员——与当今的世界、与我的思想如此贴近，与南方也非常贴近——斯塔克·杨很早就指出过这一点。

《巴黎评论》：为什么说契诃夫与今天的美国南方很贴近？

韦尔蒂：他热爱人们的独特之处，人们的个性。他将家庭的观念视作理所当然。他有命运凌驾于生活之上的感觉，而他的俄式幽默在我看来与南方人的幽默颇为相似，这种幽默主要是性格里的。你知道，在《万尼亚舅舅》和《樱桃园》中，人们总是聚在一起聊个没完，而没人真正在听。然而书中贯穿着巨大的爱与理解，对每个人个性的了解与接纳、容忍，以及对戏剧性的强烈喜爱。像是在《三姊妹》中，但外面的一场大火正蔓延时，精疲力竭的他们仍旧在高谈阔论，威尔什宁说"我感觉空气中有种奇特的兴奋"，然后又笑又唱畅谈未来。那种对世界、对一切的敏感，来自他们的个性深处，对我来说非常南方。不管怎么说，我对契诃夫有种相当投契的喜欢，渐渐与之产生了紧密的连接。

《巴黎评论》：你有没有回头去读弗吉尼亚·伍尔夫？

韦尔蒂：有。是她为我开启了门。初读《到灯塔去》时，我的感觉是，老天，这是什么？这种体验令我如此激动，乃至废寝忘食。后来我又看过好几遍，不过现在我重读更多的是她的日记。你翻开它的任何一天都是可悲的，然而她关于自己的作品、工作的精彩言论令你充满喜悦，超越了你为她感受到的痛苦。记得吗——"我走得不算远，但我想天空下已有我的塑像"[1]?这难道不是很美吗?

《巴黎评论》:关于你自己的作品,《败仗》登上畅销榜时你是否感到惊讶?

韦尔蒂:一开始我觉得这肯定纯属侥幸——肯定是畅销榜上有谁起身把位置让给了我——让这位女士坐吧,她有点站不稳。不过任何程度的接受都会让我吃惊——或者你也可以说没有什么能让我吃惊,因为我写的时候没想过大家对它的接受度。我会考虑一些朋友的意见,希望他们能喜欢那本书,但不会考虑公众的看法。

《巴黎评论》:你为你的朋友写作吗?

韦尔蒂:在写的时候,我不为朋友也不为自己而写;我为它而写,为它的愉悦。我相信如果我停下来想某某某会怎么看,或是假如陌生人读了我会有何感觉,我会瘫痪的。我在意朋友们的看法,非常在意——写好的东西只有在他们读过之后我才能真正安心,在内心深处。但在写作过程中,我只能不停地往下写,脑子里只有一件事以及它的指令。

这是非常内在的事,之后读校样时甚至可能会真正大吃一惊。我收到第一本书的校样时——不,我想应该是《三角洲婚礼》的——当时我想,这个我没写过。那是一页对话——我像是第一次看到它们一样。我写信给我的编辑约翰·伍德伯恩,告诉他那一页的排版出了问题。他很和气,甚至毫不惊讶——也许所有作家都这样。他打来电话为我朗读了手稿的内容——跟校样一字一句地对照。校样再也不会吓到我了,然而当每一本出版,我的身份从作者变成了读者时,还是会有一个奇特的时刻,我突然是在用公众客观的眼光来读自己的文字

---

[1] 此处韦尔蒂转述时记忆有误,伍尔夫原话的大意是:"它注定是不完美的。但我想可能天空下已有我的塑像。"

了。这给我一种可怕的暴露感，就好像被太阳灼伤了一样。

《巴黎评论》：你会在校样上进行改动吗？

韦尔蒂：我会修正或改动文字，但我不能重写某个场景或做大的改动，因为那样会有种被人在背后盯着的感觉。不管怎样，当你确定自己当时已经尽力，竭尽全力，很有必要信任那一刻。等书最终付印，你就完成了——根本没有必要再回头去看它。担心它的失败为时已晚。我必须将这本书教给我的任何教训用来写下一本。

《巴黎评论》：《败仗》是对你之前虚构作品的背离吗？

韦尔蒂：我想看看自己能否做些新的尝试：将每个念头和感受转译成动作和对话，让对话变成另一种形式的动作——打个比方说，让一连串完整的动作变得鲜活生动。在过去的写作中，我感觉自己太依赖描述或暴露人物内心活动的表现手法。我想看看是不是作者不用讲述人物的头脑和内心发生了什么，就能让一切充分呈现。对我来说，要做到这一点，喜剧几乎是当然之选——那是我最爱写的。现在我认为这可能是朝向剧本写作的一种过渡。

《巴黎评论》：你在落笔之前就知道自己要写些什么吗？

韦尔蒂：是的，它就在我的脑子里，但越往下写事情会不断增生。比如，我原本打算将一本小说里所有的情节框定在一天一夜之内，但文件夹里渐渐被标着"次日上午"的素材装满。我没有预料到那些从故事里发展出的故事——这正是小说创作过程的乐趣之一。我本以为书会很短，结果它比我通常写的要长三四倍。没办法估算它原本的长度，因为我有厚厚几夹子文件，打印前都没有编号。而我舍弃的素材跟我留在书里的一样多。

《巴黎评论》：关于对话写作，你有没有学到新的诀窍？

韦尔蒂：我想有。最开始，对话是世界上最容易写的，只要你有一双敏锐的耳朵，我想我有这个能力。但慢慢地，对话成了最难的部分，因为它有如此多运作的方式。有时我要让一段谈话同时完成三四五件事——除了人物说出口的话之外，还要表现人物以为自己说了或做了什么，同时还要揭示别人如何理解或者误解那些话，等等等等——全在这么一段话里面。并且这段谈话必须能集中体现这个人物的神韵，浓缩他的全貌。这不是说我成功做到了。但我想这解释了为什么在写作中对话给我的乐趣最多。我过去常常边写边大声笑出来——传闻 P.G. 伍德豪斯也是那样。我会想我的人物可能说些什么，即便不能采用，我也会把场景写出来，把他们放出来说点什么——我私人的表演。

《巴黎评论》：对话从何而来呢？

韦尔蒂：熟悉度。对说话方式的回忆。一旦你听过某些表达、某些句子，你几乎再也不会忘记。就像将桶扔下水井，它上来时总是满的。你不知道自己记住了，但你确实记得。你留神倾听那个恰当的词，就在那一刻，然后你听到了。一旦写起小说，一切似乎都能用上——你在巴士上无意听见的，正是你手头写的那页上的人物要说的。不管去哪里，你都会遇见小说的一部分。我猜我们已调准它的频道，然后合适的东西就会像被磁铁吸住一样——如果你能将自己的耳朵想象成磁铁的话。我能听到别人说——我后来不得不删掉这段——"什么？你从来不吃山羊？"然后某人回答："山羊！拜托别说你这次聚会上的菜是山羊肉。没人告诉我上的是山羊肉。我以为……"诸如此类，然后是菜谱，最后——我现在记不确切了——最后以"你可以用醋干很多事"结束。瞧，所有这些让我发笑、回味良久并写下来的东西。然后我会想，那纯粹是放纵自己。删掉它们！然后我就将它删了。

《巴黎评论》：你是偷听者吗？

韦尔蒂：我偷听得不如以往多，或者不如我希望的那么多了，因为我的听力没以前好，要么就是到处都太吵了。但我还是听到了一些精彩的话。嗯，在南方，大家都在不停地讲个没完——他们不会因为你偷听了他们的故事而遗憾。我在听个痛快时从来不觉得自己是在偷偷摸摸。我是在帮忙。我可帮他们大忙了。

《巴黎评论》：你觉得这种口头传统，是不是可以说，解释了你的对话写作为何如此生动？

韦尔蒂：我想这是为什么人们能从读到的故事中得到乐趣的原因。它是我取之不尽的宝藏。我从中取用，而且完全正当合法：我们的人民就是那样说话的。他们就是那样学习、教育、思考、享受的。南方人确实拥有，或者说传承了一种人类命运的叙事感。这在《败仗》中可能有所体现，也可能没有。聚会就是大家在一起回忆——回忆并讲述他们的人是何时出生，生活中发生了什么，他们的孩子又经历了什么，以及他们是如何死去。一个人的一生，所有点点滴滴都会被人记住，我觉得那是件了不起的事，而且很高兴能了解其中的一部分。在纽约你可能拥有最棒最亲切的朋友，但你对他们的了解，如果能超出你生活的小小一角与他们生活中那小小一角的交集，可谓非同凡响了。你找不到那种连续叙事线索的感觉。你永远看不到那个完整的圆圈。但是在南方，那个人们即便现在也不太常搬家，而以前几乎从不移居别处的南方，生活方式从来都是那样。

《巴黎评论》：你会说南方人——南方腹地的人们——比北方人更坦率吗？

223

韦尔蒂：我想我们有某种大家都理解、交谈的语言——有点像速记，基于熟悉的程度——但我不确定我们是否更敞开。我们讲出来的不见得比我们以为的多，我们隐藏的也不见得比自己以为的多。我们只不过更习惯于交谈——正如你能看到的——而且话题不会成为我们的阻碍。

《巴黎评论》：而那对你的虚构作品影响很深？

韦尔蒂：我想它为我的小说赋予了一种风格，并让我能够把握那种特性。我得说，当我谈论南方品质时，我只代表我自己，因为我不知道其他人是如何写作的。可能会完全不同，尤其是像威廉·福克纳这样的天才，他对久远的过去有如此全面的把握，他广博深厚的乡村知识远胜于我，是无价之宝，而他其他方面的才华根本无需我开口了。

《巴黎评论》：你认识福克纳吗？

韦尔蒂：认识很久了，但交往不深。我真是非常喜欢他。我们是在牛津的一次晚宴上认识的，都是他的老朋友和我的老朋友们，一切都正是该有的样子，美妙极了。我们唱了赞美诗，唱了老歌谣——第二天他邀请我出航。要是我们在纽约碰面，我们也只是谈论牛津的事。他不提写作的事，而如果他不提，你知道我是不会提的！但他在好莱坞工作的时候曾给我写过一封两行的短信——那远在我们相识之前很久了——他说很喜欢我的一本小书《强盗新郎》，如果有需要他帮忙的地方尽管开口。写在一张笔记本里的纸页上，笔迹很优美、干净，有些难以辨识，是铅笔写的——而我把它搞丢了。

《巴黎评论》：你感觉他的存在对你有没有任何影响？

韦尔蒂：坦白说，我不这么认为。这些很难确定。我对他自然充满敬仰。但那对你自己的写作没有帮助。除了你自己没人能帮你。我经常被人问,跟威廉·福克纳同住在密西西比,我怎么可能写得出一个字来,这个问题令我很惊讶。这就如同住在一座雄伟的大山旁——我很乐于知道山在那里,他平生所有的作品在那里。但这种存在对我不是一种促进,或者阻碍。山峦本身的雄伟,令它在我的写作生活中很遥远。我想到福克纳的时候是我阅读的时候。

另一方面,作为一名伟大的作家,他对任何人而言都不遥远。我知道关于他的一个故事,虽然他自己并不知道别人知道,我打赌。密西西比充斥着作家,我是从听到过这个故事的人那里听来的。某位女士决定写一部长篇小说,一切进行得很顺利,直到她写到恋爱的场面。"于是,"她对我朋友说,"我想到,不是有威廉·福克纳嘛,他就住在牛津。何不寄给威廉·福克纳问问看?"于是她寄给了他,过了很久,没有他的任何回音,她便打电话给他。因为他就住在那儿嘛。她说:"福克纳先生,你有没有收到我寄给你的那份恋爱场景描写?"他说有,他收到了。她又说:"哦,那你怎么看?"而他说:"噢,亲爱的,我不会那么写——但你尽管写下去。"哎,他可不是很和蔼?

《巴黎评论》:别人会请你看没出版的手稿吗?我是说,女性尤其倾向于写大部头的历史长篇,我在想杰克逊有没有这样的人。

韦尔蒂:我不会感到吃惊。我想哪个林子都有这样的人。没错,我收到过稿件,但我对哥特小说和历史小说这些实在一无所知,于是我直言相告。实际上,整体而言,本州现在有才华的作家相当多——很多年轻、严肃的优秀作家。

《巴黎评论》:你是否感到自己属于一个文学圈,和弗兰纳里·奥康纳、卡森·麦卡勒斯、凯瑟琳·安·波特或卡罗琳·戈登等同属一个圈子?

韦尔蒂：我不确定有没有什么虚线将我们连起来，虽说我们都知道彼此，而且我想我们都互相敬重，读过并懂得彼此的作品。我们中间有些人是多年的朋友。我觉得我们对彼此并没有什么影响，但想到你自己的一生碰巧跟谁的一生同行，还是很愉快的。当然，凯瑟琳·安·波特从一开始就对我特别热情慷慨。我曾经将自己最早的小说寄给《南方评论》，她读到了，从巴吞鲁日给我写信邀请我去看她。我想我花了六个月或一年的时间才鼓足勇气。有两次我到了那切兹，又半路折返了。但最后我终于还是去了那里，而凯瑟琳·安对我欢迎备至。后来她还为我的第一本短篇小说集作序，对此我无比感激。这些年来我们一直是好朋友。

《巴黎评论》：你会怎么看关于自己的传记?

韦尔蒂：难为情，一想到就会气馁，因为对我来说作家的作品应该就是一切。作家的所有情感，他整个生命的力量都可以被倾注进小说——但他写作的目标是为了写出一篇客观的东西。人们阅读的应该是这样的作品，而非作家的生活记录，人们应该理解到——这里有份东西，是这个人亲手创作的。如其所是地阅读它。是由谁的手创作的甚至都不重要。好吧，当然，还是重要的——我只是在夸张地证明我的观点。但你的私人生活应该保持私密。就此而言，我想我自己的私人生活不会引起任何人的特别兴趣。但我会守卫它，我对此非常在意。那些设法想从我的生活挖出些什么料来的人会很难得逞。我想我最好把一切都烧掉。最好是把信件烧掉，好在我从来不写日记或日志。我所有的手稿都被赠送给杰克逊市历史档案馆了，因为那是我的故乡，而馆长又是我的终身朋友。但我没把所有的东西都给他们。肯定有满满一大箱的东西没给，因为我觉得没有人会关心，根本没有人会想要看我犯过的错、走过的弯路。比如我曾经删掉的那个山羊肉的段落，以及其他不计其数的素材。

《巴黎评论》：为什么《败仗》和《三角洲婚礼》的故事背景设置在二十世纪二〇年代和三〇年代？

韦尔蒂：这是为了设定场景，框定故事范围。两者都是家庭小说，我不想它们被我无法控制的外界事件阻碍。拿《三角洲婚礼》来说，我记得我仔细调查了三角洲有没有哪个年份没有发生可怕事件——比如洪水、火灾，或令男性丧生的战争。我根据年历设定了它。这对我来说不是很方便，因为在我描写的那个年代，我当年还是个小女孩——所以我让一个小女孩作为其中一段的观察者。在《败仗》中，我想描写一个一无所有的家庭。空荡荡的场景。我选择了最为艰难的时代，人们拥有的最为贫乏，场景就可能最空无一物——当然，那是大萧条时期。

《巴黎评论》：你更喜欢写空无一物的场景？

韦尔蒂：在这本书中，是为了让人物逐渐填充那些场景。开始下笔时，我脑子里会有人物和故事情节，技巧是在写作的过程中逐渐发展出来的。当然每个故事都不同。在《败仗》中，我想写那些一无所有却仍能依靠自身性格和环境的资源努力生活的人。

《巴黎评论》：你写《三角洲婚礼》时熟悉种植园生活吗？

韦尔蒂：不熟悉。但我有些那里来的朋友，我老听到他们的故事，也有人带我去野餐，拜访那里。家庭拜访。三角洲非常富饶，景象令人震撼，但完全是平地。除了地平线之外什么也看不到，这样几天下来我会觉得有些烦躁。在你到达之前会经过高耸的峭壁，冲下深深的山谷，然后，除了平地就没有别的了。我所见所闻的一部分萦绕不去。有些家庭故事和俗语出现在我的书里面，虽然我现在已经记不清哪些是真的，哪些是编的了。

《巴黎评论》：约翰·克罗·兰塞姆在一篇书评中写道，《三角洲婚礼》可能是"关于旧南方传统的最后一批小说之一"。

韦尔蒂：我很尊敬兰塞姆先生，但他这里的意思我不太清楚。我并不是在写"旧南方"的小说。我并不认为自己是根植于任何特殊的传统而写作，而且我不太愿意接受对《三角洲婚礼》的这个论断。我现在会更不情愿，因为"旧南方"这个说法本身就有某种不真实、不太直白的涵义。

《巴黎评论》：你的父母原本并非来自南方腹地，你觉得这对你的讽刺性视角是否有影响？

韦尔蒂：这可能给了我平衡。但其他因素更重要。我的祖父在俄亥俄南部拥有一个农场，我的外祖父是西弗吉尼亚的一名乡村律师，也是农场主，我母亲的父母双方都来自主要由教师和牧师组成的弗吉尼亚家庭。他们有些人为报纸写作或写日志，不过没有人写小说。但要说我感受到的家庭影响，重要的是他们都爱看书，书也陪伴着我长大。然而不管我父母来自何处，他们都依然是他们，还是那样有个性的人，而我也依然会是他们的孩子，不管我出生在何处。我是个土生土长的南方人，但作为作家，我想，你的成长背景最重要的地方在于，它能在多大程度上教会你观察你的环境、真正理解它，以及它能如何深厚地滋养你的想象力。

《巴黎评论》：《声音来自何处？》这篇写的是梅德加·埃弗斯[①]的

[①] 梅德加·埃弗斯（Medgar Evers，1925—1963），美国黑人民权运动人士，出生于密西西比州，"二战"中曾应征入伍，1954年加入NAACP（美国全国有色人种协进会）。1963年6月12日被暗杀。

遇刺事件，这应该是你唯一一篇和时事有关的小说？

韦尔蒂：肯定是这样。我在写别的东西时它愣是冒了出来。那时我对很多关于南方的文字已经感到不安，因为绝大多数都是生活在别处的人写的南方，我感觉其中有太多想象和生造。那些小说并无恶意，但都是遥远笼统的空泛之谈。刺杀发生时，我突然意识到我明白那个男人的想法，因为我一辈子就生活在那里。那种感觉极为诡异，恐惧和一种无法抵抗的冲动瞬间交织。我努力按照我所生活的那个南方的真实样貌去写，如此我才敢用第一人称叙述。小说的题目不是太好，我想找个更好的。写的时候——我是连夜写完的——没人知道凶手是谁，我用这个题目是想说，不管是谁在说话，身为作者，我有条件知道凶手的想法及其缘由。

《巴黎评论》：真实事件会妨碍你的写作吗？

韦尔蒂：唔，如果你写的是真实发生的事件，你不能像写其他小说一样去安排情节。《声音来自何处》一篇中，我写的是真实发生的事儿以及发生的那一刻。我就像个真正的侦探一样设法找出凶手是谁。我不是说凶手的名字，而是他的本性。那其实并非小说家的特权，或者也可能是？不管怎样，事件后来的发展证实，我对他心理的把握是接近精准的，但对被捕者的社会背景的描述就差得比较远。正如我的一个朋友所说："你以为是斯诺普斯家的人[①]，结果却是康普森家的[②]。"不过从某方面来说，这两者的差异并不长久。

《巴黎评论》：你有没有发现，你早期的小说——诸如《绿帘》和《宽广的网》，比后来的《伊尼丝弗伦新娘》要来得更加怪诞、阴郁？

[①] 斯诺普斯家族，威廉·福克纳"斯诺普斯三部曲"（包括《村子》《小镇》《大宅》）中的南方发迹家族。

[②] 康普森家族，威廉·福克纳《喧哗与骚动》等作品中出现的南方没落家族。

229

韦尔蒂：这种差异其实不在于题材，更多在于处理的手法。在早期创作中，我肯定需要所谓的"怪诞"的技巧。也就是说，我希望将人物区分开来，通过他们的外在特质来表达他们的内心世界——这当时对我来说是最直接的方法。不过这是事后想到的。我想我当时并非有意识地这么做，而且也不知道这是最简单省力的方法。但如果要表现一个人的孤独，让他又聋又哑，比摸索他头脑中的想法要简单多了。而我让《初恋》中的男孩以耳聋者形象出现还有另一个原因：小说里的一位角色亚伦·布尔是真实人物。我不能像对待虚构人物一样为他设计谈话，于是我让他对着一个耳聋的男孩说话，男孩能以自己的方式叙述、诠释他的话——那么做是出于故事的需要。作家会很本能地去把人物强烈的感情或情绪转译为某种可见的东西——红发即是一种表达。但不是非得如此。我相信我现在可以不借助这类显而易见的技巧来描写同样的心理状态。但所有技巧——使用象征也是一种——必须有机地在故事中发生。我感觉这点尤为重要。

《巴黎评论》：你这里说的也包括其他早期的短篇小说吗，比如《莉莉·道与三位女士》与《石化人》？

韦尔蒂：嗯，在写最早的短篇时，我写得快多了，当时没有意识到可以用另一种方法来写，也许再写一次会更好。它们都展现了只管埋头写的弱点。我从来不重写，我只是写。这些故事的情节比较薄弱，因为我还不懂得要考虑情节。在对话类小说中，它们自然就随着对话往下展开了。我直到公开朗读小说时才意识到它们真正的薄弱之处——我的耳朵告诉我这一点。它们本可以很轻易地变得更有力。有时我会为作品朗读稍加修改——做些删减、调整顺序——小小的改动，只是为了看看有什么不同。

《巴黎评论》：《精力充沛的人》那篇的灵感来自哪里？

韦尔蒂：那是一晚上写出来的，我在杰克逊参加了一场音乐舞会，演奏者是费兹·华勒。我想写下我对那些来自陌生世界的旅行艺术家和演出者的想法——不是费兹·华勒个人，而是任何艺术家——设法用音乐让我联想起的词语和情节。对我这样的作家而言，这是个大胆的尝试——跟在梅德加·艾弗斯遇刺当晚就动笔写谋杀者一样大胆——我并不具备足够的本领去描写音乐或表演者。但当时这种尝试令我愉悦，现在依然如此。

《巴黎评论》：小说的结尾写作有没有问题？

韦尔蒂：目前为止没有，但我可能犯了错而尚不自知。要知道收尾的确切时刻，其实属于情节构筑的范畴。我是凭借耳朵写作的，而这可能会骗过我。在我阅读时，能听到纸上的故事的声音。我不知道这是谁的声音，但某个声音在为我朗读，而我在写自己的小说时也能听到。我有视觉性思维，我看见了所写的一切，但我必须听见被写下的文字。噢，那听起来很荒谬。这与写对话不一样，对话当然是另一种，特殊的听。

《巴黎评论》：你最早的短篇小说是关于巴黎的。

韦尔蒂：那不值一提。那时我十六岁，是个大一新生。噢，你知道，我在描写这广阔的世界，而我真正熟悉的地方只有密西西比州的杰克逊。不过开始推动我写作的，部分是我对人和地方背后的那种神秘感的觉知，这种感觉很真实，伴随我一生。至于巴黎，我记得我有个短篇是这么开篇的，你看看有多糟："布勒先生将一把精致的匕首插入了小姐的身体左侧，而后泰然自若地迅速离开了。"我想认为自己当时不是太当真的，可其实我是。

《巴黎评论》：你寄出《旅行推销员之死》时，是怎么知道自己结

231

束了学徒期的？

韦尔蒂：我的学徒期那时刚开始！我发现这点时万分激动。我从没想过我的小说真的被接受了。街上的一位老朋友胡伯特·克里克莫尔，现在已经过世了，他知道关于投稿的一切。他是位作家，比我开始得早，出版过很多优秀的长篇小说和诗歌。我不会给他看我写的，只是问他："胡伯特，你知道这该往哪儿寄吗？"——然后他告诉了《手稿》杂志的约翰·卢德。于是我寄了过去，约翰·卢德接受了它，我当然目瞪口呆。胡伯特也是！我想我总是很幸运——我写的东西总是能安全落地，被朋友接住。

《巴黎评论》：你很幸运逃过了出版商对年轻作家的特有要求：长篇优先。他们对短篇小说集很谨慎。

韦尔蒂：这点我要感谢约翰·伍德伯恩，我的第一位编辑，他当时在道布尔迪，还有我的经纪人迪尔米德·拉塞尔，如今我们已是多年的朋友。我还要感谢我的天性，因为我从来不写任何不是自然出现在我脑海中且激发我想象的东西。

《巴黎评论》：跟你的短篇相比，我发现你的长篇更为松散、自由、轻松，结局往往是彼此皆大欢喜，融洽无间。

韦尔蒂：我天生的性格是比较积极的，而且我在短篇小说中会真正寻求解决之道。我想我们不常看到生活中的问题得到解决，哪怕是以一种不完美的方式，但我喜欢小说家的一点就是他们可以直面一段经历，然后试图用艺术的方式来解决其中的矛盾——赋予它形式，试图表现这种矛盾——不管多么不完美、短暂——作家可以用短篇的形式来容纳、表达它。而在长篇小说中你有更多机会尝试。短篇小说受限于一种情绪，而故事中的一切都从属于它。人物、背景、时间、事件全都从属于情绪。比起长篇，你可以在短篇中尝试更短暂、更转瞬即逝的东西——你能更多地根据启发写作。解决的少，启发的多，或许。

《巴黎评论》：你用短篇小说来进行简短的描述，而让长篇来解决更大的问题？

韦尔蒂：我只能根据情况这样说。要是我事先知道《败仗》会写成一部很长的长篇小说，我不知道自己会不会动笔写。我是个偶然写长篇并且写得比较费力的短篇小说作家。你看到了，我所有的作品都是自己生长的。它似乎是根据想法设定了形式，这个想法从一开始就已是完整的，而形式感如同花瓶，你往里面倒入东西，将它装满。我从一开始就有了全部的想法，并没意识到自己能走多远再折返。这种弹性与自由令我兴奋，我对此并不习惯，它们也是偶得的。但没人能比我从这些教训中得到更多的乐趣了。我们能够尝试的永无止境，不是吗？所以希望下次更好运。

《巴黎评论》：评论家根据你就这一主题的写作而将你定义为地方性作家，你认为这是一种夸张吗？

韦尔蒂：我不介意被称为地方性作家。定位、评判是评论家的工作。但对于作家选择写什么，评论家其实并没有发言权——那是作家独自承担的责任。我只是将自己看作描写人类的作家，而我碰巧住在某个地方，正如我们所有人一样，于是我写自己熟悉的——这对世界上任何一个地方的任何作家来说都是如此。我还碰巧热爱我所在的地方。如果这体现在我的文字中，我不介意。

《巴黎评论》：那是你灵感的来源吗？

韦尔蒂：不只如此，它还是我知识的来源。它告诉我很重要的事。它指引我，让我笔直往前，因为地方是我写作的定义者以及限定者。它帮助我认同、识别、解释。它本身能为你做的如此之多。它拯救了我。当然,你不可能写一个不在任何地方发生的故事。反正我不能。我没法写任何抽象的东西。我对任何抽象的东西都不会感兴趣。

《巴黎评论》:在《没你的位置,亲爱的》一篇中,地点的作用是怎样的?

韦尔蒂:那篇小说中最关键的就是地点。事实上是那个地方本身完成了这个故事。那个场景我只看到过一次——密西西比河三角洲,河流在新奥尔良州以南蜿蜒流向海湾——就一次。这深深震撼了我。它打开了这个故事,为我写下了它——并且就是故事本身,真的。不管怎样,地点是最重要的东西。时间和地点是所有故事的根基。在我看来,虚构作家的诚实正是由此开始,即忠实于时间和地点这两大要素。从那里开始,想象能带他去任何地方。

我觉得,你也可以同样忠实于对某个地方的印象。对一个陌生之地的匆匆一瞥,对你的影响可能与你长大的地方一样强烈,哪怕你对它熟悉到骨子里,不用动脑子就知道它是什么样。我写过自己非常熟悉或完全不熟悉的地方,但从没写过自己一知半解或臆测的地方——那样的写作是不可靠的。

《巴黎评论》:《西班牙音乐》发生在旧金山。

韦尔蒂:那是依据对一个地方的印象。我在旧金山只待过三四个月——匆匆一瞥。那篇小说是对一个地方的回应,一种一见钟情的行为。它是从陌生人的视角写的,当然——这是写陌生地方的唯一方式。另一方面,我没法写发生在我已来过这么多次的纽约的故事——因为它既熟悉又不熟悉,是不属于任何人的地带。

《巴黎评论》:《金苹果》中的莫甘纳是在哪里?

韦尔蒂：是个虚构的三角洲小镇。我被这个名字吸引是因为我一直都很喜欢海市蜃楼[①]的概念——那虚无缥缈的形象，在海上生成的幻景。三角洲所有的地方都是以人名命名的，所以就根据摩根这个人名将它称为莫甘纳。我们南方人可能并不知道有海市蜃楼这样的东西，但他们对幻景并不全然陌生——在棉花田之上。

《巴黎评论》：你有没有发现《金苹果》中的艾克哈特小姐与《败仗》里面的朱莉亚·莫蒂默有相似之处：都是学校老师，是教化的推动者，因此也是局外人？

韦尔蒂：这未必是"因此"的关系——不过她们的确是局外人。我想她们是同类，不过这样的老师遍布南方，也可能遍布所有地方——乐于奉献，打了败仗，但并非每仗都输。我们至今都还记得我们在杰克逊上初中时的校长罗琳娜·杜林小姐，还会经常谈论她。这不代表她是我的人物原型，但她给了我洞察力，让我认识到一名伟大教师的意义。我母亲也是这样一位老师。我出生时她已经不在教书了，但她会给我讲那些故事。她在西弗吉尼亚一所小小的山村学校教书，骑着马去学校，还要搭船过河，教的学生都比她大——她十五岁开始教书。我想我母亲教书第一个月挣了十七美元银币，后来他们就再也没到过那么高的水准——这在朱莉亚·莫蒂默小姐身上也发生过。这样的教师拥有的塑造力会真实地影响人一生。

《巴黎评论》：我看到你的作品中还有另一组人物构成的模式。《金苹果》里面的维吉·雷尼是一个个人主义者，也是局外人，这一点和《三角洲婚礼》中的罗比·雷德，以及《败仗》中的格罗丽亚·肖特很像。

---

① fata morgana（海市蜃楼），作家虚构的地点莫甘纳（Morgana）即来自这个词。

韦尔蒂：回顾时我能看到这个模式。这很有意思——写作时，我从来看不到自己或多或少的重复，只有之后才能看到这一点。前一阵杰克逊在上演《庞德之心》，当时我刚写完《败仗》。新的小说在我脑中如此鲜活，而《庞德之心》我已经很多年没想起了。但当我坐在观众席上看排演时，我不断地看到我曾以为是为《败仗》构思的片段或碎片，它们却以另外的形式出现在《庞德之心》里。于是我想，这有点令人沮丧，但它就是这样。你的头脑就是这样工作的。而它们每次在我面前出现都像新的一样。

《巴黎评论》：你不在家时写作吗？

韦尔蒂：我发现我几乎在哪里都能写。我更喜欢在家里写，对一个像我这样习惯早起的人来说，在家里写作更方便，而且那是唯一的你可以真正保证时间且不受干扰的时候。我写短篇的理想方式是先一口气写出完整的第一稿，然后花尽可能多的时间修改，最后一口气完成终稿，这样出来的作品是完整、持续努力的结果。这在任何地方都不可能，但在自己家里是最接近可能的。

《巴黎评论》：你用打字机吗？

韦尔蒂：是的，那很有用——它令我感觉自己的写作是客观的。我看打印稿时能够更好地修改。之后，我会用剪刀和大头针修改。粘贴太慢了，而且不能撤回，但你能用大头针移动自如，那是我真正爱干的——将一切放在它们最佳最合适的位置，在需要的时候透露信息。我经常通篇挪移，从最开头到最末尾。细微之处——一个事实，一个词——但都是对我来说重要的事。可能我有个反向大脑，反着做事情，我是个无可救药的左撇子。正是这样我明白了自己的弱点。

《巴黎评论》：你进行大量的重写？

韦尔蒂：对，是这样。有些我会从头到尾不去碰——故事的核心。你懂得不该去碰那些对的部分。对我来说最难的是让人们进入和离开房间——故事的机制。穿衣服这么简单的动作对我来说几乎是不可能不错上几遍就能写好。呈现这类动作或事实时，你必须迅速、具体，并且足够利落、低调，以免造成干扰。我发现那非常有挑战性，尤其在描写我自己做不好的动作时，比如针线活。我将《败仗》中的莱克西婶婶写成不擅长针线活，这样我就不用将它描写得很好了。最容易写的是情感。

《巴黎评论》：然而最难的似乎是人心中隐秘的地方，神秘的、莫可名状的情感。

韦尔蒂：对作家来说那正是你开始的地方。没有这个意识你不会动笔写小说——那才是让你动笔的东西。正是它造就人物、设定情节。因为你是从人物的内在开始写作。你不能先从人们的样貌、谈话、行为开始，然后慢慢明白他们的感受。你必须在他们还没出场之前就明确无误地了解他们的内心和头脑在想什么。你必须了解一切，然后并不全部道出，或者不一下子说太多：只在恰当的时机说出恰当的东西。而且同一个人物，在长篇小说和短篇小说中会有迥然不同的写法。在短篇小说中，你不会为了发展人物性格而深入角色。他被创造时已经完全成熟，他的出现是为了扮演在故事中的角色。他服从于他的功能，在这之外她并不存在。但在长篇小说中，他可以。所以你可能得允许他成长，可能得控制住他，不把你知道的一切都和盘托出，要不然就让他完全施展他的影响——甚至是为主人公腾出空间，在较为宽裕的前提下。

《巴黎评论》：能否客观地谈论一下你的语言，或者你对比喻的使用？

韦尔蒂：我不知道该如何谈论，因为我觉得真实的写作只存在于写作之中。当我想到什么，我就用叙述的形式写下来，而非分析的形式，因此我若要说什么都会是不自然的。这让我想起我的一位亚美尼亚朋友，一名艺术家，他告诉我说他的梦全都发生在同一个地方。他上床睡觉时，会想象自己乘着雪橇冲下陡峭的山坡；在山脚有座小镇，等他到达时，他已经睡着了，他的梦就在那里发生。他不知道为什么或怎么样。还有个不可思议然而绝妙的：W.C. 菲尔茨看了一篇关于他如何杂耍的分析，之后的六年他根本没法玩杂耍。他从来不知道杂耍是这样的。他本来只管将球抛起来耍。

（原载于《巴黎评论》第一百四十五期，一九九七年冬季号）

琼·狄迪恩

◎龙荻/译

《巴黎评论》上一次采访琼·狄迪恩是在一九七七年八月,那时候她住在加利福尼亚,刚出版了她的第三本小说《祈祷书》。那时狄迪恩四十二岁,不仅因她的虚构作品出名,还以她为杂志写的文章而为人所知——书评、报道以及杂文——其中部分被收进了文集《向伯利恒跋涉》(1968)。此外,狄迪恩还跟她的丈夫约翰·格里高利·邓恩(他也在一九六六年接受过《巴黎评论》的采访)一起写了若干电影剧本,包括《毒海鸳鸯》(1971),以及改编自她的第二本小说的《顺其自然》(1972),还有《一个新星的诞生》(1976)。《巴黎评论》对狄迪恩的第一篇采访于一九七八年刊出时,她正打算继续探索她在虚构和非虚构写作上的天赋。在那之后,她作为作家的创作广度和技艺伴随不同的写作项目日渐拓宽和精湛。

琼·狄迪恩出生于萨克拉门托,她父母也出生在那里,他们都是加利福尼亚人。她在加州大学伯克利分校学习英文,一九五六年毕业后,她在《服饰与美容》杂志举行的写作比赛中获奖,就搬到纽约入职了这家杂志社。同时她也成了《国家评论》以及其他一些刊物的撰稿人。一九六三年,狄迪恩发表了她的第一本小说《河流奔涌》。第二年,她和约翰婚后没多长时间,他们就搬到了洛杉矶。一九六六年,他们在洛杉矶领养了他们唯一的孩子昆妮塔·璐。

一九七三年,狄迪恩开始给《纽约书评》写稿,她后来成为这本杂志的长期撰稿人。近些年来，她继续写着小说——《民主》（1984）和《他最后的愿望》（1996）。此外，她也探索了不同种类的非虚构作品的创作：评论文章、政治报道、回忆录。她在1979年出版了她的第二本杂志文章合集《白色专辑》，之后又出版了《萨尔瓦多》（1983），《迈阿密》（1987），《亨利之后》（1992），《政治小说》（2001），以及《我从何而来》（2003）。二〇〇五年春天，美国艺术与文学学院授予了狄迪恩金质奖章。

二〇〇三年十二月，在他们四十年结婚纪念日前不久，狄迪恩的丈夫去世了。去年秋天，她出版了《奇想之年》，一本由哀悼和回忆的思索构成的书。现在这本书成了畅销书，也获得了美国国家图书奖（非虚构类）。狄迪恩正在把这本书改编为独角戏剧本。在这本书出版之前两个月，狄迪恩三十九岁的女儿因长期慢性病去世。

我们的对话是在她和丈夫曼哈顿的家中花了两个下午完成的。在这间宽敞的公寓的墙上挂着很多狄迪恩、邓恩以及他们的女儿的照片，阳光照满了全是书的房间。"我们买这个地方的时候，想象着阳光可以洒满整个房间。但其实不是这样。"狄迪恩笑着说。笑声伴随着她精准的言辞。

——希尔顿·阿尔斯

《巴黎评论》：到现在你写过的非虚构作品至少已经跟小说差不多一样多了。你怎么描述这两者之间的不同？

琼·狄迪恩：写小说对我来说是一件恼人的工作，至少在小说的前半部分如此，有时候这种恐惧会贯穿全书写作过程。写小说的过程和写非虚构的作品完全不同。你需要每天坐下来编故事。你没有笔记——或者说有时候你有笔记，我在写《祈祷书》的时候做了很多笔记——但是笔记只会给到你故事的背景，而不是小说本身。在写非虚构文章的时候，你的笔记就可以给你文章。非虚构的写作更像是雕塑，是将你所有的研究资料修饰成最终作品的过程。小说就像是画画，尤其像画水彩。你画下一笔就有了痕迹，就必须是留在那里继续画。当然你可以重写，但是最初笔触的痕迹已经留在了作品的层次里。

《巴黎评论》：你会重写很多吗？

狄迪恩：当我在写一本书时，我总会重新打出我的句子。我每天都会回到第一页，然后重新打出我写过的句子，这让我进入一种节奏中。当我写了超过差不多一百页之后，我不会再回到第一页开始重打，但我可能会回到第五十五页，或者甚至会回到第二十页。但我老时不时想要再回到第一页开始重写。然后一天结束的时候，我会把我写过的页数标记上——有时好几页，有时只有一页——然后一直标到第一页。我把它们标记起来，这样我就可以在第二天早晨重新打字。这让我战胜早晨写作前面对一片空白的恐怖。

《巴黎评论》：在写《奇想之年》的时候你也会重写吗？

狄迪恩：我是这样做的。这对这本书来说尤其重要，因为关于这本书的很多东西都源于我脑中的回音。我不到三个月就写完了这本书，但我每天晚上都在修改。

《巴黎评论》：这本书的节奏很快。你想过你的读者会怎么去读吗？

狄迪恩：当然想过，你总会想人们会如何去读。我总希望人们可以坐下来一口气读完。

《巴黎评论》：你是什么时候知道你面对约翰去世的事实记下的那些笔记最后会变成一本书的？

狄迪恩：约翰是在二〇〇三年十二月三十日去世的。除了那之后一两天内我写了寥寥几句之外，到来年十月，我都没开始写笔记。写了几天笔记之后，我意识到我在想怎么把这些东西构架成一本书，这就是我意识到自己要写一本书的时候。这个想法并没有改变我要写的东西。

《巴黎评论》：写完这本书困难吗？或者写完之后你觉得重新过回自己的生活开心吗——过自己的生活是一种更低程度的自我剖析？

狄迪恩：是的。写完这本书很难。我不想让约翰离开。我还没有重新过回自己的生活，因为我的昆妮塔八月二十六日刚刚过世。

《巴黎评论》：因为你写的是你自己，采访者倾向于问你的私生活；我想问你关于写作和阅读的问题。你过去写过奈保尔、格林、诺曼·梅勒，还有海明威——都是一些强大的男性，一些充满争议的反叛者。这些是你成长过程中读到的、然后你想要模仿的作家吗？

狄迪恩：我真是很早就开始读海明威。我大概在十一二岁的时候就开始读了。他书里的句子对我来说有着磁铁一般的吸引力。因为它们很简单——或者说它们只是看上去很简单，但并非如此。

有天我在找我一直依稀记得的一项研究，是一个关于年轻女性的写作能力和阿尔茨海默症的关系的调查。研究对象碰巧都是修女，因为她们都在某个修道院修行受训。研究者发现那些在年轻的时候爱写简单句子的老修女更容易得阿尔茨海默症，而那些喜欢从句套从句的修女罹患阿尔茨海默症的机会更小。这个结论——我觉得可能是错的——可能是那些年轻时候写简单句子的修女没有很强的记忆力。

《巴黎评论》：但你是不会把海明威的句子归入简单一类的。

狄迪恩：不会，它们只是看上去简单的句子，他总是会给看似简单的句子注入变化。

《巴黎评论》：你觉得你能写那样的句子吗？你有想过去尝试吗？

狄迪恩：我不认为我可以写他那种简单的句子，但我觉得我可以学习——因为它们读起来非常自然。当我开始打出这些句子的时候，我能看到它们是如何运作的。这是我大概十五岁的时候发现的。我会把这些故事打出来。这是一个很好的让文章节奏进入你的头脑的做法。

《巴黎评论》：在读海明威之前你还读了谁？

狄迪恩：没有人像他那样吸引我。读他之前我读了很多戏剧剧本。我有个错觉是我可以去演戏。然而这个想法最后完成的方式并不是演戏，而是读剧本。萨克拉门托不是一个可以看到很多舞台剧的地方。我想我看的第一出戏是伦特夫妇巡回表演的《哦，我的姑娘》。我不认为这是能给我灵感的东西。以前同仁剧院会制作一些广播剧，我记得我听的时候特别激动。我记得我在战后那段时间会背《推销员之死》和《婚礼的成员》里的对白。

《巴黎评论》：你最喜欢的剧作家是谁？

狄迪恩：我记得有段时间看完了尤金·奥尼尔的所有剧作。我被他的剧本的戏剧张力震惊了。你可以看出它们是如何运作的。我在一个夏天读完了所有他的剧本。那时候我在流鼻血，因为某些原因我花了一整个夏天才把鼻子治好。所以我只是整天躺在门廊上读尤金·奥尼尔，这就是我干的事，我拿着一块冰杵在脸上读书。

《巴黎评论》：这些早年读到的东西对你的影响似乎和风格——声音和形式——有关。

狄迪恩：另一个高中时候令我惊艳的作家是西奥多·德莱塞。我一个周末就读完了《美国悲剧》，停不下来——我把自己锁在房间里。现在看来，这和我那时候读的所有书的方法论都是相悖的，因为德莱塞真的没有什么风格，但就是充满力量。

我第一次读的时候完全忽视的书是《白鲸》。昆妮塔读高中时学校布置了我才重读。那时候我们都明白如果我不在吃晚饭的时候小聊一下这本书，她是没法把书读完的。我在她的年纪读这本书的时候完全不得要领。我完全忽略了作者对文字狂野的控制。我当年觉得很绕的部分都是这些厉害的跳跃。这本书之前对我来说就是一团乱，我没有读出控制感来。

《巴黎评论》：高中以后你想去斯坦福。为什么？

狄迪恩：这是很自然而然的决定——我所有的朋友都要去斯坦福。

《巴黎评论》：但是你去了伯克利读了文学。你在那儿都读了些什么？

狄迪恩：我花了很多时间研究的人是亨利·詹姆斯和 D.H. 劳伦斯，我不太喜欢劳伦斯。他在每一个层面激怒了我。

《巴黎评论》：他一点也不懂女人。

狄迪恩：是的，什么都不知道。以及他的写作凝结成团又非常情绪化。这对我来说毫无作用。

《巴黎评论》：你提到读《白鲸》。你也会重读这本吗？

狄迪恩：我经常重读《胜利》，这也许是这个世界上我最喜欢的小说。

《巴黎评论》：康拉德？真的吗，为什么？

狄迪恩：这是个第三手的故事，都不算是一个叙述者从亲历者那里听来的故事。这个故事的叙述者仿佛讲的是从马六甲海峡的某个人那里听来的故事。所以叙事就有了美妙的距离感，而当你读进去以后，故事又变得很唾手可得。这种写法有着难以置信的技术感。我在写每一本小说之前——除了我第一本，当时我只是为了写小说而写小说——一定都会重看一遍《胜利》。这个过程打开了小说的可能性。这让写小说成为一件值得的事。同样的，我和约翰总会在写一个电影之前看《黑狱亡魂》。

《巴黎评论》：康拉德对奈保尔的启发也很大，你也很喜欢他的作品。你是怎样被奈保尔吸引的？

狄迪恩：我先读的非虚构的部分。但是真正吸引我的小说是《游击队员》，我现在依然会时不时读这本书的开头。开头的部分有一个铝土矿厂的故事，这故事让你对那个世界有了完整的感觉。对我来说这是一本令人激动的书。读伊丽莎白·哈德威克的非虚构作品也会对我有这样的作用——你会发现保持简单的生活，注意和写下你看到的东西是可行的，是值得做的。那些我们每天都会注意到的微不足道的东西其实是有意义、有深意的，它们能告诉我们很多东西。在你要开始写一个故事之前读奈保尔是很好的选择。还有埃德蒙·威尔逊，比如他在《美国地震》[①]中收录的短文。这些文章带有一种平凡人日常体验世界的视角，完全没有那种权威的专断的口吻。

[①] 20世纪30年代初，威尔逊前往底特律、芝加哥和肯塔基等一些动乱地区，为《新共和》报道这些地方的贫困和罢工情况，以及公司领导和资本家对工人的残忍与仇恨，1932年将这些报道以《美国恐慌》为题出版，1958年修订版改名为《美国地震》。

《巴黎评论》：是在伯克利读书的时候意识到自己想当作家的吗？

狄迪恩：并没有。在伯克利的时候觉得几乎没有办法当作家，因为我们总有一种所有其他人早就做得更好的印象。这对我来说是很让人灰心的事。那时候我不认为自己可以写作。在离开伯克利几年之后，我才有胆量开始写作。那种学院派的思维方式——在我这里当然比较浅——才开始消退。然后我真的花了很长时间去写《河流奔涌》。在那之后我就觉得再写一本书也许是可以的了。

《巴黎评论》：你后来到纽约来在《服饰与美容》杂志工作，晚上写作。你写那本小说是回到加州的一种方式吗？

狄迪恩：是的，这是抵御思乡之情的一种方式。但第二本的写作很困难。有几个笔记我解决不了。那是《顺其自然》，但当时这书不叫这个名字——我的意思是那时候没有书名，书也不是那个样子。首先，这本书的背景是在纽约。然后到了一九六四年六月，约翰和我搬到了加州，我开始给《星期六晚报》写稿。我们那个时候需要钱，因为我俩都没有在工作。然后在写这些稿子的过程中我有足够的机会接触现实世界，就有了为第二本书准备的实际的故事，然后我就开始写了。

《巴黎评论》：你想念加州的什么呢，你在纽约得不到什么呢？

狄迪恩：想念的是河流。我住在曼哈顿东边，周末的时候我会往西走到哈德逊河然后再走回东河。我总在想："好吧，这些也是河，但是它们不是加州的河。"我真的很想念加州的河，还有西部的太阳下山时候的样子。那是哥伦比亚长老会医院的优势——你能看到日落。对我来说，在东岸的时候日落时分总是缺点东西。在西岸的时候，日落时分的天空总能呈现很多精彩的东西。在这里只是天色变暗罢了。

另一样我想念的东西是地平线。我也想念西岸的地平线，如果我们不是住在海边的话，我注意到我买的所有画和照片都有地平线。因为它看着舒服。

《巴黎评论》：你为什么决定在一九八八年搬回东岸？

狄迪恩：部分是因为昆妮塔要在东岸上大学，在这里的巴纳德学院，另一部分原因是约翰陷入一本书已完成而下一本书还没开始的阶段，他的新书进展很不顺利。他觉得如果他在一个地方待太长时间，他就会厌倦得写不出东西。我们那个时候在布伦特伍德住了差不多十年了，比我们在其他任何地方住的时间都长。我想他只是觉得该搬家了。我并没有特别想搬家，但是我们离开了。哪怕在我们搬家之前，我们一直在纽约有一间小公寓。为了证明留着它的合理性，约翰觉得我们时不时会在纽约住一些时间，但这对我来说非常不方便。那个纽约的公寓不是很舒服的，每次回去的时候你总要安排清洗窗户、购买食物……那时候住在卡莱尔酒店还要便宜一些。

《巴黎评论》：但是你最后还是搬到了纽约，这是一个糟糕的决定吗？

狄迪恩：不，这是一个还不错的决定。只不过花了我整年或者两年的时间搬完。找公寓，把加州的房子卖掉，以及实际的搬家，完成工作，在开箱的时候记起来我把东西放到什么地方了——这些可能占了我两年有效工作的时间。虽然我觉得在约翰死后搬到纽约是对的，但是我不想在他死后一个人住在布伦特伍德那套房子里。

《巴黎评论》：为什么？

狄迪恩：都是实际的原因。在纽约我不需要开车去吃晚饭。在纽约也不会有杂草里的野火。我也不会看到蛇在游泳池里。

《巴黎评论》：你说你开始给《星期六晚报》写稿的时候，你跟约翰处于破产的边缘。这是你决定写电影剧本的原因吗，为了赚钱？

狄迪恩：是这样的。让我们搬到洛杉矶的一个原因是我们有个疯狂的想法觉得我们能写电视剧本。我们和一些电视台的高管开会，他们会跟我们解释诸如"伯南扎的牛仔原则"[1]这样的东西。"伯南扎的牛仔原则"是：在庞德罗萨断一条腿。我一脸茫然地看着那个电视台高管，他接着说，"有个人骑马来到镇上，为了让故事有用，他需要断掉一条腿，然后在那里待上两周"。所以我们没有给《伯南扎的牛仔》写过剧本。我们确实给克莱斯勒剧院写过一个故事，他们之后付了我们一千美金。

这也是为什么我们开始写电影剧本。我们觉得这是一个争取时间的办法。但是没人请我们去写电影剧本。然后约翰和他的弟弟还有我选了《毒海鸳鸯》[2]，把这本书改编成了电影。我读过詹姆斯·米尔斯的小说，我能看到它被拍成电影是什么样子。我想我们每个人都投了一千美金进去，在那个时候这是一笔巨款。

《巴黎评论》：你们是如何合作的？合作的机制是怎样的？

狄迪恩：在这个问题上，我记得是我写故事大纲，只是一些对话。不过不管我说了什么做了什么，或者约翰说了什么，对方总会过一遍，用打字机打出来。这是一个一直反复进行的工作。

《巴黎评论》：你写电影的时候学到了什么关于写作的东西吗？

狄迪恩：是的。我学到了很多虚构的技巧。在写电影之前，我不

---

[1] 《伯南扎的牛仔》(Bonanza)，美国第一部彩色西部连续剧，从1959年播至1973年，总共400多集，讲述了美国西部拓荒时期卡特赖特一家在内华达州的庞德罗萨（Ponderosa）经营牧场、建立新生活的故事。

[2] 《毒海鸳鸯》(The panic in the needle park)，詹姆斯·米尔斯1966年出版的小说，1971年被改编成同名电影，是阿尔·帕西诺参演的第二部电影。

会写大场面，还有很多不同讲话的人的场景——比如你让十二个人坐在晚餐桌边带着不同的目的交叉聊天。我一直对别人能这样做的能力印象深刻。说到这就想起了安东尼·鲍威尔。我想我第一本写了这样大场面的书是《祈祷书》。

《巴黎评论》：但是写剧本和散文叙事很不一样。

狄迪恩：那不是写作。你是在给导演写笔记——更多是给导演而不是演员。西德尼·波洛克因此告诉每个编剧都应该去演员的工作室，没有比这个更好的办法去了解演员的需求。我对从没考虑演员的需要有些负罪感。相反我只想导演要什么。

《巴黎评论》：约翰写过，罗伯特·德尼罗让你在《真正的忏悔》剧本里写没有一句对话的一幕——完全和《毒海鸳鸯》的剧本相反。

狄迪恩：是的，这相当不错。这是很多作家都明白的东西。但是如果你交给制片人一个这样的场景，他会想知道对话在哪里。

《巴黎评论》：在你写作光谱的另一头是《纽约书评》和你的编辑罗伯特·西尔维斯。二十世纪七十年代，你为他报道好莱坞的世界：伍迪·艾伦、奈保尔、帕蒂·赫斯特。从宽泛的意义上来说，这些文章其实都是书评。你是怎么转型专门为《纽约书评》供稿的？

狄迪恩：一九八二年，约翰和我要去圣萨尔瓦多旅行，鲍勃（罗伯特·西尔维斯）表示希望我们中间哪个人或者我们一起写写这趟旅行。我们到了那里几天后，就弄明白了要写这些文章的人是我而不是约翰，因为约翰当时在写一本小说。然后我开始写的时候，就写得很长。我把文章交给鲍勃，全文交出，我想的是他们肯定会删掉一些。然后很长一段时间我都没有收到他的回复。所以我并没有期待很多，然后他打电话给我，说他要全文登出，分为三个部分。

249

《巴黎评论》：所以他是能找到这篇文章的主线的？

狄迪恩：《萨尔瓦多》这篇文章的主线很清晰：我去了某个地方，这是我看到的东西。非常简单，就像一篇游记。鲍勃编辑这篇文章的方法是持续鼓励我不断更新当地的情况，然后指出比较弱的部分进行修改补充。当我把文章给到他的时候，比方说，文章的结尾很弱，写的是我在回程飞机上碰到一个美国福音教派的学生。换句话说，这是一篇按游记的逻辑组织的文章，结尾不太有趣。鲍勃给我提的修改方式并不是建议我将这个部分删除（这部分依然保留），而是我接着这个部分写——以及绕过它——然后回到政治局势上去。

《巴黎评论》：你是怎么决定在一九八七年去写迈阿密的？

狄迪恩：肯尼迪遇刺以后，我就想在那个地方做点什么。我觉得真的很有意思的是很多关于美国的新闻都是跟加勒比海、中美洲和南美洲有关的，尤其当你听完刺杀总统的犯人的听证会的时候。所以我们搬回纽约的小公寓后，我想，这就是我在纽约可以做的有用的事，我可以飞到迈阿密去。

《巴黎评论》：你以前有花时间在南方待过吗？

狄迪恩：有的，在一九七〇年。我当时在给《生活》杂志写专栏，但无论对我还是《生活》杂志来说，那都不是一个愉快的合作。我们想要的不是一样的东西。我跟他们签了合同，所以如果我交了稿，他们就需要付钱给我。但如果交了稿又无法刊出就是心灵的煎熬。所以大概写了七篇专栏之后，我放弃了。之前杂志同意我写更长的文章。以及我说了我要开车在南部海岸转转，然后那个说法被理解成了"白人南方的思维方式"。我有一个理论就是，如果我能理解南方，我就会理解关于加州的一些东西，因为很多加州的定居者都是来自南方的边境。所以我想了解这个部分。最后我发现我真感兴趣的是南方作为通往加勒比海的通道的作用。我其实应该一早就搞清楚我的想法，因为我的最初计划是在墨西哥湾沿岸开一圈。

我们的旅行从新奥尔良开始，我们在那儿住了一周。新奥尔良是个美妙的地方。我们开过了密西西比沿岸，那也是极好的旅行，但是在新奥尔良，你会有一种很强的在加勒比海的感觉。我在《祈祷书》里用到了很多在新奥尔良的那一周的经历。在那周里，每个人对我说的话都令我震惊。

《巴黎评论》：三年之后你开始给《纽约书评》写稿。这是令人生畏的工作吗？在你的短文《我为什么写作》里，你表达了对关于知识分子或伪知识分子的世界的恐惧。是什么将你从这样的恐惧里解放出来为鲍勃工作的？

狄迪恩：他的信任。没别的了。我甚至没法想象如果他没回应会怎样。他意识到写这些东西对我来说是一个学习的过程。比如说国内政治，就几乎是我完全不知道的东西。而且我也没有兴趣。但是鲍勃坚持推动我朝那个方向去。他真的对你在任何时候会对什么东西感兴趣了如指掌，然后他就会给你一些相关或不相关的点子，让你写下去。

一九八八年我去参加那些政治集会的时候——那是我生平第一次去政党党代会——他会给我传真当时的《纽约时报》和《华盛顿邮报》的头版。当然，你懂的，你在党代会上总是可以拿到报纸的。但是他就是要确认我看到了。

当你交稿后，他会很仔细地修改编辑，让你补充所有相关信息，以确保文章是周全的、站得住脚的，这样好面对之后的读者邮件。比方那篇关于特丽·夏沃案[1]的报道，他花了很多精力确保我了解该案

---

[1] 关于"安乐死"最著名的案例之一。特丽·夏沃（Terri Schiavo，1963—2005）是美国佛罗里达州的一名植物人。她的丈夫希望移除其生命维持系统，而她父母反对，最后法院判决结束特丽的生命。该案件引起了一系列关于生物伦理学、生命权、监护人制度、联邦制的争论。

涉及的所有议题，因为这篇文章可能会激起很多反响。他是我最信任的人。

《巴黎评论》：你觉得他为什么会鼓励你去写政治？

狄迪恩：我觉得他大概认为我可以足够置身事外。

《巴黎评论》：不是那种内幕报道——你不认识任何人。

狄迪恩：我连他们的名字都不知道！

《巴黎评论》：但是现在你的政治文章也有很强的观点性——你会站队。这是你在报道或者写作的时候时常发生的事吗？

狄迪恩：如果我对一种政治局势有兴趣到想要写写看的话，我一般会有自己的判断，虽然我经常意识不到。我会被一些政治形势困扰，于是我就会写篇文章来看看是什么让我不安。

《巴黎评论》：你转向政治写作的时候，就远离了自己一直进行的更私人化的写作。这是你追求的转向吗？

狄迪恩：是的，原来的那种写作让我感觉无聊了。首先，这样的私人化写作给人设限。另一个原因是我从读者那里收到热烈的回应，这是令人郁闷的事，因为我不可能去找他们然后给予帮助。我不想成为"孤独之心"小姐。

《巴黎评论》：那几篇写萨尔瓦多的文章是你第一次以政治作为叙事动机的作品。

狄迪恩：事实上这是一本小说，《祈祷书》。我们去了卡塔赫纳的一个电影节，我在那儿病了，某种沙门氏菌感染。我们之后离开卡塔赫纳去了波哥大，然后我们回了洛杉矶，我一病就是四个月。我开始读很多关于南美洲的东西,我从没有去过南美洲。克里斯托弗·伊舍伍德有一本书《秃鹰和奶牛》,他在书里写过这么一段,他描述了自己抵达委内瑞拉时的感受,他很震惊地发现自己对这个地方竟然如此熟悉,就好像生下来就生活在那里一样。我对南美洲也有同样的感觉。之后不久我开始读很多关于中美洲的文章,因为那时候我意识到我的小说必须在一个小国里发生,我也从那时开始用更政治化的思维去思考。

《巴黎评论》:但这依然没有促使你对这些国家的国内政治产生兴趣。

狄迪恩:我对国内政治完全没感觉,我不知道为什么会这样,因为和这些国家的内政比起来,我更感兴趣的是美国的外交政策对这些国家的影响。所以我也不明白我为什么没有发现两者间的联系。

我在写萨尔瓦多的时候开始有点明白了,但是到了迈阿密[①]才算完全懂了。我们对古巴和对流放者的态度完全是基于国内政治而定的。现在依然是这样。但对我来说,国内政治运作的程序是很难理解的。我可以明白总的图景是怎样,但是人们嘴里说出来的话我完全不能理解。

《巴黎评论》:到什么时候变得清晰了呢?

狄迪恩:我意识到他们说的话并没有任何实际的意义,他们更多的是在描述一场谈判,而非观点。但是你开始明白没有特殊性其本身就是一种特殊性,这是一种模糊的策略。

《巴黎评论》:你写萨尔瓦多和迈阿密的时候,采访那些政治人物

---

① 狄迪恩参加了 1972 年迈阿密民主党全国代表大会。

对你的写作有帮助吗？

狄迪恩：在那样的情况下是有帮助的。虽然我并没有跟很多美国政客聊过。我和萨尔瓦多当时的总统聊过，这个人很令人惊讶。我们谈到新的土地改革法案，我解释说我其实并没有很明白这项改革的内容。我们讨论了其中一条——第二〇七条——这条规定在我看来似乎意味着，土地所有者们可以事先筹划，消除改革产生的影响。

他说，第二〇七条只对一九七九年适用。这一点没人能理解。我问他如果只在一九七九年有效，是不是因为在第二〇七条实行之后，没有土地所有者会跟自己的利益对着干、让租户进驻他的土地。他回答说，是这样的，按第二〇七条的规定，没有人会愿意将自己的土地出租，要是他们这么做就是疯了。

这其实非常直接。很少有政治家会这么坦白。

《巴黎评论》：和约翰讨论你在那儿的经历对你有帮助吗？

狄迪恩：和他谈论政治是有用的，因为他深刻地了解政治。他是在哈特福德的一个爱尔兰天主教家庭长大的，在那个地方，政治是你早餐的一部分。我的意思是说，他并没有花很长时间，就弄懂了台上的人其实什么都没说。

《巴黎评论》：《萨尔瓦多》之后，你完成了小说《民主》，这部小说似乎从你对美国对外关系的那些报道里获得了一些素材。

狄迪恩："西贡沦陷"[①]，虽然发生在我们的生活之外，但我满脑子想的都是这件事。一九七五年"西贡沦陷"时，我在伯克利教书，然后那些画面就深深印在我脑海里，这是我写《民主》这本小说的背后最强烈的驱动力。小说出版时，有些人好奇我为什么从太平洋的核弹

[①] 西贡沦陷（Fall of Saigon），美国政府的表述，南越方也称为"430事件"，指北越军队于1975年4月30日攻占南越首都西贡，标志着越南战争的结束。

254

测试开始写起，因为我觉得这些核弹测试直接导致了后来美军放弃西贡的时候，让救援难民的直升机从航空母舰上放出去。

这在我脑海里是个非常清晰的发展线索。总的来说，我想告诉你我可以在写"430事件"或者伊朗门事件的同时，写一个爱情故事。对我来说，如果一部小说里没有很私人的东西，我是写不下去的。

实际上，《民主》是《祈祷书》一个更完整的版本，基本上也是一样的结构。都有一个叙述者试图去理解写到的人物以及重构这个故事。我的脑海里有那两个女主人公很清晰的画面，但如果我不能和她们保持一些距离的话，就写不了这个故事。在《祈祷书》里，夏洛特出场时身上穿着那件很昂贵的衣服，有一节线头暴露在外。她身上有一种狂热的粗放气息。《民主》的开头是喜剧式的，这是一本喜剧小说。我想这本小说里对人生的看法更平衡一些。我写的时候很痛苦，不知道为什么，但就是写不顺写。

在布伦特伍德的时候，每到山火季节我们就用一个很大的保险箱来放手稿。那是一个相当大的箱子，我们从没想过要清理它。一九八八年，我们要搬家的时候，我就必须清理那个箱子，我发现我不知道《民主》的前九十页我写了多少个不同的版本，每一版的稿件上都标注了不同的日期，是在好几年里写的。我当时会写上九十页，然后不知道该如何推进。我无法超越这个障碍，无法突破。我不知道这是怎么解决的。这些手稿的开头很多都是比利·迪伦去阿玛干塞特告诉茵奈兹她爸爸枪杀了她妹妹。从这里开始就很难往下写了。一点都没法推进。这些叙事太寻常了。我一直没有找到一个我可以放开往下写的点。我从来都没有找到这个点，哪怕写到了结尾部分。

《巴黎评论》：这是你第一次遇到这样的情况吗？

狄迪恩：这是第一次在写小说的时候遇到这样的情况。在写完小说的前两个晚上,我根本没想过我会写完它。然后当我真的写完了它,我有种感觉是我只是把它放弃了,我只是要让它结束而已。这就好像越南本身——我们为什么不说我们赢了,然后就撤离?这本小说没有让我感觉圆满。

《巴黎评论》:你的非虚构报道和为此进行的旅行似乎对你的小说写作有很深的影响。你会为你的小说特意做一些研究吗?

狄迪恩:《祈祷书》是经过调研的。有一个人为我们工作,她叫蒂娜·摩尔,她是一个非常出色的研究员。她会去加州大学洛杉矶分校的图书馆查资料,然后我会和她说,给我带回来所有关于中美洲种植园生活的书。回来后她会对我们说,这正是你在找的东西——你会喜欢这个的。但那些并非关于中美洲种植园的材料。她带回来的是锡兰茶叶,但这挺妙的。她对我要写的故事、我在找寻的东西有一种直觉的把握。我想要知道的是在热带生活的习惯。我当时吧,可没有意识到这点,是后来才发现的。在《民主》这本书里,我对各种地方的了解增加了。

《巴黎评论》:你最后的一本小说叫《他最后的愿望》,是一九九六年出版的,你花了很多时间写这本吗?

狄迪恩:没有很久。我在一九九五秋天或者夏末的时候开始写,然后在圣诞节的时候就写完了。我一直想写一本这样的小说。我想写一本关于伊朗门事件的小说,然后把那些残缺不全的东西都写进去。但基本上这是一本关于迈阿密的小说。我希望这本小说的情节足够复杂饱满。我注意到阴谋论是理解那个世界的关键;每个人或多或少都被按一定模式的设置好了。这本书的情节非常复杂,所以我必须很快写完,不然我脑海里记不住全部的情节。如果我忘记了某个小细节,这个故事就写不下去,而且一半的读者都不明白最后发生了什么。很多人觉得埃莱娜想要杀了特利特·莫里森。为什么她会想要杀了他？他们会这样问我。但是她没有。是另外的人干的，然后构陷了她。很显然我没有写清楚这点。

我那时候开始对传统的写法失去兴趣。首先是对描写失去兴趣：无论是小说还是非虚构的报道，我对那些冗长的描写失去了兴趣。当然，我这样说并不是指那种能让你看到整个场景的那些细节，我说的是那些被用来代替思考的描述。你可以看出，早在我写《民主》的时候，我就已经对此失去了耐心。那就是这本书为什么那么难写的原因。

《巴黎评论》：在《民主》《迈阿密》这两本和《他最后的愿望》之间，你完成了一本非虚构文集《亨利之后》，这本书给我的印象很深，在这本书里，你试图在搬回纽约后来理解这座城市。

狄迪恩：这本书里有篇长文章《感性之旅》，写的是中央公园慢跑者案[1]，我的写作冲动是因这起案子而起的。写这本书的时候我已经搬到纽约一两年了，我发现自己和这个城市之间没有任何牵绊。我完全可以住到另一个城市去，因为我不理解纽约，不明白它。所以我意识到我需要写一些关于纽约的报道。鲍勃和我决定我要写一组关于纽约的短报道，第一篇就是写中央公园慢跑者案。但严格的说我们也不算是报道，是从不同的角度抵达事件的情境。我对这个报道相当投入，完稿的时候，文章变得特别长。我把文章交给鲍勃，然后他写了一些评语——很多很多评语和修改意见，就把文章变得更长了，因为他觉得文章需要很多额外的材料，他是对的。后来我把那些材料都加进文章里，之后又另外加了大概六千到八千字。最终完稿的时候，我想这

---

[1] 指发生于1989年4月9日晚上的一起强奸案，受害者为28岁的白人女性特丽莎·梅里，同时另有8人在公园内受到袭击。梅里在案件中受到重伤，经过12天的治疗后才从昏迷状态苏醒。1990年，《纽约时报》将此案称为"80年代最有名的犯罪案之一"。

是我对纽约可以做的一切。

《巴黎评论》：虽然《感性之旅》写的是纽约，但其实这篇文章是关于种族、阶层和金钱的。

狄迪恩：在我看来办案的人是带着极大的轻蔑的。

《巴黎评论》：这话怎么讲？

狄迪恩：控方觉得媒体和大众的同情都站在他们一边。这个案子成了纽约人宣泄对破产、新一轮衰退期、无缘舒适生活的愤怒的通道，他们已经看到一些人被迫流落街头，这是事实。我们在一九八七年股市大崩溃六个月后搬到纽约。在那之后好些年，这次股灾对麦迪逊大道的影响都没有消退。你在晚上八点钟走下麦迪逊大道的时候无法避免会踩到睡在每个门口的人的。当时有个德国电视团队在这儿拍慢跑者案，他们想去拍哈莱姆区，但那天太晚了，他们没了日光拍不了。他们总是问我，他们能在哪个最近的地点拍到和看到纽约贫困的那一面。我回答说："试试72街和麦迪逊大道。"你知道马球牌精品店去了哪儿吗？那个楼现在是空的，门锁也是坏的，你可以看见老鼠在里面跑来跑去。房东当时把它清空了——我觉得他想开更高的房租——然后股市就垮了。那里什么都没有了，那整条街都一团糟。

《巴黎评论》：所以在加州时，你将目光投向了第三世界国家，而现在你可以了解纽约，因为你有在第三世界国家的那些经历。

狄迪恩：很多我看到的纽约伤感的部分，都是来自这个城市为了合理化内部的阶级矛盾而讲的故事。在写慢跑者案的文章之前，我并没有意识到这一点。从那篇文章开始，所有事都开始变得顺畅起来。鲍勃会寄给我庭审片段，但这个文章我完全靠我自己，因为只有我知道这篇文章会怎么发展。

《巴黎评论》：在你关于加州的一些文章中，文章的主题和你的写作方式一样特别。然而在最近一二十年里，与其说是你的故事，不如说是你讲述故事的方式让你的文章变得独特。

狄迪恩：这是因为我对自己的方式是有价值的这一点更自信了。我不想写任何别人在写的故事。随着时间的变化，我更适应这样的写作原则。比如说，在这篇中央公园慢跑者案的文章里，因为没有警务通行证，我不能进入法庭。这就逼我使用了另一个方法，最后变成了一个更有意思的方法。至少对我来说是这样。

《巴黎评论》：大致同一时期，你是不是也在给《纽约客》的罗伯特·戈特利布写"洛杉矶来信"？

狄迪恩：是的。虽然我一年也写不过两篇左右。我想他们只会刊登六千到八千字，但是这个系列的想法是每封信里写若干件事。我以前从没这样写过，你只是讨论人们那一周在谈论的话题。这很容易办到。这和《纽约书评》的文章口吻完全不同。当我还收藏《纽约客》的时候，我看了以前的文章。我可能学会了《纽约客》的一些编辑方法，这是他们让所有文章读起来都是一种风格的做法。

《巴黎评论》：你能够总结一下你作为记者的方法论吗？

狄迪恩：我问不出什么问题。时不时地，我会被强迫去做一个采访，但也只是形式而已，只是要让我有资格在那待上一段时间。对我来说，人们在采访时对我说什么并不重要，因为我不相信他们说的。有时候采访中你会问出来很多东西，但是你从公众人物那里得不到这些。

当我为雷克伍德的那篇文章进行采访时，采访是必须做的，因为

259

这就是这篇文章的关键所在。但这些人不是公众人物。一方面,我们在讨论我表面上在调查的故事的主题,也就是"马刺帮"[1],一群本地高中男生因为若干犯罪行径被逮捕;另一方面,我们也一直在谈论加州的国防工业在走下坡路,因为这是所有人最关注的事情,是这个城市面对的问题。在报道那个案子的过程中,我既做了很多采访,又努力聆听别人。

《巴黎评论》:那本写加州的《我从何而来》是源于这篇文章,还是你早就想写这样一本书?

狄迪恩:实际上我在七十年代就开始写关于加州的第一本书了。我当时写了第一部分的部分内容,是关于我的家庭的,接着因为两个原因我无法继续写下去:一是因为我还没有完全理解加州;另一个原因是我不想弄清楚加州,因为无论我发现了什么,都和我父母告诉我的不一样。我不想去想这些。

《巴黎评论》:你觉得你依然是他们的孩子?

狄迪恩:我找不到任何去想这些的意义。我写这本书的时候,他们已经去世了。

《巴黎评论》:你刚才说过,在《白色专辑》之后你就厌倦了写个人化的文章,因为你不想变成"孤独之心"小姐。《奇想之年》出版后,你肯定得到了比任何时候都要多的个人反馈,应对那些很难吗?

狄迪恩:《奇想之年》出版后,我收到了读者非常强烈的情绪化的反馈。但这些不是疯狂的反馈,也不是对我有所要求。人们想要搞

---

[1] "马刺帮"(The Spur Posse),加州雷克伍德(Lakewood)的一群高中生组成的秘密团伙,他们在1990年代初接连犯下多起性侵、强奸案,且采用点数制决定内部地位高低。该组织名称源于成员喜欢的球星大卫·罗宾逊加入圣安东尼奥马刺队(San Antonio Spurs)。

明白大部分人平时不会谈起但人人有之的那种情绪。这本书出版时，我能快速地回应他们。

《巴黎评论》：你觉得你还可以重新写关于纽约的短文吗？

狄迪恩：我不知道。这也有可能，但是我对纽约根本的问题已经得到了解答：这是一个犯罪的城市。

《巴黎评论》：那就是你的问题？

狄迪恩：是的，这是个充满罪行的城市。

《巴黎评论》：你觉得在纽约生活有没有令人激动的地方？

狄迪恩：我觉得住在纽约确实很舒服。我们住在加州的二十四年，除了搬去的第一年，我没有想念纽约，但第二年开始每次想到纽约都会让我感伤。有段时间我根本不去纽约。有一次我发现在我上一次去纽约之后，我都去过香港两回了。然后我们开始在纽约待更长的时间。约翰和我都非常欣慰"9·11"那天我们在纽约，我想不到那天我愿意待在任何别的地方。

《巴黎评论》：你可以在萨克拉门托待一辈子，当个小说家，但是你后来进入了好莱坞和政治的世界。

狄迪恩：我从来不太喜欢那些不离开家乡的人。我不懂为什么。离开家乡似乎是人生的应尽之责。

《巴黎评论》：我想起《祈祷书》里的夏洛特，她对外部世界没有概念，但是她想要成为其中的一分子。

狄迪恩：虽然一本小说是在一个更广阔的世界里发生的，但是写作的某些动机完全是私人的——哪怕你在写的时候并没有意识到这一点。写完《祈祷书》的若干年后，我发现这本书是在写我在等待昆妮塔长大成人离开我。我是在一九七五年左右创作这部小说的，那时候她九岁，但是我已经预见到我们的分离并且提前处理这种情感了。所以小说也是写的关于你害怕自己无法承受的事。

《巴黎评论》：你现在在写小说吗？

狄迪恩：没有。我还没有做好准备进入一段那样高强度的劳作。

《巴黎评论》：你想在外部世界里再待会儿。

狄迪恩：是的，待一会儿。

（原载于《巴黎评论》第一百七十六期，二〇〇六年春季号）

格蕾丝·佩雷

◎姚瑶 / 译

格蕾丝·佩雷偶尔造访纽约时，会住在自己在西11街的旧公寓里。二十世纪四十年代，佩雷搬到了那里，此后她所在街区的大部分区域都逃过一劫，躲开了纽约西村经历的士绅化改造浪潮。佩雷居住的公寓楼是一栋受房租管制①的褐色砂石建筑，没有电梯，走廊里铺着油毡地毯，她在这里度过了成年生活里的大部分时光，并在此养育了与第一任丈夫杰西·佩雷的两个孩子，杰西是个电影制作人。幸而佩雷的公寓没有住着住着就翻新整修，因此保留下了有孩子存在的公寓应有的样子，凌乱，斑驳。如今，佩雷与第二任丈夫罗伯特·尼克尔斯一起生活在佛蒙特州的塞特福德，罗伯特是一位诗人兼剧作家，但我们还是安排在纽约同她聊一聊。我们在她公寓外的街道上见到了她——她和朋友一起去别处参加了逾越节庆典，刚刚返回。隔着半个街区我们就认出了她——一个小个子女人，一头蓬松白发，身穿棕色外套。

人们常常问格蕾丝·佩雷，她为什么写得这样少——七十年来只写了三本短篇集和三本诗歌集。关于这个问题，佩雷有许多答案。大多数时候，她都解释说她很懒，这是她身为作家的致命缺陷。偶尔她会承认，尽管她这么说"不太好"，但她相信，她用几则小故事完成

---

① 美国房租管制法限制了房东对房客收取的房租数额。

的事情，不比那些喋喋不休的同行写的长篇小说来得少。她指出，她还得把时间花到许多其他事情上，比如养育孩子、参与政治活动。"艺术，"她解释说，"漫漫长路，而人生，转瞬即逝。"生命有限，这份压力驱使大部分作家发表更多的作品，但显然没有对佩雷产生影响。唐纳德·巴塞尔姆在她的公寓里翻翻捡捡，找出了一堆故事，凑成了她的第一本短篇小说集，代理人说她会定期突袭佩雷的抽屉和橱柜，搜寻零零散散的小说。佩雷的第一本短篇小说集《男性的小小骚乱》直到一九五九年才出版，当时她三十七岁。之后她也只出版了两部短篇小说集：《最后一刻的巨变》（1974）和《当天晚些时候》（1985），以及三本诗集——《前倾》（1985）、《诗歌新选》（1992）和《长途跋涉，密切交谈》（1991）。尽管比起诗人这一身份，佩雷更为人所知的是短篇小说家的身份，她的小说不好懂，经过严格的修剪，常常使得她的小说看起来和诗歌差不多。她的谈吐同她的散文一样，理性而精炼。人们屡屡注意到佩雷身上的悖论，即她祖母般慈祥的外表与毫不儿女情长的个性之间的背反。佩雷不说一句废话。若是问她是或不是这种问题，那么她就会回答你是或不是。问她愚蠢的问题，她很友善，但会表现出明显的不耐烦。与她对话，你会发现，她是以两种截然不同的身份来倾听、来表达，这两种身份甚至是彼此冲突的。作为普通人，她宽容随和；作为语言的使用者，她冷酷无情。佩雷谈起政治毫无保留，满腔热忱，而谈起写作，话则少得多，也更谨慎。

在她的父母搬到纽约的十七年后，格蕾丝·古德赛德于一九二二年十二月出生于布朗克斯区，而卫生巾于前一年问世［正如她在《私人好运之歌》（1992）这首诗里所提到的那样］。她的父亲艾萨克是一名医生，通过阅读狄更斯学习英文，并且同她的母亲玛丽一样，是坚定的社会主义者。他们在家都讲俄语和意第续语①，对外则讲带有布朗

---

① 意第绪语是一种日耳曼语，通常由希伯来字母书写，大部分的使用者为犹太人。意第绪（语）这个称呼本身可以来代表"犹太人"，或者用作表示"德国犹太人"的称呼。

克斯口音的英语。佩雷的口音和她身上其他几种特性一样，最鲜明不过地反映了她对权威的态度。写作只是偶然成了佩雷的主要工作。孩子还小的时候，她将大量时间花在了游乐场上。在女权主义与和平运动领域她始终非常活跃。她在纽约市立学院任职，并在哥伦比亚大学授课，直到前不久，还在莎拉劳伦斯学院教授课程。

——乔纳森·迪、芭芭拉·琼斯、拉里萨·麦克法库尔

《巴黎评论》：在出书以前，你都在做些什么呢？

格蕾丝·佩雷：我在做兼职工作。我总是出门闲逛。我有点懒。二十六岁和二十七岁，我相继有了两个孩子。下午我带他们去公园。感谢上帝，我足够懒，才能把全部时间都花在了华盛顿广场公园里。我嘴里说"懒"，但是追在两个小宝宝身后还是让人有点筋疲力尽。不过，回头再看，还是能看到其中的乐趣。正是在那个时候，我开始真正了解女人了——作为同事，真的。那时候我有一份兼职工作，是在哥伦比亚大学做打字员。事实上，我刚开始写小说时，有些小说都是在工作中打出来的，还有一些是在11街的公立四一小学的家长委员会办公室敲出来的。如果不曾在游乐场里打发时间，我绝不可能写下那些故事来，还写了那么多。我就是那样生活的。之后我们就过着典型的家庭生活——抗争与艰难时光。那些艰难时光，占据了大量时间。一整天一整天地消耗掉。

《巴黎评论》：能否谈谈你第一本书的出版呢？

佩雷：我写了三个短篇故事，自己很喜欢。我拿给前夫杰西·佩

雷看,他也很喜欢,还拿给了一些朋友看,朋友们也很喜欢,所以我感觉相当不错。当时孩子们还很小,他们总是跟邻居的孩子们一起玩,所以我也渐渐了解了周围的妈妈们。其中一个是蒂比·麦考密克,她刚刚和肯·麦考密克离了婚,肯是双日出版社的编辑。蒂比知道了这些故事,而可怜的肯多多少少被迫读了这些故事——你知道的,孩子们总是往她家里跑,你或许可以看看她写的故事。于是他就把我写的东西带回家看了,而后他过来见我,说,再写七篇,我们可以出本书。所以,就是这样。喜从天降。他还告诉我,没有杂志会碰这些故事,这话他说得也很对,尽管那本短篇集里有两个故事被《腔调》杂志转载。

《巴黎评论》:你写作的时候,心里有特定的读者吗?

佩雷:据我所知,我并不是为任何人而写作。作家们通常都会写自己渴望阅读的内容,或者别人还没有写过的东西。有时候我为他人而写——我写了一篇名为《债务》(1971)的小说,写的是我一个朋友的母亲。我希望朋友喜欢这个故事,虽然我写这个故事并不是为了取悦她。但是这和为某个人写作是截然不同的。我写过《这是我朋友乔治的故事,他是玩具发明者》(1977),写的是一个住在第六大道上的男人,后来他告诉我,我比他的妻子还要更懂他。但我并不是为他而写,更不是要为他发声。但总有着讲故事的首要冲动:我想告诉你些什么……

《巴黎评论》:你的小说都是怎样开头的呢?

佩雷:许多小说都是由一句话开启的——它们都是从语言而来。这么说听起来好像很蠢,但这是实话。往往一个句子就能够激起绝对的共鸣。

一个短篇小说可以以某个人的说话开头。比方说,"我在某些圈子里很受欢迎"。我的某个姨妈就这么说过,这句话在我脑海里挥之不去。最终我写了个短篇《再见,好运》(1956),那个故事就是以那句话开头的,虽然小说的内容和我的姨妈毫无关联。另一个例子:"有两个丈夫因为鸡蛋万分沮丧"。这是《二手男孩养育者》(1959)的第一句话。当时我在某个朋友的家里,那已经是三十五年前的事儿了,她的两任丈夫在抱怨鸡蛋的事儿。就是这么恰到好处——所以我回到家,开始写这个故事,虽然写了几个月都没有写完。每写完一页或者一段,我就会习惯性被卡住——在那些时刻,我不得不开始思考,这个故事可能写点什么。一开始我只是写下一些片段,这些片段和故事情节并没有太直接的关联。最先出现的是故事的声音。

《巴黎评论》:在《与父亲的谈话》(1971)中,你对故事情节进行了诸多贬损。

佩雷:因为从那时开始,人人都说我的小说没有情节,真是让我发疯。情节一文不名,情节不过就是时间罢了,是一条时间线。我们所有的故事都有时间线。发生一件事,之后再是另一件事。在那篇小说里我想真正探讨的是,让情节在你脑海里深深扎根:这才是小说要走的路。在接下来的三十页左右,会发生这件事、这件事、这件事。那才是我要表达的。

《巴黎评论》:所以,你永远不会在刚动笔的时候就想好结局?

佩雷:不会。当结局终于出现时,我就知道我要写完了。通常是在写到一半的时候吧。然后我就写下结尾。接着再改变它。

《巴黎评论》:写小说时候,你一般会写几稿?

佩雷:我不喜欢数这些。我向来不大明白,人们说自己写了二十稿还是多少稿的时候,究竟想表达什么。是想表达他们在打字机上打了二十遍吗,还是怎样?我在写作过程中经常做调整。等到写完的时候,小说的面貌往往已然天翻地覆。我会一直改到小说完成为止。

《巴黎评论》:你在写小说或者修改的时候,是否会听取别人的意见呢?

佩雷:人们对我说的话我会听着,但并不总会照做。几个月前,我给十二岁大的孙女读了个故事。她告诉我哪里写得不对:有表达不清楚的句子——她说的完全正确。我丈夫是个好读者。

《巴黎评论》:那你怎么知道小说何时算是完成呢?

佩雷:在我没有更多话要说的时候。有时候我在杂志上发表小说,而我仍然有话要讲。我想到了《下午的菲丝》(1960)那篇。它在杂志上发表时,是以菲丝梦见自己握着那家伙的下面结束的。我认识的所有男人都很喜欢这个结尾。然而,等到要把这篇放到书里出版时,我意识到不应该是这样,这种结尾是廉价的。所以我砍掉了这个结尾。所有人都气炸了——不是真的生气,只是很失落。

《巴黎评论》:你是怎么改的呢?

佩雷:我没有改。我只是意识到菲丝仍然在公园里,那很可能是二十世纪六〇年代末,公园里一定会有那种常有的戏剧性的小型反战游行和示威。所以除了性幻想之外,菲丝也可以有一种政治性的幻想。

《巴黎评论》:你的许多短篇里都出现了菲丝这一角色,她是不是一个具有自传性质的角色呢?

佩雷:不是。她的人生与我天差地别。我对自己前任丈夫的怒火从不如她对第一任丈夫的怨气那么大。不过另一方面,现任丈夫让我感到非常温暖,而菲丝的现任丈夫也让她有同样的感觉。但我从没有像她那样愤怒。而且我抚养孩子长大的环境也与她完全不同。菲丝代表了我身边的许多女性。这并不是说,她是她们当中的一个——而是,她已经成了她们当中的一员。所有关于菲丝的故事,有相当一部分是偶然得之。在《二手男孩养育者》里,我在一开始给菲丝的角色安排了两个儿子。而后,为了让这个故事更完整呢,我开始让其他女性角色的孩子都是女儿,但是,我的主要人物从一开始就有两个儿子,让我陷入了卡壳状态。菲丝这个名字也让我卡壳,后来我很遗憾。因为这名字和我自己的名字太近似了,而我真的不想这样——但当时,我确实没有想到,我竟然还会再写她的故事。

《巴黎评论》:尽管如此,这个角色对你而言肯定还是有着某种支配力,才会像那样不断出现吧?

佩雷:她成了我非常优秀的员工。

《巴黎评论》:你怎么知道一篇小说写得行不行呢?

佩雷:我会大声读出来,读很多遍,相当有帮助。这对于写长篇小说的作者而言没那么有用,但是对我来说,写作时大声朗读出来可以帮我了解那么写是否合适。

《巴黎评论》:那么像《拉维尼娅:一个古老的故事》(1982)这一篇呢,是以一种黑人语调写成的——你在写的时候,也会大声读出来吗?

佩雷:我确实是大声读出来的。我不知道如今我是否还能写出那样的小说。当时我和一些年长的黑人女性非常亲近,就像和自己的祖母一样亲——她们的故事如出一辙,这也是我写下那篇小说的原因之一。我可以把小说读给她们听——也在同时进行检查校对。还有其他一些小说可能是有风险的。最近,布朗克斯詹姆斯·门罗高中的一些学生正在读这些小说,这所学校的所有学生几乎都是美国黑人。他们现在还没有加入任何政治团体——都很有加入的希望——他们并没有因为我写《拉维尼娅:一个古老的故事》和《小姑娘》(1974)而感到困扰。他们在细节方面有一些争论,但是跟我相比,他们对于叙述者更为严格。

《巴黎评论》:那么,那些批判你用黑人腔调来写作的人呢?

佩雷:有些人确实吹毛求疵。我明白其中的政治因素,但我也知道,我表达出了对这个群体的真实感受和足够的尊重。所以我才想要这样写——不是为了卖弄炫耀。确实,在《小姑娘》这篇里,我设置了一个相当可怕的黑人角色——确切地说,是个强奸犯。我可不是只去描摹甜蜜美好的场景。

但是作家为何而写呢?关键是把你自己投入到另一种生活中去,进入别人的头脑——作家们一直都在做这种事。如果你搞砸了,那么就会有人告诉你,就这样。我认为,男性可以书写女性,女性也可以书写男性。关键是了解真相。男人往往根本就没有了解女性生活的真实就下笔去写女人,更有甚者,他们对女性现实的日常生活压根不感兴趣。

《巴黎评论》:在男作者书写女性的作品里,有没有哪些你认为尤其好呢?

佩雷:我喜欢诺曼·拉什的上一本书《交配》。主角是个非常聪明的女人,很有头脑,相当有趣,和许多女作者笔下的女性角色大不相同。所有那些传统的作品我都很喜欢,但是……好吧,我觉得,就像很多女人一样,安娜·卡列尼娜根本不应该自杀。还有,凯特·肖邦在《觉醒》这本书里也让女人投水自杀,我实在看不出这么做的理由！

《巴黎评论》：你在写虚构作品之前，首先是个诗人吗？

佩雷：我一辈子都在写诗。三十多岁写第一本书之前，我并没有真正写过小说。

《巴黎评论》：你非常详细地讲述了自己构思一个故事的方式。与之相比，写诗有什么不同吗，是否更需要注意并遵循某些技巧？

佩雷：这两种写作方式对技艺的坚持是一样的。我会说，我去学校学习诗歌，我是这样学会了写作。我是从最开始的诗歌写作里汲取了小说写作的勇气。那段时期我的诗歌远比之后的小说，也包括我现在的诗歌，都更具文学性。这是不同之处。

《巴黎评论》：在纽约新学院大学跟随奥登学习是怎样一种体验？

佩雷：他在我眼中是神一般的存在。十七岁时我和他有过一次对谈，虽然我住的地方离他只隔了二十个街区，但那一年我没有再去和他聊过天——一九三九年？也可能是一九四〇年。他说的话我一个字都听不明白。他刚刚来到这里，口齿不清，再加上他的英语——他惯常的说话方式——我也不太听得分明。当时他正在上英国文学史的课。某一刻，他说，有没有愿意和我聊聊的诗人，或者有没有人希望我看看他们的作品？教室里有二百五十人，举手的人可能有五个吧。我是其中之一。若是在今天，恐怕得有二百四十个人举手。我竟然举起了手，连我自己都感到惊讶，因为整个高中时代的课堂我一次都没有举过手。而后他说，到斯图尔特餐厅来见我。因此一周后，我就去斯图尔特餐厅见他了，而他并不在。我马上就给刚刚开始交往的那个男孩打电话（后来我们结婚了），怒吼说他不在，他是在耍我们。

271

结果呢,23街上其实有两家斯图尔特餐厅——一家在东街,一家在西街——他是在另一家餐厅里。所以又过了一周,他说,你去哪儿了,格蕾丝·古德赛德[①]?而后我就同他见面了。他读了我的诗——和他的诗非常像。

《巴黎评论》:非常像?

佩雷:我是说,我确实是仿照他的风格来写的。我对他相当痴迷。我是那么热爱他的诗,所以那时候我一直在使用英国式的语言——我都是说"裤装"啊"陆军中尉"啊这种很英式的词。我明白的,我是个地道的布朗克斯区长大的小孩。我们看了一些诗,他一直在问我,你确实是这样说话的吗?而我一直在说,哦是的,好吧,有时候是。那就是我从奥登身上学到的重要一课:最好还是用属于自己的语言去讲述。而后我问了他一些问题,也是如今年轻的写作者们问我的问题——我对奥登说,那个,你觉得我应该坚持写作吗?他哈哈大笑,随后变得格外严肃。如果你是个作家,他说,无论如何你都会坚持写下去。那不是一个作家应该问的问题。原话大概是这么个意思,不确切,但差不多。

《巴黎评论》:你有没有注意过其他诗人,或者说和谁一起上过课?

佩雷:没有,但我一直都在读诗。很可能读的都是当时人人都在读的诗人,爱好广泛。当时我连艾略特都喜欢,后来我就不喜欢他了。我记得很多很多诗歌,散步的时候会小声念诵。叶芝、里尔克、济慈、柯勒律治。出于某些原因,我特别喜欢弥尔顿。然后还喜欢奥斯卡·威廉姆斯一九四二年和一九四三年的选集,里面有年轻诗人漂

[①] 格蕾丝·古德赛德(Grace Goodside)是格蕾丝·佩雷的婚前名字,1942年她和第一任丈夫杰西·佩雷结婚后冠夫姓。

漂亮亮的照片。

《巴黎评论》：那小说家呢？

佩雷：又一次，你认为自己在某些方面独一无二，但你根本不是：你和同龄人读的东西都是一样的。我们读了很多乔伊斯——《都柏林人》对我而言一直举足轻重——还有普鲁斯特。乔伊斯的作品是我唯一真心喜欢的短篇小说。十八岁的时候，我们常常大声朗读《尤利西斯》。我想大声阅读的习惯就是这样习得的。格特鲁德·斯泰因的《三个女人》令我印象深刻。尤其是对"另一种声音"的使用。我父母家里有很多长篇小说，都是我的父母在读的——比如《穆萨·达的四十天》——我们忧心忡忡，很同情亚美尼亚人。后来我读了契诃夫，对我而言意义非凡。而后还有巴别尔和屠格涅夫——都是俄国人——还有福楼拜。我认为我的阅读量比不上最优秀的读者，但我读得确实不少。

《巴黎评论》：你之所以享受阅读俄国作家，是否因为你是在俄语的家庭环境中长大呢？

佩雷：很有可能。不过也不仅仅是因为俄语：俄语对我而言非常亲切，因为这是我们在家里说的语言，但我是个俄国犹太人，那么和俄国的俄国人就有一些不同了。一九○五年，我的家人逃离了那些俄国的俄国人。人们说我写东西很像伊萨克·巴别尔，但并不是说他影响了我。在写作之前，我并没有读过他的作品。是我们共同的先人——影响了我们两个人……语调和抑扬变化，一个人所在意的种种，在这些方面共同影响了我们。与其说是文学影响，不如说是社会影响、语言学影响，以及音乐方面的影响。我刚刚出版了一本新书，名叫《诗歌新选》，封底有一段来自让·瓦伦丁的推荐语，她是个令人惊叹的诗人。她说："终于，我们有了一个用英语写作的俄罗斯作

273

家!"出版商觉得这个说法有点奇怪,但我觉得棒极了。

《巴黎评论》:你的写作是否会被非文学媒介影响?艺术、音乐或者绘画……电视呢?

佩雷:我的丈夫罗伯特·尼克尔斯通过浏览画作开启一天的写作——每天早上要看一小时的画。今年他一直在看克利的作品。我不那样。我听大量的音乐,我不是非常视觉性。显然不是。你或许注意到我不会做太多的描写。我一生的大部分时间都被音乐环绕。通常都是古典乐。但我认为最有力量的声音是人的声音,是你在童年听到的那些声音。以及那些声音所具备的语调。其他语言,俄语和意第绪语,与英语正面相撞。我想你肯定在美国文学里听过不少这种说法。我不怎么看电视。并不是说我自命不凡,只是因为太花时间了。电视太容易让人堕落了。

《巴黎评论》:人们说你的写作很睿智。

佩雷:那是因为我年纪大了。人一旦上了年纪,就会显得睿智,可那只是因为你多了那么一点经验,仅此而已。我可没那么睿智。当你上了年纪,会发生两件事。既然你有了更多人生经验,那你要么显得很睿智,要么变得愚蠢透顶。只有这两个选项。你选择了一个,很可能是错误的那一个。

《巴黎评论》:在选择创作主题方面,你和蒂莉·奥尔森[①]为诸多作家开启了先河。

佩雷:希望如此吧。当然了,这不是我或者蒂莉可以评判的,没错,门就在那里,我们推开了它——我们不能这样说。这么说不太

[①] 蒂莉·奥尔森(Tillie Olsen,1912—2007),美国作家,曾积极介入1930年代的美国政治运动,也是美国第一代女性主义者。

好。我会说，我知道自己想写女人与孩子，但我拖延了很多年，因为我心想，人们会认为这些内容微不足道，一文不名。而后我又想，这是我必须写的东西。那是我自己渴望读到的内容。而我还没有在别处看到。

与此同时，女性运动也渐渐积聚起力量，需要成为第二次浪潮。结果证明，我们便是这浪潮中的小水珠。蒂莉更像是满满一杯水。

《巴黎评论》：有没有早于你加入那股浪潮的人促使你像那样去写作呢？

佩雷：这个嘛，我并不知道自己身处任何浪潮中。我知道自己在写什么，但当时，我并没有想着我是任何运动的一部分。我甚至不认为自己是个女权主义者！在我刚刚开始写《男性的小小骚乱》时，如果你问我，我是否是个女权主义者，我肯定会说我是个社会主义者——或者诸如此类的答案。但是这本书写到最后，我教给了自己很多，也多多少少知道了我究竟是谁。我推开了通往自己的大门。

《巴黎评论》：你依然能够感受到来自女性运动的支持吗？

佩雷：我确实能够感受到极大支持。鲜少有女作家不曾从女性运动中汲取力量。我们非常幸运，此时此刻我们活着，我们写作。我也同样感受到了来自诸多男性的支持，但是我受到的来自女性的关注更为明确，即便是反对声。和我发生争论的是女性，她们会说，你为什么不写一写这样或者那样的人生呢？我们都很喜欢故事里的孩子，但为什么都是男孩子呢？说出这些话的也是女性。但另一方面，上周我参加了加利福尼亚的一个研讨会，会上有个年轻女人一直在说，她并不想成为一名女性作家，因为这个头衔让她觉得自己被轻视了。问题是，只要它愿意，外部世界可以因为你的一切而轻视你。你还是做自己最好。

《巴黎评论》：你认为她为何要那样说呢？

佩雷：我认为她之所以那样说，是因为她觉得，事实就是如此。确实是有一定的道理。许多欧洲女性对此有强烈感受。除了彻底融入群体外，她们惧怕成为任何一种自己。但我们曾经有一种说法，"爱咋咋地"，这是布朗克斯版本的"棍棒和石头可以打断我的骨头，流言蜚语却不能伤我分毫"。所以你该怎么样就怎样嘛，也就是说，如果某种社会决心要看轻你，那就一定会让你边缘化，毫无存在感。

《巴黎评论》：你认为美国女作家也有类似感受吗？

佩雷：我认为她们很怕被边缘化，理当如此。有一种观点认为，河流的主流虽然雄伟、宽阔，但同时也是浅薄而迟缓的。更有能量的似乎是支流。

《巴黎评论》：你曾经说过，你在写作的时候也是在"进行女性政治活动"，可以多谈一谈吗？

佩雷：我说过吗？如果说过，很可能是想表达，如果私人领域具有政治性——我们都这样说——那么书写女性就是一种政治活动。就像黑人书写黑人生活一样。对人们来说，拥有这些故事至关重要。而且，当私人领域的触手伸向外部的世界时，尤其具有政治意味——因为有时候你会发现，正是那些最为私人的琐事最为深刻地将你与他人联系在一起。

《巴黎评论》：从你开始提笔写作，到如今的九十年代，大环境是否有什么变化呢？

佩雷：一九五九年，肯·麦考密克说，没错，他打算出版一本短篇小说集，这在当时绝对是神经错乱了。而如今，文坛里的每个人都在阅读、写作短篇小说——这是一种变化。另一种变化是，有更多女性在写作。有许多原本不可能从事写作的人在写作。当一些黑人女性开口说话，许许多多黑人女性的喉咙也随之打开。不知怎么的，她们将勇气和声音传递给了其他姐妹。

《巴黎评论》：所以在五十年代，你并没有感觉到这样一个女性作家的团体存在？

佩雷：我没有想过这个问题。我只是闷头写作。我并没有说，哦，根本没什么女作家，实际上我的想法是，这个主题本身就无足轻重。这世上究竟有什么人会对这种琐事感兴趣呢？

《巴黎评论》：当你发现你的作品有了反响，比如肯·麦考密克给你的那种反馈，是否觉得惊讶呢？

佩雷：他们出版了这本书，我非常吃惊，他们喜欢这些故事，我也很吃惊。甚至都算不上是真的吃惊——我只是觉得自己很幸运。

《巴黎评论》：这么多年来，你是否觉得你的写作主题有了变化，或者说拓宽了？

佩雷：我想，随着生活的变化，我的写作也会随之变化。从政治层面上来讲，我仍旧对女性的生活充满兴趣，所以我在这方面思考良多。但这话不该由我来说。有些评论该由别人来做。我并没有看到一条明确的分界线，我看到的只是，我写了许许多多的短篇。但我知道它们彼此不同，略有不同吧，并没有那么大的变化。我旅行，去不同地方。我搭乘飞机，离开那片公园。

《巴黎评论》：你是否认为，编辑们有责任出版和男作家同等数量的女性作家的作品？

佩雷：当然。编辑们应当考虑这种事情。刚开始的时候，这种做

277

法难免显得很不自然，不过，这就好像是一开始你必须刻意为之。平权运动就是这样——对于某些人来说，从一开始的刻意变得自然而体面很难，这是你们以及全世界都拒绝看到的真相。这就像是改变你的语言。

《巴黎评论》：当你拿起一份原稿时，能否辨认出这是女作家的作品？

佩雷：并不是总能辨认出来。想想那么多寄来手稿的女人，署名都是首字母缩写，所以她们并没有暴露自己的女性身份。年轻时我也这么做，我是说，写诗的时候。我以前都会署名G.G.佩雷。

《巴黎评论》：你在诗歌上用首字母署名，是否因为你认为这样它们被接纳的可能性更大呢？

佩雷：如今这种情形没那么常见了，但以前确实常常如此：女性为了被看见，反而要隐藏身份。

《巴黎评论》：有些作家说写作变得越来越困难。

佩雷：这个嘛，有些部分越来越困难，但有些部分则越来越简单。简单的部分是，你知道你即将完成些什么。那是写作里最好的部分。当你刚开始写作时，你——好吧，我，难免总是去想，我有可能写超过四页吗？然而，一旦写完第一本书，我就知道，我能够写完我想写的一切。这很棒。之所以越来越困难，是因为你已经给自己设下了一定的标准，所以你很可能想要试图达到一些更高的要求——并不是改变你的语调，而是努力去理解一些不同的事物，理解一些迄今为止对你依然陌生的事物。

《巴黎评论》：你的小说是如此重视对话和人们的语调。你是否写过戏剧呢？

佩雷：首先，戏剧对我来说不止是对白。一出戏剧如果全是对话，就会无趣至极，除非那是萧伯纳或者奥斯卡·王尔德的。所以这是一点。其次，非常年轻的时候我很喜欢戏剧，但是现在没那么喜欢了。第三，在写早年的那些短篇时，我所喜欢的戏剧真的都是些激进戏剧、街头戏剧。我太爱那些观众了，同时我确实不太喜欢花上二十五美元买张票的观众，尤其是，他们竟然都不能花十二美元买一本书！所以我对戏剧抱有某种偏见。

《巴黎评论》：在《最后一刻的巨变》里你把自己的父亲写了进去，把这个故事献给了父亲。那么你的母亲呢？

佩雷：母亲在我年轻时就去世了——我二十岁出头的时候。我和父亲更亲近。我的母亲和好几篇小说里的人物都很像，和几首诗里的也很像：她非常严肃，总是告诉爸爸不要觉得自己是个好笑的人。她是个了不起的人，一个非常善良的女人……但是，怎么说呢，就好像我从未真正渴望去书写她。我对真实写照抱有某种忠诚——我能做到吗？我很现实地去思考她。我反复对父亲进行虚构与重塑。他有许多面。在《最洪亮的声音》（1959）里，他可以成为一个角色，非常有魅力，显然不如妻子的原则性那么强；或者，他也可以是个写诗或者画画的家伙——大部分画作都是在这间厨房里完成的。而在现实中，他是个医生，一个社区医生，大家都很爱他。他和我的妈妈、姨妈还有外祖母一起生活。有个笑话是，如果他说把盐递给我，就会有三个女人同时跳起来——所以他在这方面很痛苦。父亲身上有一些不同的特质可以为我所用，但我的母亲呢，她永远只有一面，对每个人都一样。她充满智慧，话不多。所以对我而言，要跟上父亲的谈话是很容易的。换句话说，我做了比较容易的事情。熟悉我母亲的人已经为此谴责了我——他们问我，妈妈呢？

《巴黎评论》：弗吉尼亚·伍尔夫觉得，当一个作家生气的时候，是无法写作的。你怎么看？

佩雷：如果没有很大的压力，那你是无法写作的。有时压力来自愤怒，愤怒之后会化作写作的动力。不是简简单单的一个转化就能拿捏好这个距离，完全不是这么回事。在写作那些女人的故事时，我感受到了巨大的压力。作家们很幸运，因为，当他们愤怒时，这种愤怒——通常是出于习惯——我不能说是升华，但确实转变成了一种急迫的动力，去写，去表达。而有些人，他很生气，他想挥拳打某个人——或者踢罐子，点火烧房子，要么打自己的老婆，要么老婆掌捆孩子。还有，愤怒也不总是那么强烈。有些人出门去，跑上三个小时就行。有些人去购物。来自愤怒的压力是一种能量，可以很暴力，可以很有用，也可以很没用。还有一种压力，并不一定非要是愤怒。也可以是爱。一个人也能被长久的爱与公正所牵制。有什么不可以呢？

《巴黎评论》：其他作家，比方说托尼·莫里森和弗兰纳里·奥康纳，她们会在自己的小说中使用大量的身体暴力。在你的小说里也有这样的暴力存在，却隐于幕后，作为背景，或属于过去。这是一种有意识的决定吗？

佩雷：我不使用暴力。多数时候都是适时才用的。但这个国家仍然是暴力程度非常严重的国度。当我写《小姑娘》的时候——那个关于谋杀的故事——我耗尽了所有力气……真的是用尽了从头到脚的力气。太难了，在写这个故事的时候我简直无法呼吸。和那些身为美国黑人妈妈的作者相比，我离暴力没有那么近，比如托尼·莫里森和朱恩·乔丹。家里有容易受警察伤害的黑人儿子，她们将目光对准种族仇恨，肯定时时刻刻都很焦虑。我的短篇小说里有一些"无则加勉"的故事——比如《撒母尔》(1968)，这个故事中四个男孩在地铁车厢连接处游手好闲，其中一个人摔倒，被杀死了。这是一个禁忌故事。

我讲这样一个故事，是为了防止这个故事发生，而不是因为发生过这样的事……我的想法是，如果你把它写到文学作品里，那么现实生活中它就不会发生。

但是我非常痛恨美国人对暴力的期待。我是绝对不会去玩任何这样的把戏的。若是必须写到暴力，那么我会写，但我会直截了当地写，不会添油加醋，因为暴力程度年年都在升级。我最近在读蒂姆·奥布莱恩的《士兵的重负》，我感到，美国在越南的战争是一定会发生的。弗兰纳里·奥康纳是一位了不起的作家，但是不知怎么她符合那种擅长处理死亡的宗教观——还有她自身的疾病——促使她和她天才般的语言朝那个方向去了。

《巴黎评论》：你说，写作的压力也是一种语言的压力——这两者之间是怎样联系起来的呢？

佩雷：这要看情况。我在写《再见，好运》的时候并不愤怒——只是感受到了某种压力，让我一定要使用"我曾在某些圈子里很受欢迎"这句话所产生的共鸣——一种回望，公正对待我的某个姨妈的故事，并出于那种目的对她的人生进行了重塑——所有这些都在我心中盘桓不去。故事的声音要求我继续下去。当我说艺术源自连续不断的精神烦扰时，就是这么个意思。你不可自拔了。

《巴黎评论》：写作的压力和出版的压力不一样吗？

佩雷：对我而言不一样。并不是说我不喜欢出版。我很乐意看到自己的作品付梓出版。真的。但我认为，我对时间有着异乎寻常的感受。我总觉得我能做些什么。有的是时间。我从不觉得必须快点做什么，或者觉得我想做的事情永远实现不了，又或者还没做成我就先死了。我可能——我已经七十岁了，好吧，认为我能在一周之内想清楚该把我的文章寄到哪里去，而后我想，好了，我太忙了，没时间做决定。

《巴黎评论》：你在出版方面有过不顺利的时候吗？

佩雷：在杂志上刊登小说时我遇到了一大堆困难。人们说我是个《纽约客》作家：一九七八年，《纽约客》刊登了我的一篇小说，一九七九年刊登了两篇，此后再也没有刊登过其他作品。我常常收到退稿，虽然现在，我的短篇小说供不应求，所以算是平衡了吧。我知道我可以发表，但还是会收到退稿。

《巴黎评论》：你有依赖写作谋生的时候吗？

佩雷：没有。我一直都要上课、阅读，或者做演讲。

《巴黎评论》：写作和金钱之间是怎样一种关系呢？

佩雷：有钱很有帮助。我不认为作家们必须忍饥挨饿，承受死亡的痛苦。在课堂上，我首先要讲的内容之一便是，如果你想要写作，那就保持低水平开销。如果你想过铺张的生活，那必将陷入麻烦，因为到时候你就不得不开始绞尽脑汁去想自己要为谁而写，你的读者是谁，编辑又觉得你的受众是谁，他希望你的受众是谁。

《巴黎评论》：你是一直都想当个作家吗？

佩雷：我一直都想写作。这两种愿望截然不同。我从未想过我会成为一个作家，但我对其他事情又从未产生过兴趣。其他的事情，我无论做什么都不成功——就连做个办公室职员，我都做不到优秀。

《巴黎评论》：你之前说过，世上有两种人：有孩子的人和没有孩子的人。可以展开来谈谈吗？

佩雷：这是完全不同的人生。另一个小生命完全依赖于你。尽管如此，我认为这对作家有好处。我知道有些人说，女作家不应该要孩子。当然了，当时的环境对她们而言确实很糟糕。多年前，仅仅是给孩子们洗衣服就能花掉一整天时间，所以如果你很穷的话，根本没有写作的可能。如果你很富有，你就可以雇人，如果你是乔治·桑的话就没什么不可能。可是，即便到如今，我们也需要帮助。我的孩子们从三岁起就去上日托了。

《巴黎评论》：在养育孩子的同时，你写作、参与政治活动、教书，你是怎样找到时间的？

佩雷：我在不同的地方写作。写第一个短篇的时候我在生病，在家里休息了几周。我花了大量时间来开头，差不多有三周吧。之后呢，我只是继续写下去罢了。

有时候，生活里这样那样的事儿会将我从写作这件事上拽开——孩子们，显而易见，然后还有民权运动，以及越战。基于我的成长背景，参与这些活动似乎是水到渠成。这就是整个国家都该做的事情。我常常从早忙到晚。我们深陷这场战争，这让我无法忍受，所以写东西就少了点。事实上，真相并非全然如此。我写宣传单，写政治报告，写杂文。还有诗歌。确切地说，一九六九年我游历了越南北部之后，随之写就的报告其实大部分都是诗。

许多作家都参与其中。有大批读者。在东海岸，丹妮斯·莱维托芙[①]和米契·古德曼有许多事情要处理。"愤怒艺术周"——由"反战艺术家与作家同盟"组织——格林威治村和平中心是这种力量的绝佳范例。诗人们在卡车上漫游全城，朗诵诗歌。那一周，几乎所有的音乐会的开场都是对终战的献词。有一个特殊项目——"越南人的生

[①] 丹妮斯·莱维托芙（Denise Levertov, 1923–1997），出生于英国埃塞克斯郡，1947年与美国作家米契-古德曼（Mitch Goodman）结婚，晚年在斯坦福大学任教。主要诗集有《长在我们后脑勺的眼睛》《雅各的梯子》《重学字母表》等。

活"——聚焦普通越南人的人生与文化。不允许任何的自我中心，绝不会说"哦，这一切让我感觉有多么糟糕"……记住——霍顿斯·卡利什读了越南人的故事，苏珊·桑塔格读了《老子》。艾琳·福尼斯展现了一场越南婚礼。沃利·祖克曼过去是造羽管键琴的，他发明了在中南半岛大风呼啸的森林里可以使用的管乐器。

《巴黎评论》：卡车上都有哪些诗人呢？

佩雷：在卡车上不会难受的人。我不行。大部分时间我都在办公室工作。而且我太害羞了。都有谁呢？嗯，萨姆·阿布拉姆斯、图利·库普菲贝格、克莱顿·埃什尔曼、鲍勃·尼克尔斯、爱德·桑德斯，还有很多很多。我应该在什么地方有份资料的。

《巴黎评论》：你认为，作家参与那样的反抗活动，有多重要呢？

佩雷：这对作家而言很有意思。这是很稀松平常的事情。当然了，如果你恰好书写到一半，那确实有困难。这是只有美国人才会问的问题。有好处吗？它同激情澎湃的内心生活显然是不相悖的——众声喧哗，纷纷涌入。而你必须得以某种方式将这些声音组合成乐曲。

《巴黎评论》：你认为政治言论属于文学范畴吗？你会写一部小说来作为政治宣传册吗？

佩雷：一个人的政治宣传册就是另一个人的总统声明——比如说，在捷克斯洛伐克。"宣传册"这个词本身是个很不好的词汇，显而易见，一个人肯定得说，不，人人都不应该写什么宣传册，任何人都不应该那么做。但我认为，对语言、诚实和形式感的热爱是足够正当的理由。

反正，小说里的人物可以说任何他们想说的话。他们通常都有目的，你知道的。

《巴黎评论》：反犹太主义是否影响过你的事业？

佩雷：我不知道。它影响了我的工作。我非常严肃地接受自己犹太人的身份。我很喜欢这个身份。我的头两个短篇小说就是非常明确的犹太人故事。当我在新学院大学上某一门课时，任课老师对我说，你得摆脱那种犹太人的"廉价感"，格蕾丝，它们都是很棒的故事，可是……那番评价的愚昧之处在于，他告诉我这种话时，索尔·贝娄、菲利普·罗斯以及其他人的名气正蒸蒸日上。而且他自己就是犹太人，他却希望我"拓宽"自己。

我认为反犹太主义并没有怎么影响我的写作事业。我可以肯定，在某些高校，他们对我的小说不感兴趣，但你肯定会很惊讶，他们对这些小说是多么不屑一顾。尤其是小孩子，他们只想知道故事情节怎么样了。我总是说，种族歧视就好像是肺炎，反犹太主义则像是普通感冒——人人都会得。我常常在美好的佛蒙特乡下与之相遇，打个喷嚏。

《巴黎评论》：过去，你习惯于接受文坛局外人的定位，然而如今，你却是个重要人物……

佩雷：我从来都没有试图成为一个局外人。起初，我很怕同作家们一起抛头露面。不然我肯定会再次去见奥登，去和他谈话。可我真的对此毫无兴趣。当诗人们搭乘卡车出去活动时，我帮助他们做组织工作，但我自己从来没有去朗诵过。我的作品也没有被收录进任何和越战有关的文选中……直到六个月前，有一个护士团队将战争期间去过越南的女性的文集编在一起。我基本上不愿意掺和那种生活……我很害怕。

《巴黎评论》：你怕什么呢？

佩雷：我的恐惧就好像那些害怕离开自己的街坊四邻的人：你有

285

你的人际圈子，你有你的根系，你不愿意离开它们。你是在书写这些人、他们的人生，你不愿骤然跨入文坛。在我看来这合情合理。再说了，我也没什么兴趣。我对公园里的同伴们更感兴趣。我感兴趣的是那些年里我帮忙组织的会议、去苏联执行特定政治任务、去瑞典同逃兵谈话，或者在一九六九年前往越南。

尽管我投入了大量时间，努力想要做到彻底摆脱文学性，但最终还是和作家们一起在美国笔会里工作，同时我喜欢他们，喜欢自己做的这件事。同时也拥有了许多深爱的文学伙伴，比如凯·博伊尔、蒂莉·奥尔森、埃丝特·布朗尔。唐·巴塞尔姆就住在街对面——他是我们家非常欢迎的客人。我的第二任丈夫是个作家。我总是害怕，如果我变得过于文学化，会终结我在街上和厨房里的生活。但最终，事实证明，作家们都还不错。我很惊讶。而后，我最要好的朋友比如西比尔·克莱本、伊娃·克里奇、维拉·威廉姆斯一直都在写作——所以我无处可逃。

《巴黎评论》：你是否发现过自己和文学界有冲突？

佩雷：有太多不同的作家阵营。有些人喜欢我的第一本书，但是不喜欢后来的作品，但我认为，他们不那么喜欢的其实是"我"本人。随着我的立场越来越偏向女权主义，有些人便对此持悲观态度。但是另一方面，其他人却很喜欢我，不是因为小说本身，而是因为我在外做的那些事情。其实我还没有真正看到太多对我作品的批评；我知道这些批评肯定存在，我知道肯定有好有坏，但我不会主动出击，去找来看。对我的作品最长的一篇抨击性的评论刊登在《评论》杂志上。有点恶毒。我的出版人没有告诉我那些人都说了什么可怕的话。我不是那种会卷入文学战争的作家。我更喜欢政治战。至于我对其他作家的态度嘛，我缺乏同行相轻、鄙视什么的。也就是说，我不属于"要么你死要么我活"那种人。我更容易对作品与我截然不同的作家感兴趣。当然了,对于那些用轻蔑、憎恨、厌女症和过多形容词堆砌起来的文章,我的难过与愤怒是一样多的。

《巴黎评论》:在最近的一次笔会代表大会上——你在其中扮演了举足轻重的角色——有很多关于作家与国家之间的关系应当如何的争论,这两者间是否一定要是对立关系?

佩雷: 作家写作并不是为了挑战权威,但写作本身就是一种挑战。你的工作,你写作的理由,就是要揭露国家和你的城市的市议会经常会隐匿的事实。所以你才会渴望写作——说出没有被说出的事实。我们的笔会大会讨论的是国家的良心、作家的良心。乔治·舒尔茨是主讲人,他的动机就是向中美洲人民宣战,这是笔会大会要应对的问题之一。另一个原因是,十一位进行朗读的诗人里,有十位都是男性。好在,随着美国妇女委员会的创立,国际笔会也设立了妇女委员会,这种情况稍稍有所缓解。

《巴黎评论》:最后再说一句什么?

佩雷: 最好的训练是读和写,无论读什么,写什么。不要同不尊重你工作的爱人或者室友一起生活。不要说谎,争取时间,不惜一切代价争取时间。去写那些如果你不写出来就无法呼吸的东西。

(原载于《巴黎评论》第一百二十四期,一九九二年秋季号)

娜塔莉·萨洛特

◎丁骏/译

娜塔莉·萨洛特八十三岁时出版了她的第一本畅销书《童年》。和她以往的书不同,这是一部自传体作品。一个词,一个手势,唤醒俄罗斯和法国的童年记忆,燃起片刻光亮,渐暗渐消。父母的早年离异将她的爱一分为二,在对父母的深情回望中,记忆的马赛克悄然成形。

萨洛特一九〇〇年出生在莫斯科附近的伊凡诺沃。她的第一本书《向性》[①],是一个短文集,一九三九年出版,标志着法国文学的全新方向。她将"向性"定义为"先于我们的言语和行为的内心准备活动,受意识的限制"。这样的内心活动瞬间发生,在人与人匆忙的互动中要理解对方的向性必需高度专注。她之后的作品都致力于对向性的表达。

萨洛特在法国德高望重,她的作品已被翻译成二十四种语言;她的十四本书,包括八部小说,大部分有英译本,由布拉齐勒和奔流城两家出版社出版。二十世纪六〇年代起,萨洛特应世界各地大学的邀请经常旅行。她的丈夫总是陪伴左右,她是在医学院读书时认识丈夫的。每隔几年萨洛特都会去美国,上一次是一九六八年九月,她在纽约出席她的剧作《本无一事》的美国首演。

过去二十年,萨洛特每天早晨都去巴黎住所附近的同一家咖啡馆

---

① 法语标题是 Tropismes,英译本标题是 Tropisms,因下文多次出现对"向性"的讨论,故注。

写作。下面的采访在她家里进行，在第十六区靠近现代艺术馆的地方。

——舒沙·甘比、杰森·维斯

《巴黎评论》：你十二岁时写了第一部小说，到三十二岁之前没再提笔。这是为什么？

娜塔莉·萨洛特：我母亲一直都写作，我就学她的样也写了一本"小说"，里面都是我当时读的爱情故事里的陈词滥调。我把小说给我母亲的一个朋友看，那个人说，写小说之前得先学会拼写！心理学家听了应该会说这是典型的童年创伤。事实上，我想我一直到很后面才写，只是因为我没有什么要说的话。

在中学里我喜欢写散文，因为主题都是规定的。写散文让我意识到，用一种经典风格写出很有感觉的句子是件多么开心的事——你跟经典平起平坐，和经典做伴可以高枕无忧。而写我自己的东西则是跳进一个空洞，没有一点防护。我跌跌撞撞，结结巴巴，没有什么能让我安心。

传统小说需要有情节、有人物，等等，我对此没兴趣。我被普鲁斯特惊到是在一九二四年，一个完整的内心的宇宙在我面前揭开，我就想，普鲁斯特之后没有人能再回到巴尔扎克式的小说了。接着我读了乔伊斯、弗吉尼亚·伍尔夫，等等……我觉得《达洛维夫人》是部杰作，乔伊斯的内心独白是一种启示。事实上，我觉得出现了一种改天换地的文学。但是，正如我说过的，我自己不写是因为那时候我没有什么可说的。

《巴黎评论》：你三十二岁开始写《向性》，它由二十四个短篇组成，却花了你七年的时间。

萨洛特：是五年，还是挺长的。然后我花了两年时间找出版商。最后，有一个很好的出版商，罗贝尔·拉丰接收了稿子，是他发现了塞利纳①和格诺②。他把我的和格诺的作品收在一个集子里出版。

《巴黎评论》：你最初那些短文的形式是如何确定的？

萨洛特：第一篇就是它在书里的样子。我对它的感觉就是那样的。其余几篇我还是有很多修改。

《巴黎评论》：你为什么选择《向性》这个题目？

萨洛特：当时"向性"是个流行词，一个科学术语，生物学里的植物学。我感觉它适合我想要表现的那种内心活动。把书给出版商的时候得取个名字，所以我就用了《向性》这个标题。

《巴黎评论》：你当时怎么知道这些就是向性活动？你怎么知道你又找到了一种向性活动？

萨洛特：我也不是一直都知道，我有可能是在写作中找到的。我没有试图定义它们，就是那样呈现出来了。

《巴黎评论》：向性活动似乎经常出自诗的感觉。

萨洛特：我总觉得在诗歌和散文之间并没有什么边界，没有区分。米肖③，他是散文还是诗歌？弗朗西斯·蓬热④呢？他的作品是用

---

① 路易·费迪南·塞利纳（Louis-Ferdinand Celine, 1894—1961），法国小说家、医生，代表作《长夜行》。曾因亲纳粹言论于1950年被法庭缺席判刑，1951年获特赦。
② 雷蒙·格诺（Raymond Queneau, 1903—1976），法国小说家、诗人、剧作家、数学家，"乌力波"文学团体积极分子。
③ 亨利·米肖（Henri Michaux, 1899—1984），法国诗人、画家。
④ 弗朗西斯·蓬热（Francis Ponge, 1899—1988），法国诗人、评论家。

散文体写的，但那是诗，因为他的语言带给人的感觉就是诗的感觉。

《巴黎评论》：关于《向性》，你觉得那是小说吗？它是什么，你对此有过困惑吗？

萨洛特：我不给自己出这样的题，说实话。我知道让自己写传统形式的作品看起来不太可能。传统形式似乎已经无法触及我们的经历。如果我们把自己的经历放进角色、性格、情节，感觉我们是在忽视我们的感官接收的所有东西，而那才是我感兴趣的。你必须放大那个瞬间，拓展它，你才能抓住它。那就是我在《向性》中的尝试。

《巴黎评论》：你当时有没有感觉到这将是你作品的方向？

萨洛特：我感觉一条路正在我面前敞开，让我兴奋的一条路。就好像我找到了自己的领地，我可以在那上面前进，还没有人在我之前走过。这里的一切由我掌控。

《巴黎评论》：你那时已经在考虑怎么把它用在其他地方吗，比如小说？

萨洛特：完全没有。我那时只想着写那样的短文。我想象不了怎么可能写一部长篇小说。后来是寻找那种短文本太难了，每次感觉都像重新开始写一本书。所以我告诉自己，也许设计两个类似人物的角色也挺有意思，就是普通人——像巴尔扎克笔下的那样，一个吝啬鬼和他的女儿——然后把这俩人内心的向性发展都表现出来。我就是那样写了《一个陌生人的画像》。

《巴黎评论》：事实上也可以说，我们在群体中找到的所有或者大多数向性也可以在某个个体身上找到。

萨洛特：完全正确。我相信每个人都拥有所有的向性，在内在层面上。至于外在层面的行动,我从来没想过希特勒和圣女贞德有任何相似性可言。但是,在向性的深层面,我认为希特勒或斯大林所经历的向性活动和所有人是一样的。

《巴黎评论》:向性似乎也进入社会科学的领域。

萨洛特:是的。此外,我的书现在也更容易读了。以前我的作品常常对普通人完全封闭。有很长一段时间,人们进不到作品里面,他们没有办法穿透这些书。

《巴黎评论》:你为什么有这种感觉?

萨洛特:因为难。因为我是一头扎进去的,没有给出任何参照点。你不知道自己身在何处,或者谁是谁。我是直接讲本质内容,那是非常难的。此外,人们习惯于寻找传统小说的框架——人物、情节——然后找不到,他们就迷失了。

《巴黎评论》:那就引发了另一个问题,如何阅读这些书。比如,你的书没有情节。

萨洛特:情节是有的,也可以这样说,只不过不是惯常意义上的情节。是由人类的那些向性活动组成的情节。如果有人对我写的东西感兴趣,就可以追随那种在向性层面发生的戏剧性活动,以及对话。那是跟传统小说不一样的戏剧性活动。

《巴黎评论》:你曾说过连续阅读你的作品会更好。但是所有的阅读多少都是碎片化的经历。如果是传统小说,拿起来继续读的时候,有人物和情节可以当坐标,发现上一次读到哪里。在你的书里,有其他什么方法可以帮助读者记住上一次读到哪里了吗?

萨洛特:我不知道。我不知道该怎么读。我没法把自己放进读者的位置，或者知道读者在寻找什么，看到了什么。我完全没概念。我写作的时候从来不考虑读者。否则我就是在写适合读者、取悦读者的东西。读者很多年都不喜欢我的书，也没有兴趣。

《巴黎评论》：即便写了好几本这样的书，你也没有沮丧？

萨洛特：没有，完全没有。一直有人支持我，从一开始就是。《陌生人的画像》这本书出版时有萨特支持我。那时候萨特是唯一在为文学做点事情的人，他写了一篇评论。我丈夫也全力支持我，从一开始就是。他是我最棒的读者，他也总是给我最大的鼓励。真是不少。有一位读者明白你想做什么，那有他这一个读者就足够了。所以是一种巨大的孤独，可以这么说，但是在最深处它又不是孤独。萨特读了《一个陌生人的画像》激动不已。那就很鼓舞人。然后《马尔特洛》完稿，马塞尔·阿尔朗[①]又很激动，联系伽利玛出版社帮我出版。他那时候在编辑《新法兰西评论》[②]。我一直都有一些热情的读者。《向性》出版的时候，马克斯·雅各布[③]给我写了封热情洋溢的信，他那时是位颇有声望的诗人。我不能说是完全的孤独。

《巴黎评论》：萨特或者其他人有没有试图宣称你是存在主义者？

萨洛特：没有，完全没有。萨特说我最好给小说写个序，不然你找不到出版商，因为他那时候已经非常有名了。尽管有萨特作序，还是没人要出版这本书，最后是一个小出版商接受了。只有一个小广告，然后就再没人关注了。后来萨特对我说，如果坚持这样写，你会牺牲你的一生。

[①] 马塞尔·阿尔朗（Marcel Arland，1899—1986），法国小说家、文学评论家、记者。
[②] 《新法兰西评论》，1909年在巴黎创刊的法国文学刊物，在法国文坛占有重要地位。
[③] 马克斯·雅各布（Max Jacob，1876—1944），法国诗人、画家、评论家，毕加索的密友。

《巴黎评论》：西蒙娜·德·波伏瓦不在乎萨特被漂亮的女演员和秘书包围，甚至跟她们发生关系，但据说如果有特别聪明的女人靠近萨特，她会嫉妒发狂，据说她破坏了你和萨特的友谊。这确有其事吗？

萨洛特：她使得我和萨特彻底断交，这确有其事。不过我听说她无法忍受萨特和任何人发生知性的关系，无论男女。梅洛·庞蒂[①]、雷蒙·阿隆[②]、加缪……萨特和这些人的断交都是她造成的。她想做唯一的那一个。

但是我非常喜欢萨特。他关注他人，是为人慷慨的标志，我相信他是个内心温暖的人。另一方面，西蒙娜·德·波伏瓦生性冷漠，拒人千里，他俩总在一起，有时候这也会影响萨特的态度。他是个懂得倾听的人。

《巴黎评论》：这也许能解释为什么有些女人会被他诱惑，尽管他相貌平平。

萨洛特：我不知道，反正我肯定不是那些被诱惑者之一！我是把他当作朋友而喜欢，但是从外表的角度说，我感觉他是我见过的最让人反感的男性之一——好可怕！男性的外表对我来说一直很重要。

《巴黎评论》：你的女权主义理念是什么样的？

萨洛特：我曾经为一九三五年的女性投票进行动员。我要女性的平等权利，在这一点上我一直都是个女权主义者。但是"女性写作"这种说法让我震惊，我觉得在艺术上我们都是雌雄同体。我们的大脑没有不同，但直到今天，女性的受教育程度仍然低于男性，所以她们

[①] 梅洛·庞蒂（Merleau-Ponty，1908—1961），法国哲学家，存在主义代表人物；曾与萨特一起主编《现代》杂志。
[②] 雷蒙·阿隆（Raymond Aron，1905—1983），法国历史学家、哲学家、社会学家。

创造的艺术作品也少于男性。人们总是把不同的女性互相比较。某次在一个会议上，有人问我，玛格丽特·尤瑟纳尔和玛格丽特·杜拉斯有什么相似点。我说，她们有一个巨大的相似点：她们都叫玛格丽特！除此之外，她们二位没有半点关联。

《巴黎评论》：有些人在你作品中看到女权主义者的偏见。

萨洛特：可以想象！但是我在写笔下人物时，几乎不会想到性别。我一般更喜欢用"他"，而不是"她"，因为在法语里前者是中性，而后者是阴性。在《天象仪》里，有一个老女人很紧张，因为她门上的把手没装好。然后，就有一位年轻男性给我写信，说"这个老女人就是我！"。他解释说他刚刚结婚，搬进了一个新公寓，因为某些细节而紧张不安，就跟我小说里的角色一样。你可以想象我有多开心！

前一段时间我收到一本博士论文，主题是我小说中的女性状况！我目瞪口呆！可是，如果想讨论女性状况，我根本不会写我写的那类书。我写作的时候绝对不会想着什么女性状况。

《巴黎评论》：回到向性，你觉得有其他作家也在这个领域有所建树吗？

萨洛特：我没觉得有谁模仿我。我觉得这个领域基本上就是我一个人的。

《巴黎评论》：有没有可能在一部更加传统的小说中使用向性？

萨洛特：我不知道该怎么用。那样有什么意思？因为在一部更传统的小说中，作者会展示人物的性格特点，而向性是任何人的内心在几秒内发生的极其微小的活动。那能给人物描写带来些什么呢？

《巴黎评论》：就好像向性活动的瞬间人物就消逝了。

萨洛特：他在内心向性活动的高度复杂性面前分崩离析。

《巴黎评论》：《马尔特洛》讲的就是这个。

萨洛特：马尔特洛分崩离析了。在《一个陌生人的画像》中，那个老人，也是一位父亲，变得如此复杂，以至于那个进入他内心观看的人放弃了继续探寻，在那一刻我们得到了一个出自传统小说的人物，他毁了一切。在《马尔特洛》中，一个出自传统小说的人物最终分崩离析。

《巴黎评论》：然而和你之前的作品相比，你在《天象仪》里更多地刻画了一些传统小说式的人物。

萨洛特：我是故意的。因为他们貌似如此，所以叫作《天象仪》，是由假星星组成的，模仿真实的天空。我们在彼此眼里都像我们从天象仪里看到的一颗星星，是缩小的、简化的。因此，他们互相看作人物，但是在这些他们看到的人物背后，是一个向性的无限世界。这是我想在小说里表现的。

《巴黎评论》：考虑到你小说的内在性，有时候会不会感觉一直保持在那样的深度很难？

萨洛特：没有，难的是停留在表面。在那里你会厌倦。有很多了不起的令人敬仰的前人会挡住你的路。一旦我向上来到表面，在那里做点什么，是很简单的，但是很乏味，很让人失望。

《巴黎评论》：你曾说过你的小说第一稿都是一气呵成。

萨洛特：一开始是的。我总是要写一个全部完成的开头，一开始几页必须固定。那像是我起跳的弹簧板，我不会再去修改。我会在这个开头上花很长时间，然后就结束了。但是，在那以后，我就会从头写到尾。我以前是那样写作的,现在不是了。我会从头写到尾,有时候形式有点粗糙;我找到大致的节奏,然后全文重写。不过,我已经有一阵子不敢再像以前那样等个两三年再从头来过。所以,我是一步步写,每一页都写完。大概在六年前,我改变了自己的写作系统,自《演说的功用》和《童年》之后。

《巴黎评论》:在《马尔特洛》中,叙述者讲到词语的重要,讲到词语掩藏了什么。对马尔特洛这个传统小说人物来说,词是"又硬又结实的物体,混成一股洪流"。而你在你的书里不妨可以说是感受到了词的诱惑。

萨洛特:是的,让我感兴趣的是词。这无可避免。那就是我作品的内容。正如一位画家感兴趣的是颜色和形状。

《巴黎评论》:有人说小说中最重要的问题是时间。在你的散文集《怀疑的时代》中,你说"向性的时间不再是真实生活的时间,而是无限延展的当下的时间"。那么,在小说中,时间肯定是复杂的。

萨洛特:总是存在瞬间。最终是在当下发生的。我关心的是那些内在的活动;我不关心时间。

《巴黎评论》:那是因为你总是没有情节吗?

萨洛特:完全正确。这和那些内在活动的戏剧性发展有关——那就是时间。没有外在关联。

《巴黎评论》:那么就是从时间里解放出来了。

萨洛特:时间是缺席的,可以这么说。

《巴黎评论》:你一开始是怎么意识到你可以不需要情节的?

萨洛特：这对我从来不是一个问题。就我的兴趣所在而言，情节不在我考虑之内。我有点像在写诗；你写诗的时候不会关心类似情节的东西。那是个自由领域；没有什么我必须进入的预先建立的范畴。

《巴黎评论》：实际上，你的作品中有很多跟诗的交流。

萨洛特：希望是吧。有个澳大利亚人写了本关于《生死之间》的书，他称《生死之间》为"文本之诗"。他说这是一种小说诗。不是一本诗意的小说，因为那已经有人做过了。

《巴黎评论》：你读的诗多吗？

萨洛特：不是特别多。我读过一些诗。外部阅读在我的作品中扮演的角色很小。

《巴黎评论》：那么，哪一类阅读对你来说很重要？

萨洛特：真正触动到我的是读普鲁斯特——一整个世界在我面前打开——还有读乔伊斯也是。乔伊斯的内心独白。没有他们的作品我不可能写出我的那些书。我们总是从我们的前辈开始。如果我是在十八世纪写作，我不可能写成那样。在我之前必须先有普鲁斯特、乔伊斯这样的作家来打开这样的领域。

《巴黎评论》：你读他们作品的时候很年轻吗？

萨洛特：是的。我二十四岁读普鲁斯特，二十六岁读乔伊斯。

《巴黎评论》：在一篇散文里，您引用凯瑟琳·曼斯菲尔德[①]的一句话，"那想要建立联系的可怕欲望"。但是一个人一旦开始走上更实

[①] 凯瑟琳·曼斯菲尔德（Katherine Mansfield, 1888—1923），新西兰短篇小说家，新西兰文学奠基人。

验性的道路，比如像你那样，那种欲望又会变成什么样呢？你本人延续这样的思考了吗？

萨洛特：不会，我工作的时候从来不从外部下定义，我不限定自己做的事。我探寻的是感觉、我们感觉到了什么。我不知道是什么，那就是为什么我感兴趣——恰恰因为我不知道那到底是什么。那些是理论文章；它们跟我写作时的工作毫无关系。我不会让自己保持那样的距离，我完全在内部。

《巴黎评论》：在《怀疑的时代》一篇中，你说小说已经成为读者和作者的"互不信任之地"。你认为当代小说的这种互不信任是更深、更严重了吗？

萨洛特：听我说，这是个完全私人的问题。我对角色的性格特征或者情节都没有特别的兴趣——除了读阿加莎·克里斯蒂或者其他让我情不自禁的小说。当我看到一本那种形式的小说，我可能会觉得有趣，可以是生活片段，或者对礼节态度的描写，但它不会引起我作为一个作家的兴趣。显然有人喜欢那样的小说，也有人继续那样写。

《巴黎评论》：那你感觉，比方说，当代小说变得更保守了吗？

萨洛特：有过一段时间我们回归传统，一派欢欣鼓舞。学界的这种倾向很强，戏剧界也是，哪里都有。我觉得都一样，我们现在又走出那种倾向了。对学界的尊崇在减弱。

《巴黎评论》：如果说存在小说的进化，在你看来，都是只往一个方向吗？

萨洛特：我不是评论家。我只读我感兴趣的东西，我碰巧接触到的。对于目前的文学进化我没有什么想法。我觉得那些被归到"新小说"流派之下的作者都以自己的方式在继续写作，他们的作品大部分都具有生命力。

《巴黎评论》：你在不同场合，尤其是那篇关于福楼拜的文章里，都说过要摆脱情节、人物之类的旧式附属品。但是，那些旧式附属品就那么一无用处吗；它们就完全抵达不了任何真实吗？

萨洛特：可以抵达一些真实，但都是已知的。在一个已知的水平。你可以用托尔斯泰的方式描写苏维埃的真实，但是托尔斯泰能够穿透他所描述的贵族社会，而你对自己以同样方式描写的苏维埃社会则永远做不到。如果你使用托尔斯泰用过的形式，它会停留在安娜·卡列尼娜内心或者保尔康斯基公爵内心的同样水平。如果你用陀思妥耶夫斯基的形式，你会抵达另一个水平，但那永远是陀思妥耶夫斯基的水平，无论你描述的是什么社会。这是我的想法。如果你想更深入，你必须这两种形式都放弃，然后寻找别的东西。形式和内容是一回事。如果你使用某种形式，你就获得伴随那种形式的特定内容，而不是其他什么内容。

《巴黎评论》：但是即便如此，每次你发现的都是形式。

萨洛特：每一次都必须找到自己的形式。是感觉在推动形式。

《巴黎评论》：在你的《对话和潜对话》一篇里，你提到了弗吉尼亚·伍尔夫和另一些人关于心理小说的一些想法，你还说心理小说未必实现了他们当时期望的很多东西。

萨洛特：那是我在说反话。我同意伍尔夫的观点。我并不真的喜欢"心理"这个词，这个词被用得很多，因为那让人想到传统心理学，以及对感情的分析。但我想说，心灵的世界没有边界，它是无限的。所以，每个作家都能在那里找到他想找的东西。那是一个和我们所有人一样巨大的宇宙，还会有作家去发现我们从未知悉的心灵生活的巨大领域。

《巴黎评论》：在同一篇文章里你还提到美国小说的例子，把它视为在心理学之外进行探究的一个原因。除了福克纳之外，你还想到了谁？

萨洛特：那些行为主义者。他们是完全反对心理小说的。斯坦贝克，考德维尔[①]，那完全跟心理不搭边。也是因为这些人，心理学被鄙视。除此之外，他们还对加缪那些人有巨大影响，比如说他的小说《陌生人》。那时候流行说不存在良心，这个东西没意思。

《巴黎评论》：在《对话和潜对话》中，你特别讨论了为了听见潜对话，现在该怎么写对话的问题。你写对话的时候那种同时抵达所有层面的风格，是如何形成的？是经过了大量实验吗？

萨洛特：没有，就是来自直觉，直觉代表了大量的搜寻工作，目的是重组所有的内在活动。去重新体验，去扩展，在慢动作中将其展现出来。因为这样的内心活动稍纵即逝。很快就无影无踪。要抓住它们是非常困难的。

《巴黎评论》：你文章里说过，传统的对话写作方式已经没法使用了。

萨洛特：对我来说没法用了。因为那样的话，我就不得不让自己跟我所处的意识保持一个很大的距离。而我是沉浸其中的，我努力执行意识中产生的内在活动。如果我说，"亨利说道"或者"吉恩回应道"，我就变成了从外部来表现角色。

[①] 欧斯金·考德维尔（Erskine Caldwell, 1903—1987），美国作家、记者，代表作有《烟草路》等。

《巴黎评论》：你写作的特点之一是标点符号，你处理得非常认真。

萨洛特：最近几本书里有很多省略符，以前没有那么多。内心活动既快速又会悬置，我发现省略符能防止人一口气读完那些内心活动。读的时候是需要吸口气停一下的，省略符就能创造这种气眼。有益于句子的节奏。给句子更多的灵活性。

《巴黎评论》：我们谈一下你的戏剧创作吧，你为什么会开始写剧本？

萨洛特：这是应斯图加特一家电台的要求。年轻的德国人维纳·史皮斯代表斯图加特电台来看我，请我写一个广播剧。那是一九六四年。他想要新东西，不是普通的风格；哪怕难懂也没关系。我一开始拒绝了。他又回来，我又拒绝了。然后有一天我想起这件事，跟自己说也许我可以写个广播剧，全篇只有对话。我之前觉得自己写不了，因为对我来说，对话都有"潜对话"、"前对话"作为基础。对话不过是划过潜对话的表层。所以，我决定让广播剧的一切都发生在对话中，前对话里发生的一切会出现在对话中。他们后来告诉我，跟我的小说相比，我的剧本感觉就像是把手套里层翻出来。所有在里面的东西现在到了外面。

《巴黎评论》：那是哪部剧作？

萨洛特：第一部是《沉默》，然后是《谎言》，之后是其他四部剧本。一开始都是先在国外电台上播放。

《巴黎评论》：你在剧本中几乎没有加任何说明，就是因为这个原因吗，因为是为电台写的？

萨洛特：对，因为不是为舞台写的。只有一个剧本我是考虑舞台的，就是《它在那里》。不过，也没有考虑太多。最重要的是，我听到对话，听到声音，我完全看不到戏剧空间，看不到演员。那都是导演的工作。导演也是很有趣的工作，因为所有这一切都需要去完成。

《巴黎评论》：你会参加很多排练吗？

萨洛特：是的，我参加过排练。第一次是和让-路易斯·巴劳特①，然后是克洛德·吉②，再是西蒙娜·邦米萨。我没有很多要说的话，除了语调方面。但是对演员的走位没什么可说的，那是导演的工作。

《巴黎评论》：所有的剧本都和第一部一样是应邀而写吗？

萨洛特：总是为电台写的，总是同一个人来找我。然后，斯图加特电台不再做难懂的剧目，后来就是科隆电台做。也有法国电台。每次写完一部小说之后，我更喜欢写一部广播剧。这让我转移注意力，给我一点儿变化。

《巴黎评论》：相比年轻时，你的写作经验改变大吗？你现在有不一样的习惯吗？

萨洛特：我没觉得有变化。我觉得我们写每一本新书要面对的都是一样的困难；没什么经验获得可言。每本新书都完全是另一个世界，你必须努力找到它的形式、感觉，遇到的困难跟一开始是一样的。我没看到什么进步。对我来说没有什么技术经验的积累。

《巴黎评论》：当你孩子还小的时候写作是不是很不一样？

萨洛特：不是。我开始写作的时候，第三个女儿还没出生，另外

---

① 让-路易斯·巴劳特（Jean-Louis Barrault，1910—1994），法国演员、编剧。
② 克洛德·吉（Claude Regy，1923—2019），法国导演、演员、当代剧场大师。

两个还小,那都无关紧要。我总是有足够的自己的时间。这样说吧,我不相信中产阶级女性能假装说她们不写是因为她们有孩子。那很荒诞。克洛岱尔[①]是驻华盛顿的法国大使,他写了大量作品,他从来也没有放下过大使的工作和与之相关的一切事务。所以,当你找到人照看孩子,或者后来当孩子们去上学的时候,你不可能每天找不到两三个小时来工作。对工人阶级的女性或男性来说,情况大不一样,他们面对同样的问题。也不完全一样,因为女人要干的活比男人更多。但是我知道,身处那个阶层是不可能为自己找到时间写作的。知识分子阶层的女性就不一样了,她们一直都是中产阶级。特别是以前——总能找到照看孩子的方法。根本不存在那样的问题。现在倒是变得越来越难了。

《巴黎评论》:考虑到你写作中的内在特质,你觉得身为女性的事实是否赋予你一种特殊的路径,让你形成现在的风格?就好像身为女性决定了你更关注这个世界上内在而不是外在的活动。

萨洛特:没有,我觉得完全没有那回事。普鲁斯特、亨利·詹姆斯、詹姆斯·乔伊斯,他们中没有一个转向除了内在之外的任何地方。这是作者的气质决定的。

《巴黎评论》:据你观察,女性和男性写作有任何不同之处吗?

萨洛特:没有,我没观察到。我不觉得艾米丽·勃朗特的作品就是真正写得好的女性写作代表。我没看到什么不同之处。你先是说,作为女人是那样的,然后你再决定说那样就是女性的。亨利·詹姆斯总是注重精微的细节,总是在刺绣。普鲁斯特更是比大多数女性都更文静。我觉得如果艾米丽·勃朗特那样的女人想用假名,她们完全没

[①] 克洛岱尔(Paul Claudel,1868—1955),法国著名诗人、剧作家和外交官。

有错。你不可能找到一种写作风格，然后在上面贴一个女性或男性的标签。写作就是写作，单纯，简单，值得尊重。写作中有一些主题非常女性化，因为它们是活生生的现实，有些女性会写女性主题，比如母亲身份，那完全是另一回事。

《巴黎评论》：我们换一个话题，谈谈香烟吧。你一直都抽烟吗？

萨洛特：天呐！我不应该抽烟，不过我抽得不多。一天六到七根。还是有点多。这是一个很不好的习惯。所以，为了不抽烟，我现在工作的时候就把烟叼在嘴里。我不点燃烟。那对我有一样的效果。因为我会忘记。我感觉到嘴里有东西，然后忘了有没有点燃。我抽很淡的香烟，我也不吞下烟，尽管没在抽，但我感觉就好像在抽一样。

《巴黎评论》：实际上就感觉进入游戏了。

萨洛特：没错。是一种姿态，你感觉到的东西。

《巴黎评论》：你所有的书，从第一本到最近的一本，都是在同一个咖啡馆里写的，你每天去那里工作。为什么不在家工作？

萨洛特：首先是因为家里全是孩子。我丈夫是律师，他在家里接待客户，所以我没法工作。去咖啡馆有点像旅行——你离开自己的环境，以及其中各种让你分心的东西。写作很难，就像纵身跃入空无。你总是想尽办法逃避——找一张不见了的纸，做一杯咖啡，什么都行。在咖啡馆里你就跳下去了。在那里没人会打扰我，我听不见别人的对话。乡下的环境都是一成不变的，直到有一天他们在我工作的咖啡馆里装了一个点唱机，那真是能打断你的思考。所以我就在院子的另一头搭了一个小棚，每天早上就去那里工作。

《巴黎评论》：你拥有一个已有六十个年头的幸福婚姻，好福气。

你觉得有一个安全的感情依靠,是不是也有助于你的写作?

萨洛特:我不用作为特殊名词的幸福或爱情这样的词。我只能说,我和我先生之间有着非同一般的理解,在文学上我从他那里得到了完全的支持。

《巴黎评论》:你还拥有健康长寿,也是好福气。你思考过死亡吗?

萨洛特:在我的年龄,不思考死亡,还能思考什么?

《巴黎评论》:你相信死后有生吗?

萨洛特:我从来不是一个信徒。对我来说,死亡就是终点。但是你不可能知道到底是怎么回事。我确实认为那些有信仰的人,朝向上帝的人,是幸运的。

《巴黎评论》:我们能聊一下你的一些作品的构思吗?比如,《金果》是源于你在文学界的某次经历吗?

萨洛特:完全不是。我不属于文学圈子,我从来没有去过文学界的鸡尾酒派对。那本书跟一次内在经历有关。是关于围绕一件艺术作品的恐怖主义,这件艺术品被夸上了天,但我们却没法靠近它。像一层帘幕般的既定观点把你和那件作品隔开。我们要么喜欢它,要么讨厌它,却不可能靠近它。因为巴黎的氛围首先就是,哪怕你不去那些鸡尾酒派对,哪怕就是在媒体上,总有一种吹捧的恐怖主义占主导地位,你没有权利持相反意见,没有权利靠近艺术品。然后帘幕落下,那一刻你已经没有权利说这件作品好。那是我想展现的——一件艺术品的一生。那么这件艺术品,它是什么呢?我必须要靠近它,但那是不可能的。然后我们能找到的全部,我们在一本书里寻找的东西,都与它的文学价值毫无关系。

《巴黎评论》：在那本书里总是有各种声音。

萨洛特：我后面的书大多如此。有各种各样的声音，我们不需要对说话的人物感兴趣。是谁说的无关紧要。

《巴黎评论》：有没有一些过程是重复的，在这些小说的构思或者修改中？

萨洛特：每一次我都不想做一样的事。所以，我会努力将我的范围拓展到总是与内在活动在同一层面的那些领域，去一些我还没有去过的地方。

《巴黎评论》：有没有哪本你的书出版后收到的反响让你吃惊？

萨洛特：没有。我一开始更悲观些。我真的觉得没有人会理解。

《巴黎评论》：你说过是"新小说"运动使得你的作品有了读者。但是，属于某种所谓运动的想法会不会也带给你限制？

萨洛特：没有。所有那些属于这个运动、被归入这个流派的人，你也看到了，他们写的东西没有相似性——不管写的是什么。他们始终完全各不相同，也一直都走着自己的路。

《巴黎评论》：你的散文也是最早讨论这个群体共同关注的命题的文章，你有没有感觉到对这个运动负有任何责任？

萨洛特：完全没有。我反思小说的这些问题，要比其他人都早，因为他们都比我年轻二十岁。从一开始出版的几本书起，我从没有改变过想法，也从未让步。我可以把我写《怀疑的时代》时说的话一字不差地重复一遍。我深信小说的形式必须改变，在所有艺术创作中，形式的不断演变是必要的——绘画、音乐、诗歌以及小说。我们不可能回到十九世纪的形式，然后再建立我们的社群，哪一类无关紧要。然后，阿兰·罗布-格里耶①——他为开启新小说运动做了大量工作——当时在午夜出版社工作，他想重版《向性》，当时这本书已经绝版了。后来《向性》和他的那本《嫉妒》一起出版了，有位评论家就在《世界报》上写："我们可以管它叫'新小说'。"——尽管他是讨厌这本小说的。阿兰·罗布-格里耶觉得这个名字正合适，他说，这棒极了，这就是我们想要的。他想发动一场运动。至于我，我是不可能想发起任何运动的。我一直都独来独往。

《巴黎评论》：这个群体会聚会之类吗？

萨洛特：从来没有，也没有讨论。它跟超现实主义派毫无共同之处，他们是有一个群体，有一个领袖——安德烈·布勒东②，这些我们都没有。我们从来不见面。

《巴黎评论》：罗布-格里耶是怎么发现所有这些作家，然后把他们带到一起变成一个运动的呢？

萨洛特：是午夜出版社。罗布-格里耶找到米歇尔·布托③，他已经写了《米兰弄堂》，是他们出版的。他又找到了克洛德·西蒙④。还有罗贝尔·潘热⑤。罗布-格里耶和热罗姆·兰东一起工作，后者是午夜出版社的社长。他们就那样组成了一个群体。

《巴黎评论》：还有其他实验性的文学运动让你感到兴趣吗？

---

① 阿兰·罗布-格里耶（Alain Robbe-Grillet，1922—2008），法国作家，"新小说派"创始人。
② 安德烈·布勒东（Andre Breton，1896—1966），法国作家及诗人，"超现实主义"创始人。
③ 米歇尔·布托（Michel Butor，1926—2016），法国作家，"新小说派"代表作家之一。
④ 克洛德·西蒙（Claude Simon，1913—2005），法国作家，"新小说派"代表作家之一，1985年诺贝尔文学奖得主。
⑤ 罗贝尔·潘热（Robert Pinget，1919—1997），法国小说家、剧作家，"新小说派"代表作家之一。

萨洛特：没有，我没有关注。比如超现实主义运动，也许可以引起我的兴趣，但是完全没有。

《巴黎评论》：那六〇年代的"乌立波"运动①呢，参与其中的有乔治·佩雷克、雷蒙·格诺，还有卡尔维诺？

萨洛特：格诺做的事我很喜欢。我之前提到过，我的第一本书《向性》和他的书《麻烦事》收在一个集子里，出版人是罗贝尔·德诺埃尔，我很喜欢《麻烦事》。

《巴黎评论》：你比较喜欢自己的哪几本书？

萨洛特：这个很难回答。我不会重新读自己的书。有时候我跟自己说，怎么感觉我好像已经写过那样的东西了，我却想不起在哪里。

《巴黎评论》：有没有哪本书比其他的更让你满意？

萨洛特：都很难。对于我想做什么，我一直都心存疑惑。

《巴黎评论》：即便是疑惑，有时候是不是也有建设性？

萨洛特：我不知道。我觉得这是很痛苦的，还是不要有疑惑更好吧。我羡慕那些没有疑惑的人，非常羡慕。他们是幸福的人。

《巴黎评论》：在《你听见他们吗？》里，感觉每一次移动都始于某种中心的平衡：一面是两个朋友和那块他们在欣赏的哥伦布到达之前的美洲本地石刻，另一面是楼上的孩子们和他们的笑声。是什么促使你去探索这其中的活力？

萨洛特：一件艺术品，交流的欲望，艺术品带给你的东西，这三

---

① "乌立波"运动（Oulipo movement），即"潜在文学工场"，由作家和数学家等组成的打破文本界限的松散国际写作团体。

者之间的关系一直是我感兴趣的。还有，彼此深爱的人之间的关系。我觉得这是一个有趣的构建，我不知道。每一次都会有一个出发点，但是你知道那几乎是无意识的。它来了，你不知道它是怎么来的，或者为什么。

《巴黎评论》：你的作品离自传非常远；所以读者和评论家都会对你本人的生活很好奇。你不太强调自己的人生。你觉得，为什么那么多严肃作家都会坚持不在自己的书里加入自传内容？

萨洛特：我觉得每一本书里都会放入很多我们自己的经历，没有一本书会不包含一次经历。即便是卡夫卡。卡夫卡没有经历过《审判》里的那种生活，但是他生活在一个完整的世界中，那离他很近，也被他搬进了《审判》或者《城堡》。那是一种移位，是对他自己感觉非常强烈的某种东西的比喻，也是我们都感觉到的。

《巴黎评论》：但是看起来有时候存在某种对自传的不信任。

萨洛特：如果那是一部真正的自传。就是说，你想展现你所感觉到的一切、曾经的你是什么样的。总会有一种场面调度，在某种光亮中展示自己的欲望。我们太复杂了，有那么多面，自传让我感兴趣的是作者想让我看到什么。他希望我这样来看他。那是让我感到有趣的地方。而且那总是虚假的。我一点也不喜欢弗洛伊德，我讨厌心理分析，但是弗洛伊德有一句话我觉得还是很有意思的，而且是对的，他说所有的自传都是假的。当然是这样，因为我可以写一部自传，呈现的是一位圣人，彻底理想化的，然后我也能再写一部，里面是一个恶魔，然后也都是真实的。因为这些都是混在一起的。此外，你甚至都没法把这些全包容进来。写作《童年》的时候，我写到十二岁为止，恰恰因为那依然是一个纯真时期，其中的事情模糊不清，我努力想还原某些时刻,某些印象,还有感觉。

《巴黎评论》:你目前在写什么?

萨洛特:是一种我从未用过的形式,我也不知道会是什么样。我已经写了大概三分之二,不过我也没有着急要写完。我不知道这本写完之后会写什么。

《巴黎评论》:你的《演说的功用》让人想起了你的第一本书《向性》,都是一些完全独立的短文,不过现在你是围绕某个特定的词来展开。

萨洛特:因为书名是《演说的功用》,所以总是从说出的那个词开始的。那个词像块石头一样落下,激起漩涡。

《巴黎评论》:一开始就是打算写一本书吗?

萨洛特:事先的想法是每篇都会围绕一个词展开,而《向性》并没有预先构想。我就是一篇接一篇地写,并不知道我到底是在做什么。

《巴黎评论》:你最新的书《童年》和你以往的作品完全不同。你为什么使用对话的形式来唤起那些记忆?

萨洛特:那个来得很自然,因为我告诉自己,你不可能写的。到那时为止,我写的一直都是小说。我有很大的自由;我创造出情境,把自己感兴趣的事物置于某种视角之下。而在《童年》里我受缚于一些固定的、属于过去的东西。那跟我做过的正好完全相反。所以我跟自己说,你做不了。我记下这个对话,它就成了这本书的开头。那以后,直到全书完成,我都有第二个良心,那是我自己的复制品,而且控制着我的写作,推动我向前。

311

《巴黎评论》：这本书里的记忆常常如向性一样运作。

萨洛特：我选择有向性的记忆，尽我所能。那是我感兴趣的。向性让形式动起来。

（原载于《巴黎评论》第一百一十四期，一九九〇年春季号）

简·莫里斯

◎伽禾/译

简·莫里斯原名詹姆斯·汉弗莱·莫里斯，一九二六年十月二日出生在英格兰萨默塞特郡。据她在回忆录《谜》中的叙述："我那时三岁或四岁，意识到我降生在了错误的身体里，我其实应该是个女孩。"最初的表示。但是在前三十六年里，他都是以男性的身份生活，只对他的妻子伊丽莎白提到过自己的性别困惑。他在二十二岁时和伊丽莎白在开罗结婚，为本地阿拉伯新闻通讯社工作。

十七岁时，莫里斯离开寄宿学校，接下来在第九皇家枪骑兵团服役五年，这是英国最好的骑兵团之一。他又去了开罗，不久返回英国，在牛津大学学习了两年，然后开始记者生涯，被《泰晤士报》派去报道希拉里和坦津攀登珠穆朗玛峰，除了莫里斯，没有其他能够派遣的记者。适时莫里斯二十六岁，从未攀登过山峰，他攀登了四分之三的高度（6700米），来报道人类第一次征服珠峰。这是一次面向全世界的发布，为他赢得了国际声誉。从此莫里斯开始了驻外记者的生涯，为《泰晤士报》和《卫报》撰稿。

一九五六年，他获得了英联邦奖学金，他有一年的时间穿越美国，并且写出了第一本书：《我眼中的美国》（1956）。一九六〇年，《威尼斯的世界》同样获得好评，他休假一年，与家人住在威尼斯，写下了这本书。一九六一年，莫里斯停止了全职记者的工作，部分原因是报社的规定妨碍他把长篇报道扩展成书。后来他出版了很多著作,包括《通往哈德斯菲尔德:五大洲纪行》(1963)、《西班牙印象》(1965)和"日不落帝国"三部曲(1968—1978)。

一九六四年,莫里斯经历了另一重变化,个人的变化,而非职业的:他开始服用激素药物,为变性手术做准备。一九七二年,他来到卡萨布兰卡,进行最终的手术。以简·莫里斯的身份写的第一本书是《谜》,记录了整个性别转换的过程。但是被问及进一步说说性别变化时,她变得含糊,宁愿让书本身说话,宁愿把整件事以"那个谜"简单地带过。从那以后,她出版了十三本书,包括《旅行》(1976)、《曼哈顿1945》(1987)、《香港》(1988)和两部小说《哈弗最后的信》(1985)、《渔夫的脸》(1995)。

性别转换之后,接着是离婚(英国法律有规定),虽然莫里斯目前仍然和前妻住在一起,住在威尔士北部被人叫作"特雷凡·莫里斯"的房子里。莫里斯在《纠结人生的乐趣》(1989)一书中描述过这座房子:"再没有别的物体令我这样喜爱,对它的喜爱也超过了很多活生生的东西……它只有两间起居室,一间在上,一间在下,都是四十英尺长。都放满了书,在两层楼的一端各有一间屋子,由一道旋转楼梯连接。"他们育有四个孩子。

莫里斯已七十一岁,看起来格外年轻,也许是和服用激素药物有关。她仍然出门旅行,今年夏天会去香港报道中英两国的政权交接。这次采访始于一九八九年,在纽约92街Y文化中心的帮助下,在纽约市立大学亨特学院进行,之后的采访通过电话和通信完成。

——里奥·莱曼,一九九七年

《巴黎评论》：你抵制把你称为旅行作家。

简·莫里斯：是的。至少我抵制旅行写作只写事实的观念。我相信它属于艺术和文学,有想象的种种属性和潜能。我得说我发起的运动,到现在已进行了很久,取得了些成果,有些聪明的书店会摆放一摞称为旅行文学的书。可是普通人会用什么词来称呼?

《巴黎评论》：写地点的?

莫里斯：对,那是我在做的。虽然我觉得自己更像是美文作者(belletrist),一个已经过时的词。说是随笔作者(essayist)也可以;人们多少会明白它的意思。而问题是,我写作的主题大都和地点有关。这并不是必然的。我相信我写得最好的书与历史更相关,而非地理。但是和大部分作家一样,我终究是对自己思考过多,在我内心深处并不觉得自己值得那样讨论。

《巴黎评论》：可以说那时你是历史学者。

莫里斯：噢,我最好的书是写历史的,仅此而已。

《巴黎评论》：那么我们从你的"日不落帝国"三部曲开始。你开始写的时候是否想到了吉本的《罗马帝国兴衰史》?

莫里斯：没有,完全没有。我开始写作的时候并不知道我要写三部曲。我该告诉你我是怎么有了写作的念头。我生得早,记得英国还是帝国的情景。小时候看到的地图被涂成大片的红色,后来怀着帝国式的傲慢接触外界,和大部分与我同龄的英国人一样,觉得自己有与生俱来的优越地位。但是到了青春期后期和青年阶段,我的观点慢慢变了。

《巴黎评论》：是在某个特殊时刻转变的?

莫里斯：我当时住在巴勒斯坦,有时会拜访加沙的地区专员。他是英国人。当时正是英国托管的时期。我敲他的门,他来迎接。这个人的帽子促使我对他进行仔细的思考。那是一顶类似波希米亚风格的帽子。更像是一顶松垮、有些放荡或粗俗的帽子;非常、非常普通的帽子——类似浅黄褐色,已被帝国各处的烈日晒褪了色,被热带的暴风雨淋得松垮,帝国就在那顶帽子里。他像是一个十分和善的人。我敬佩他。他完全没有我的那种愚蠢、无礼的傲慢。他是位绅士,从前意义上的绅士。通过他,通过见到他的一些同事,我开始明白我帝国式的无礼毫无道理,而英帝国,至少在它的最后阶段,一点儿也不傲慢,一点儿也不无礼。像专员那样的人仅仅是试图从一个广阔的历史过程中撤出,并且体面地把权力移交给继任者。因此,我关于帝国的观点改变了。

后来我写了一本关于帝国探险的书,与阿曼的苏丹一起穿越阿拉伯半岛的东南部,其实也是借助了英帝国统治带来的便利。有一篇针对那本书的书评写道,为什么这个作者在边缘游荡,在这一帝国主题的周边游荡?为什么不认真写写帝国的中心?以前一个作家的确会注意评论者的意见:因为他的这番话,我觉得我要写一本纪念性的、内容丰富的书,写这个帝国故事的中心,一八九七年,庆祝女王登基六十周年,也是整个帝国事务的顶点。我写了这本书,我热爱写的过程。接着我想,那么我要扩充它的两侧,构成一幅三拼画。写一本讲述维多利亚女王如何登上王位,英帝国如何攀上顶点的书。然后我们就有了高潮的部分。最后是一部哀歌,英帝国渐渐消失终结,我以温斯顿·丘吉尔的去世为标志。三部曲和吉本毫无关系。

《巴黎评论》:在现在面世的《维多利亚女王》这部书里,有你频繁表露的观点。你从个别作家开始,从艾米丽·伊登[①]开始,再扩

[①] 艾米丽·伊登(Emily Eden, 1797—1869),英国诗人、小说家,所写的小说记录了19世纪初期英国人的生活。

展到整个英帝国。读者可谓是和女王一起成长。在第一部的前言里,你写到你"主要是被帝国的美学吸引"。这是否决定了一种不同的路径?

莫里斯:是的。我一开始就不想表露自己对帝国的道德立场。我把它看作是一场巨型的展览。大体上说,我接受了当时的道德观。如今我们看起来是罪恶的东西,在维多利亚时期的人们看来并不总是罪恶的。我接受这种观点。既然这实际上是一种逃避现实的观点,我便决定我要写的不是对帝国的研究分析,而是对它的召唤。它的样貌、气息和各种感觉。后来我试图这样想象:假设在罗马帝国末期,有个百夫长,记得帝国的冲力和帝国的辉煌,却意识到它正在消失,坐下来写了一本厚书,记录他当时的种种感知。那不是很有趣吗?我说,也应该有人对这个大得多的英帝国做类似的记录。那个人是谁?我问自己。是我!

《巴黎评论》:在英帝国逐渐衰亡的过程中,你说比失去殖民地更令人担忧的是,英国人也许丧失了统治的意愿。这种衰亡从哪些方面表现了当时英国人的特征?

莫里斯:有好几方面。在较令人尊敬的方面,就是我试图表达加沙的地区专员给我留下的印象。有许多非常优秀的人一生都为英帝国服务。也许在他们任职初期是带着一种家长作风在统治,那本身就是一种形式的傲慢;而我到加沙的时候,很少人表现得傲慢。他们仅仅关注以体面、恰当的步调交接权力。我认为他们整体上做得很好。与法国人撤离殖民地的记载相比,英国人的撤离是成功的,留下了好印象。当然,英国人被两次世界大战弄得精疲力竭。"一战"使英帝国的版图达到最大,"二战"显然是为英帝国敲响了丧钟。经历了"二战"的英国是极度疲惫、幻灭的民族,从他们转头立刻把他们的大英雄温斯顿·丘吉尔选下了台就能看出来。当时他们感兴趣的只是回到他们的岛上，试着把它建成更适合居住的地方。从这方面说，维持帝国的意愿已消失殆尽。一起消失的还有进取冒险感和仅存的一点儿傲慢——至少是那种姿态——都是对帝国扩张至关重要的。所有这些全都被逐出英国人的脑袋。也许这也是非常好的事情。

《巴黎评论》：有过神气十足的庆典，气势恢宏的庆典，无比盛大的庆典。

莫里斯：你是指在结束时还是统治中？

《巴黎评论》：统治中。

莫里斯：结束时也有某种庆典，许多盛大的降旗仪式、号角齐鸣，王族成员公开亲吻各位新近从监狱释放的总理们。

《巴黎评论》：你以詹姆斯·莫里斯的身份开始写作三部曲。第二部写于性别不明确的那十年，你当时正在服用雌性激素，还没有转换性别。第三部是以简·莫里斯的身份写的。性别转换在多大程度上影响了三部曲的写作？

莫里斯：我不认为有影响，真的。我带着审视影响的念头重读过这些书。我不认为有巨大的差异。这是以纯粹的思考或者说是美学的、艺术的方法去呈现一个相对遥远的主题。我不认为我自己的私事能对它有很大的影响……受到的影响不比我写的其他东西多。

《巴黎评论》：这个问题的核心是：你是否觉得你的感知力都完全改变了？

莫里斯：这是不同的问题。从开始写作三部曲到结束，我的心境是一样的。但是我也承认我的大多数作品都是一场漫长的闲荡，打量这个世界，同时让这个世界打量我。我想可以肯定地说，世界对我的观点，和我对世界的观点都改变了。当然都改变了。《纠结人生的乐趣》这本书的意义就在于试图呈现，甚至也可以说对我自己呈现，这番经历让我获得了什么样的敏锐知觉。我已非常厌倦讨论变性经历本身，你能够想象，都已经过去二十年了。但是我也意识到我就是这番经历造就的。那种复杂的心绪下意识地贯穿我的作品。我觉得唯一没受影响的就是"日不落帝国"三部曲。

《巴黎评论》：在三部曲的结尾，你说相比历史进程，你更倾向把英帝国看作是救赎的过程。能不能解释一下？

莫里斯：我在思考的是德日进[①]关于"展开"[②]的概念，他认为历史，通过反观自身的过程，正在逐渐地把人和自然合成一体。我在加拿大的时候，偶然读到一篇旧报纸文章，内容是一九〇二年左右关于帝国主义的一次演讲。那时几乎所有的帝国主义者谈论的都是英国雄厚的经济实力或强大的海军。而这次演讲则完全不同；演讲人把英帝国看作是爱的代理人。他认为在所有这些混合的情感中间，有"爱"这条贯穿的线——人们互相喜爱，竭尽所能互相帮助。我意识到善行就是比恶行更具有复原力。如果你经历了像英帝国这样影响深远的历史过程，恶行是渣滓，被抛弃了。善行是留下来的东西。帝国主义里也有若干好的地方。它促使人们比之前更了解彼此。它让人们打破束缚人的旧传统和遗产。它为世界引入了新观念和新机会。都是在促成我们所有人合成一体，促成救赎。虽然我本质上是反对帝国的，我仍然认为英国也结下了不少友谊。

《巴黎评论》：在三部曲的结尾，你问："那是真实吗？那是它发

[①] 德日进，即皮埃尔·泰亚尔·德·夏尔丹（Pierre Teilhard de Chardin, 1881—1955），耶稣会神父、哲学家、古生物学家，曾在中国多年，参与北京猿人的发掘工作。
[②] 原文是 infurling。

生的过程吗？它是我的真实……它的种种情感沾染了我的情感，它的种种场景被我的视野增强或减弱……如果在事实方面它并非一贯真实，在想象方面则一定是真实的。"这句总结在什么情况下适用于任何历史的书写？

莫里斯：噢，我想对某些历史的书写来说是不适用的……有的人在书写历史时故意扭曲，因为他们想传递某个信息或鼓吹某种教条。我的书写并非是这种意义上的失真。我试图呈现故事的两面。我不会为了服务另一个目的扭曲任何事件。

《巴黎评论》：我在想里顿·斯特拉奇①为大主教增加的那额外的三厘米或一点五厘米。这可谓书写历史时的诱惑——增加那额外的三厘米。

莫里斯：当然，我在书写时会稍加修饰，为了多些阅读的趣味。这实际上是如经济学般忽略了细节。我也有个故事要讲。在《纠结人生的乐趣》里，我写到我最初体验饮食之乐的经历。二十五岁之前，我对饮食都没有特别的兴趣。在澳大利亚时，我曾在著名漫画家乔治·莫尔纳尔屋外的草坪上吃午饭，那里俯瞰悉尼港，食物十分简单，却很好吃：鱼肉酱、有硬皮的面包卷、一瓶葡萄酒、一个苹果，就是这类。关键在于这个人吃东西的样子。他几乎是挑逗般地把面包嚼得脆响。他在面包上涂抹软糯的鱼肉酱。他大口吞下葡萄酒。我觉得那太妙了。我描述那一幕时，它如此清晰地浮现在我眼前：跃动的海浪、清澈的蓝天、绿色的草坪；在我们上方是悉尼歌剧院的双翼，如在祝福这次体验。直到结束这一章的写作我才想起来悉尼歌剧院当时还没有建成！

---

① 里顿·斯特拉奇（Lytton Strachey，1880—1932），英国作家、评论家，创立了一种新的传记书写方式。

《巴黎评论》：我想谈谈《威尼斯的世界》。从这本书和"日不落帝国"三部曲来看，你似乎对衰亡尤其感兴趣。你试图告诉我们现在身处的整个世界的衰亡吗？如果是这样，又有哪些新的开始？

莫里斯：我并不认为我在试图描述整个世界的衰亡。相反，一年年过去，世界变得越发有活力。也许是因为我感知到当下的兴奋——各项新技术炸裂般的美令我们激动不已，生机勃勃的世界，所以我更被衰亡吸引，被变老、会死去的事物那番感伤的景象吸引。我倾向于写衰亡的另一个原因是我不相信可以假装它不存在。我相信年纪；我相信承认年纪。我确信我会一直热爱威尼斯，却也希望它不会被翻新。我觉得它在试图否认自己的年纪，假装自己并没过时，并没衰老，其实就是老了。我的一部分尤其被这种衰亡吸引，另一部分的我则被威尼斯如此固执地否认这种衰亡所吸引。这样的场景并不属于我对二十世纪九〇年代持有的立场。我的立场正相反。我觉得今日的世界处在生机勃勃、十分有趣的状态。

《巴黎评论》：一九六〇年你发表《威尼斯的世界》时是以詹姆斯·莫里斯的身份。到了一九七四年，为这本书撰写重版序言时，你已是简·莫里斯，把这本书看作是某一阶段的产物："威尼斯在一个特殊的瞬间被一双奇特的眼睛看到。""我想毡头笔灵巧的笔触也无法使它显得现代。"简能否写出与詹姆斯不同的一本书？

莫里斯：非常难回答。这本书重版，意味着它已经不是威尼斯当下的画像，因为城市已发生了很多变化。我强迫自己接受这个事实，即我描述过的威尼斯就是我的威尼斯。至于简·莫里斯能否写出一本不一样的威尼斯……我曾经觉得作为简，我倾向于更关注较小的事物、细节，而不是那些更广阔的事物。可是随着年纪的增长，我意识到广阔的范围和细节其实是一回事；宏观世界和微观世界是一样的。

《巴黎评论》：你说威尼斯这本书是"高度主观的、浪漫的、印象式的画，与其说是描述城市，不如说是描述一种体验"。你笔下的任何城市都是如此吗？还是说有些城市格外如此？

莫里斯：都是如此。我不是那种试图告诉别人将要从城市获得什么的作家。我不把自己的书看作是旅行书籍。我不喜欢旅行书籍，我已经说过了。我不觉得这可以作为一个文学类别。我对每一个城市的描述真的仅仅是在描述正在观看这个城市的我或是我对这个城市的反应。当然，有些城市有着更动人的形象。在这种情况下，城市压倒了我，我发现我不是在描述我对这个城市的感觉，而是在描述关于这个城市本身非常、非常有力的东西。比如，北京——我带着自己既定的思维模式去了那里，我遵循两条规则。第一是遵循 E.M. 福斯特的建议，想看到最好的亚历山大港，就要漫无目的地闲逛。第二是来自《圣经·诗篇》，你也许记得那句"叫号如狗，围城绕行"。

《巴黎评论》：有这么多人！

莫里斯：是的。我走在北京的街上，漫无目的地闲逛，像以前一样到处走，但是这不管用！北京太大了。它的规模对我写的内容施加了影响。

《巴黎评论》：你写的讨论城市的文章已经结集出版，在导言里，你说你至少已完成了你原先的计划。

莫里斯：我在两个城市之间画了一条想象的、象征的线，布达佩斯和布加勒斯特。在这条线之上的所有城市在我看来是"伟大的城市"，在这条线之下的城市也非常有趣，但是要归为另一类。我便决定在我死前，我要游览、写下所有在这条线之上的城市。如果我想去，我也可以游览在这条线之下的一些城市，但是我想尽可能地走遍伟大的城市。最终，我做到了。北京是最后一个我游览的伟大城市。

《巴黎评论》：还有没有其他你想写却还未写的地方？

莫里斯：我想我厌倦了把地方作为地方来写——如果以前我是这样写的。我从未真正地去过西藏（只到过边界），我想去那里，还有海参崴，地理位置有趣，当地情况写起来也一样有趣。

《巴黎评论》：有什么地方让你觉得无法准确捕捉它的特征？

莫里斯：我一直觉得伦敦就是如此；也许还有其他不少地方——我有什么资格去品头论足呢？

《巴黎评论》：你说到了一九八〇年，你不再爱恋威尼斯了。发生了什么？

莫里斯：其实对于威尼斯，我频繁地有迷恋、失恋、迷恋、失恋的感觉。我是在第二次世界大战临近结束时开始熟悉威尼斯的。当时，威尼斯一直试图为自己寻找到合适的位置，是一个富有创造性、生机勃勃的城市，还是类似博物馆的城市，吸引我们前去参观。它曾经打算做住宅城，为围绕湖区和梅斯特雷建的大型工业区做住宅城。这个计划失败了，因为污染问题，威尼斯又孤零零了。把它带入现代世界的努力失败了。有一天我看到圣马可大教堂前面的金马雕塑不见了。他们把雕塑挪到了里面。又在外面原来的位置放了仿制品……仿制得不错，却缺少原作的光泽和刮痕、沧桑感，以及那种魔力。我想，这就是威尼斯做出决定的时刻。它不会是一个以外交、商业或政治著称的伟大城市，也不会是东边的大海港。相反，它会是我们所有人都能去参观的博物馆。也许无论怎样，这对威尼斯是好事。它已经上了年纪。它没法再做得更多了。也许这就是答案。曾经有一段时间，我已习惯了这样想，但是最近五年十年里，大众旅游业急速好转，特别是欧洲，尤其是威尼斯。我觉得威尼斯很可怜，已被游客包围，几乎喘不过气来，即使是作为可持续的博物馆，除非能采取真正严厉的措施，限制游客人数。

《巴黎评论》：在威尼斯还是能找到陌生的、沧桑的广场，是普通游客找不到的。

莫里斯：在美国的印第安纳波利斯也能找到沧桑感的广场！

《巴黎评论》：那些仿制品雕塑对我也有非常重要的意义，却是稍微不同的意义。它们像是我身处的这个世界衰亡的象征。

莫里斯：如果确实是现实衰亡的象征，那么起主要作用的就是旅游业。旅游业鼓励了虚幻。在旅游的语境里，非真比真实更容易。买一顶可笑的老威尔士式帽子，戴好，坐在某个伪造的老酒馆外面卖石头，是最容易的事情，这比活得真实、活在当下容易得多。旅游业鼓励这样，它在辐射到的任何地方煽动这种虚假行为。我非常痛恨。

《巴黎评论》：对那些不知道"石头"是什么的人来说，它是一种很甜的糖果。

莫里斯：它像是把这个地名据为己有。不管你怎么咀嚼，它仍然在说威尔士。威尔士，威尔士，威尔士。

《巴黎评论》：在你的书《谜》里，你几乎回答了每一个能想到的问题，有关你做出改变性别的决定和整个过程。你的生活可以说是由一段段旅程组成，既是地理世界的旅行，也是个人探索意义上的。旅行在多大程度上可以看作是一种调剂，或逃避被困在男人身体里的感觉？

莫里斯：你指的仅仅是日常生活中的旅行，是吗？不是形而上意义的旅行。

《巴黎评论》：我们可以稍后再谈形而上意义的旅行。

莫里斯：嗯，我以前觉得这与逃避毫无关系，因为我一直享受旅行；这是我最令我愉悦的经历之一。我最初的旅行并不是自发的。我随军队出国，这并不包含太多逃避的成分。后来我开始相信也许我的旅行有某种寓言般的意义。我觉得我始终无法停下出走的脚步，这也许是某种渴望，与其说是为了逃避，不如说为了寻求：寻求统一，寻求整体。开始时我肯定不是这样认为的，但是我现在这样认为。

《巴黎评论》：以我对你的了解，通过个人交往还有阅读你的作品，我认为一定是这样的。

莫里斯：我变得喜欢和谐这个观念，尤其是与自然的和谐，当然也指与人的和谐共处。我觉得旅行像是对这个过程的一种寻找，寻找一种协调，也包括去促进这种统一感。

《巴黎评论》：你描述过攀登珠穆朗玛峰的经历，便是极富有象征意义的冒险。

莫里斯：哦，把它看作象征是不错，但其实我并不那样觉得。那仅仅是一次任务，我完成了它。

《巴黎评论》：那么你对形而上意义的旅行没有话想说？

莫里斯：没有，因为我觉得那是如此内里的、完全内在的话题，我这么老了，我无法用语言来描述它。

《巴黎评论》：是否有一本你作为简写的书，是作为詹姆斯写不出的？

莫里斯：《纠结人生的乐趣》。这本散文集就是试图呈现从"谜一样的经历"（以我们这种含糊、委婉的方法表述）中获得的或是发展出

325

的敏锐感知力。来我家里采访我的人常常会问，你是否介意我们谈谈那个谜？这本书试图向读者，也包括我自己，呈现我从那段经历中获得了什么样的敏锐感知力。我觉得谜的特征无意识地贯穿整本书。我意识到那些乐趣——几乎是所有，正是因为"谜"的那部分让我特别享受。

《巴黎评论》：我们谈谈《悉尼》吧。为写作某一本书你会如何做准备？

莫里斯：首先我会思考我为什么想写这本书。我想写《悉尼》的原因是那让我再次回到了昔日美好的英帝国。我觉得英帝国的浪潮退去后，把整个东西都留在世界的沙滩上，有些是令人讨厌的，有些是乏味的，却有一件东西闪闪发光。并不是最好的，却是尖锐、坚硬的，令人瞩目。我觉得位于新南威尔士州的悉尼不仅仅是英帝国的遗迹，更是一个新型城市。它正在塑造一种新人，如同美国在一八八〇年代塑造了一种新的人类一样。我便明白这会写出一本好书。我一直关注英帝国这一主题，并且投入很多精力写作，我想做个总结。我觉得以悉尼为结尾再好不过。有人评论《悉尼》说我写的大部分书都与英帝国有关，的确如此。

《巴黎评论》：在写作的过程中，在什么时候你会感觉到你捕捉到了你的写作对象，你笔下的地点成了你的？

莫里斯：有不同的情况。我通常以类似意识流的方式写出第一稿，不会太费力思索，一气呵成。然后我回头写第二稿，常常会发现我写下的比我计划要写的已经充实得多。有时，潜意识比意识好得多。我不是坚定的人，我其实总是把潜意识内容替换成意识，这常常是错的。有时我回头去看，觉得初稿更好，更自然。顺便说一句，说到意识流，我花了四十年的时间终于读完了乔伊斯的《尤利西斯》。我要说我仍然觉得人生太短，《芬尼根守灵夜》太长。

《巴黎评论》：你是否觉得你在这本书里触及了悉尼的"实质"？

莫里斯：没有，我不认为如此。正如我说的，我弄清了自己对悉尼的感觉的根源。悉尼不是第一眼见到就能激发一个人的敏锐感知力的城市。它希望显得坦诚、阳刚、幽默，你知道。但是随着我对悉尼的感受和思考越多，我便越意识到它有令人留恋的特征，也许所有类似的具有男子气魄的城市都是如此。

《巴黎评论》：令人留恋？

莫里斯：是的。是一种思慕。我常常感觉澳大利亚人自己有些抗拒这种特征，因为他们觉得这不该是他们体验到的感情，但我觉得他们可能确实体验到了。这与当地的风景有关。D.H. 劳伦斯在多年前便描述过。

《巴黎评论》：但是当你面对像悉尼这样的城市时，它令人留恋的特征是有些难以捕捉的，这种特征是如何显露的？是你积极思考的结果，还是在你停留期间自然地呈现出来的？

莫里斯：我认为是纯粹自然的显露。我所做的不过是到那个地方去，除了那里什么也不想。至于悉尼这个城市，我得说如果它的精神特征没能显现，那么《悉尼》这本书恐怕就会有些乏味。我并不知道它会逐渐地显露。我待得越久，便越体会得到。

《巴黎评论》：所以并不是立刻显露出精神特征？

莫里斯：不是。很多人把《悉尼》这本书看作"通往大马士革的路"①般的经历，其实它并不是。

---

① 基督教传统记载中，使徒保罗是在往大马士革的路上遭遇耶稣现身的异象后归信。

327

《巴黎评论》：你在叙述时会穿插轶事和故事。你是否有意识地运用小说的技巧来推动叙述的过程？

莫里斯：我看重小说的技巧，所以我很高兴你问到这个问题。我并不觉得在写这类书和写小说之间有多大的不同。出现的一些情节场面就是你需要虚构的部分：你要为一部小说设想背景，要为一部小说塑造各种人物。当然，你还有一项额外的吸引人的特征：整本书最瞩目的特征是所写的城市本身，这是你比起小说家来具有的优势。保罗·索鲁对我说过，他喜欢写旅行书，因为它们可以给他情节；他不需要编造。还有其他行得通的方法。我编辑过弗吉尼亚·伍尔夫写的旅行文章。《到灯塔去》在很多方面看来都称得上是一本旅行书：跨越海湾的描述，她呈现的不同视角，就像是她要写一本旅行书的话会写的内容。

《巴黎评论》：你在《纠结人生的乐趣》中讨论过的，"谜一般的经历"引起的敏锐感知力的变化，或者说是哪方面的变化，对《悉尼》的写作起了影响？

莫里斯：哦，当然，《纠结人生的乐趣》是一本更不同的书。它具体描述的是生活私人的方面、私人的观点：我在家里发生了什么，我对生活、生命、艺术和宗教不同的方面如何感觉……自然，和《悉尼》那本比起来，《乐趣》那本表现出一种直接得多的敏锐，不是吗？也迅速得多。另一方面，我想如果你以同情、赞同的眼光来看，把《悉尼》这样的书和我在一九六五年写的《牛津》做比较，如果你仔细读过，我想你会发现像是不同的人写的。你也许不觉得写作风格有了大的变化，但是我想你会发现隐藏在后面的思维或感觉、隐藏在后面的敏锐感知力都变了。是的，我会这样看待《悉尼》。当然，它是一本更温和的书。

《巴黎评论》：当你为写书搜集素材时，你是独自旅行吗？

莫里斯：我通常都是独自旅行，有时也和伴侣一起，我和她已生活了四十年。我很爱她，但是如果我出门是为了写书，我觉得还是独自旅行好。在我看来，爱会起到妨碍的作用。我们会总在想对方想做什么。想写某个地方就必须自私到底。一心只思考你要写的地方。你的触角必须时刻警觉，对当地的环境和细节保持敏感。如果你有人陪伴，尤其是你喜爱的人，就不免分心。我从来没有告诉过她，但我真的不希望她陪着我。

《巴黎评论》：无论你想做哪种作家，你都必须自私到底。

莫里斯：以及孤独，我想。

《巴黎评论》：你会在一个地方待多久？

莫里斯：这完全取决于我写的是什么。如果我是受杂志委托，写一篇散文，我会去目的地待上一个星期，只思考这个地方。到了交稿前几天，我会在一种疯狂、迷醉或绝望的状态中写出三稿，每天写一稿。我会持续写下去——这和多少小时无关——直到最终完成。我喜欢搞定一切、把稿件投进邮箱、然后出发去别的地方的感觉。让人心满意足。我真的认为这种状态、这种紧迫感催生了更好的内容。

这类书里我写得最好的是关于西班牙的。我并不了解西班牙，我接受了一份委托，要在西班牙待六个月，写一本关于西班牙的书。于是我买了一辆大众牌的野营车，驾车前往这个我一无所知的国家。那个国家给我的冲击力巨大；在整整六个月里，我只想着西班牙。书稿完成时，我记得我望着从头顶飞过的飞机，心想它载着我心爱的手稿，往纽约去了。这本书是在狂喜和高度兴奋状态下一口气完成的，所以写得最好。

329

《巴黎评论》：你的心情会如何影响你对某个地方的印象？你会怎样描述？

莫里斯：我必须是专业的，否则一事无成，我很久以前便学会摆脱情绪、天气或意外遭遇的影响。当然，如果我在某个地方待的那一星期里，一直头痛，一直下毛毛雨，遇到的只有怒气冲冲的市民，我可以预料到我的文章恐怕不会像期望的那样有创造力。

《巴黎评论》：你提到了旅行时的孤独……

莫里斯：是的。其实我旅行时并不觉得孤独，像每个作家一样，当我必须坐下来写东西时，都会觉得有些孤独，因为你只能靠自己完成写作。我写东西非常耗费精力，会写上三稿。这是个漫长的过程。在那个阶段，我变得十分封闭，远离他人。而旅行其实不像从前那样让人觉得孤独了，因为你知道，我已经在路上行走很久了。现在无论我去哪里，都有相识的人。如果我觉得孤独了，随时可以找人陪伴。孤独的部分是身为作家所必需的，作家自然是孤独的。你在写作的时候不能和人交谈。电视机开着，你就无法专心工作。

《巴黎评论》：你可以听音乐。

莫里斯：最近我买了一副电子键盘，我可以不时地休息一下，弹一弹。

《巴黎评论》：你弹什么曲子？

莫里斯：如果有乐谱，我会弹协奏曲的独奏部分。我非常擅长弹门德尔松的小提琴协奏曲。

《巴黎评论》：语言对你来说有多重要？你可以说哪些语言？语言在探索某个地方的过程中起到多关键的作用？

莫里斯：这与我选择的写作主题有关。我花了相当多的时间研究英帝国和关联国家，英语是通用语，也就不存在语言沟通问题。但是我不擅长学习外语，除了《威尼斯的世界》之外，我并没有写过其他必须使用外语来探索的城市。我说混杂的法语和意大利语。数年前我也学过一些阿拉伯语，但这不足以让我写一本关于莫斯科或柏林的书，对吧？不像我的有些同事，我不能确定我是否能够为了写一本书而集中全部精力学一门全新的语言。比如科林·萨布伦[①]打算写一本游历中国的书，便真的坐下来开始学习普通话。

《巴黎评论》：那么，比如说你在走访威尼斯的时候做了哪些工作？你需要雇翻译吗？

莫里斯：我的意大利语还不算太差。你知道那个故事吗？海明威说意大利语多么简单，他的意大利朋友便说，这样说来，海明威先生，为什么不用用语法呢？我在西班牙的时候，为了完成一本六万字的小书，我买了录制好的语言课程学习。这本书自从出版后就一直再版。

《巴黎评论》：技术的革新，尤其是文字处理机的出现，是否影响了你的写作技巧或风格？

莫里斯：我确实使用文字处理机，但是它对我的写作没有任何影响。所谓风格、思维能力受写作工具的影响是一种迷信。我可以在任何时间用任何工具写作。各种工具我都使用——自来水笔、手动打字机、电动打字机——它们之间没什么区别。我不会用文字处理机把头几稿打出来，因为那样的话总想涂改。我只用文字处理机打出最后一

---

① 科林·萨布伦（Colin Thubron，1939—　），英国旅行作家、小说家，2008年被《泰晤士报》评选为"1945年以来英国最伟大的50位作家"，代表作有《丝绸之路的阴影》《在西伯利亚》《失落的亚洲》等。

版书稿。有了文字处理机，最后一稿便一目了然，你可以不断地打磨它。

《巴黎评论》：你是否觉得身为男人的经历，更给予你更多的独自出发的勇气？

莫里斯：是的。之前身为男人获得的自信留存了下来。我开始写作时，女权运动还没有真正兴起，在男旅行者和女旅行者之间的鸿沟更深。如今情况变得非常、非常不同了。很多女性对于旅行过于胆怯了。我不觉得旅行对于女性和男性有很大的不同。当然，实际面临的危险是不同的。而总体上的危险几率对女性和男性是一样的，概括来说，女性在旅行时能受到更好的对待。他们更容易信任你。女性之间的关系，一个女人和另一个女人之间的关系，比男性之间的关系融洽得多。无论一个女人在哪里旅行，都会有数百万的朋友等着帮助她。

《巴黎评论》：你说过在出发前往从没去过的地方之前，你会阅读关于它的相关书籍，研究这个地方。到达之后，你会觉得它正如你所想象的，还是刚好相反？

莫里斯：我已经很久没有写过自己完全不了解的地方了。现在我通常是写我熟悉的地方。我也觉得有些旅行杰作并没有提供太多知识上的帮助。比如我很喜欢的一本书，杜蒂[①]的《沙漠阿拉伯》，这是一本经典之作，本身就是艺术品，但是它呈现的关于沙漠的形象和沙漠的生活并不是我实际感觉到的。我并不是在抱怨。他并非试图告诉我，我会马上看到的景象。他仅仅是告诉我他眼里的沙漠。这本书与我自己对沙漠的观念不一样。再比如斯特恩。我不觉得我眼中的法国和他在《感伤之旅》一书里描写的有多接近。还有一类作家，如金斯

[①] 杜蒂（Charles Montagu Doughty, 1843—1926），英国游记作家、诗人，曾在欧洲和中东地区进行漫长的旅程。

雷克,便有意写得愉悦读者,有意识地描绘生活中引人入胜的图景。而你真的到达那里时,会发现并不一样。

《巴黎评论》:我遇到过这样的人,她拒绝再去伦敦,害怕这会把她二十八年前去伦敦时留下的印象抹掉。你对某个地方有过类似的感觉吗?

莫里斯:是的,我也有类似的感觉。再度游历某个地方之前,我常常觉得犹疑,但我也常常发觉没有必要担心。芝加哥是其中一个城市。我第一次去芝加哥是一九五三年,后来又去了好几次。每一次我都在想,我不该再来。它不是你想象的样子了,你会感到失望。而以前却不会这样。最近,我写了一篇关于芝加哥的长文,如今的芝加哥和以前的芝加哥一样棒。尽管原则上我赞同你的朋友,但事实上却不一定。

《巴黎评论》:芝加哥为何给你留下这么好的印象?它改变了吗?

莫里斯:是的,当然。和我第一次去芝加哥的时候相比它发生了巨大的变化,但让我兴奋的不是变化,而是其中保持不变的东西——它依然保留了我们大多数游客真正想要体会的美国的感觉。有点儿类似彬彬有礼、富有品位的诺曼·洛克威尔[①]体会到的芝加哥,是我们这些访客所喜欢的。

《巴黎评论》:你把芝加哥称为"完美之城"。你仍然这样认为吗?

莫里斯:我不觉得我说过"完美"这个词。我的意思是,在二十世纪的城市中,芝加哥最接近完美城市的理想……一个美学意义上的

[①] 诺曼·洛克威尔(Norman Rockwell, 1894—1978),美国作家、写实主义插画大师。

完美城市。我觉得芝加哥的构型优美、符合逻辑,又有气势恢弘的建筑物。我认为芝加哥是全世界最被低估的大都市。不会有很多人说:我必须去看看芝加哥!狄更斯却这样说过。当他乘坐火车驶进芝加哥时,乘务员经过,说:"狄更斯先生,你即将进入整个宇宙的核心城市。"

《巴黎评论》:你至今已写了三十二部书,我们数了一下,有十八部是作为詹姆斯写的,十四部是作为简写的。你是否已完成了你想完成的一切目标?

莫里斯:绝不是这样。尤其是有件事我还没能完成。我的经历仍不时地浮现……我觉得我没能创造性地运用它。性别转换是非常特殊的经历,尤其是对一个作家而言,更有特殊的意义。但是正如我说过的,你也意识到的,尽管这种影响下意识地贯穿我写的一切作品中,我仍不能相信自己已经将它为主题创造出了真正的作品。

我认为《渔夫的脸》算是这种尴尬处境的创造性产物,正如一些敏锐的评论家所言。我尤其钟爱这本书,我却仍然没能想出更明晰的方式来运用它。也许真的时过境迁了?

(原载于《巴黎评论》第一百四十三期,一九九七年夏季号)

安·比蒂

◎盛韵/译

《巴黎评论》第一次采访安·比蒂是在一九八三年。那次采访的逐字转录稿呈现了一个逐渐习惯于被关注的作家，她在回答记者的问题时已经有些不耐烦。她说："有人误以为我是先知，我把智慧伪装成短篇小说发在《纽约客》上。他们要那么想我也没辙。"乔治·普林顿在访谈稿上贴了个便笺，写着："我同意。"比蒂把她的改定稿寄给编辑莫娜·辛普森，但不知出于什么原因，这些对话没有出现在杂志上，不过本次访谈中会谈到其中的一些段落。

在这当中的几十年里，许多事情变了：比蒂依然在《纽约客》上发短篇小说，但频率低了不少；关于"比蒂一代"的讨论已经退潮，即便她还在写同代人生活的巧妙小说；那种年轻人的不耐烦气质已经蜕变成了中年人的和蔼可亲。在读过一九八三年的那篇采访后，我去基韦斯特见她（比蒂和她丈夫林肯·佩里冬天会住在那儿），做好了受冷遇的心理准备。（她在弗吉尼亚大学附近也有个房子，她在那儿教文学和创意写作时；在缅因州也有一套房子。）结果正相反，她和佩里来机场接我，像老父母迎接从大学回家的儿子。几天后我们在餐厅里吃饭，一对夫妇误以为我们仨是一家人。

比蒂是出色的女主人，也是基韦斯特最好的导游。尽管每天要回答几小时的问题，她还是请我吃午饭和晚饭（而且她总能找到理由买单），还让我开她的车去岛上兜风（在我把车还给她前，我好歹让

《巴黎评论》付了一整箱油钱)。她在采访时回赠以慷慨,有一次我们聊到唐纳德·巴塞尔姆时好像停不下来,占据了采访很多时间,她说:"对他,我们可以永远谈下去。我爱他。"

不过我们得先谈她自己的写作:她第一次在《纽约客》上发表作品是一九七四年,年方二十六岁;她的短篇集有《失真》(1976)、《秘密和惊喜》(1978)、《着火的房子》(1982)、《完美回忆》(2000),长篇小说比如《萧瑟冬景》(1976)、《各归其位》(1981)、《勾描威尔》(1989)、《另一个你》(1995)和《医生的房子》(2002)。在早期的短篇中,她那种不动声色的对话和简洁到只剩骨架的描写在美国小说界好似一阵新风拂面而来,叫人无法抗拒,很快就被大范围模仿。她是描写特定关系的圣手,比如离婚、性解放或年轻时的漫无目的——那些正在成为在六七十年代成年的那一代人的常态。多年来,比蒂的风格有所变化,能包容更宽广的多种叙事声音,描写也逐渐华丽,但她的冷幽默、私人化的叙述以及一针见血的描述依然具有极高的辨识度。

她和佩里在基韦斯特的房子受到一棵巨大木棉树的荫蔽,那棵树浑身披挂荆棘,宛如史前怪兽,但正因这种格格不入的身姿完美融入小岛的整体气质中。我在岛上的最后一天,到她家时她正关在书房里;《纽约时报》刚发了一篇对她的新短篇集《纽约客故事集》的恶评,她正跟书评作者哈利·马修斯通电话,他在安慰她,她则一言不发(后来那集子被《纽约时报》评为年度十大好书之一)。那天晚饭时,她说了自己曾经尝试进行自信训练的故事。一个朋友问她:"安,你居然还有想要的啊?"佩里边听她回忆边笑,然后转过头去看着她,学舌道:"你居然还有想要的啊?"

——克里斯托弗·考克斯

《巴黎评论》：你还记得第一次接受《巴黎评论》采访的情形吗？

安·比蒂：真的不太记得了。都快三十年了吧，而且那阵子我接受了好多采访。

《巴黎评论》：当年的记者好像都觉得你是预言家。

比蒂：是啊。我那时可年轻了，所以约摸能看出为什么别人会希望从我这儿得到些关于我们小年轻的信息。我被《纽约客》接纳了，它每周出版，所以给了我许多得到关注的机会。

《巴黎评论》：除此之外就没别的了？

比蒂：我第一次见约翰·厄普代克，他说："你琢磨出了一种全新的写法。"我简直手足无措，只能说："谢谢您。"现在我可希望当时追问他到底是什么意思。

我开始认真写作的时候，心里并没有想效仿的短篇小说家。我很崇拜许多人，但不管怎样我都没想到要把自己的故事放进别人的模型里。我想，大概是那种简洁、袖手旁观的叙事姿态，以及语调让许多读者吃了一惊吧。

《巴黎评论》：许多人对你笔下的角色也感同身受。

比蒂：我花了很多很多年才意识到一件再简单不过的事，写小说其实是在问问题，而很多人认为你在跟他们玩游戏，你其实已经知道了答案。他们读了你的问题，但不知道正确答案。他们觉得如果跟你面对面，四目相对，你就会告诉他们答案。

其实在读书会上，我经常哑口无言。我很高兴能够击中人们的情感要害，但当他们上前一步，以为我有安慰药膏，或者以为我也亲身经历过他们所经历的，因此我们有共同的纽带——这时我开始意识到，在我和其他人之间并不存在什么亲密关系，而是深渊。

337

《巴黎评论》：当时有"比蒂国"的说法,甚至"比蒂一代"。

比蒂：这为我和朋友们提供了很多笑料。我不觉得任何严肃作家会想被称为一代人的代言人。那对书的销量没坏处,甚至还有可能助长你的自大情绪——如果你听到那样的话,心里觉得太棒了!但我是个怀疑派,我对那种"比蒂一代"的说法没有任何控制力。我无法让它来,也无法让它消失。只能用一种哲学态度去对它。

《巴黎评论》：你最出名的时候是怎样的?

比蒂：记得有天晚上情绪低落,我遛狗路过纽约的帝国餐馆,那是凌晨一点,黑灯瞎火,我的T恤塞在牛仔裤里。《纽约客》刚登了我一个短篇,有个人坐在餐馆的户外区,凑过来说:"太爱你的《欲望》了。"我忍不住哈哈大笑起来。但没多久我又感到不安:哦,天呐,是不是别人都知道我是谁,那我就不能隐身了。我当然更愿意隐身。

然后是一九八〇年,约翰·列侬被刺当晚,我又是很晚出门遛狗,完全沉浸在自己的世界里,目不斜视,因为在纽约你就该那样。我穿着睡衣,塞在牛仔裤里,整个人很累,但能感觉到纽约的马路上有些异样。人人看上去都有点头重脚轻的样子。在23街,两个男人下了出租车,其中一个好像朝我笑了笑,我也朝他笑了笑,因为我的狗极可爱,我已经习惯了别人朝我笑。另一个对我说:"兄弟,我打赌你肯定很高兴你是写字的而不是唱歌的。"我继续往前走,心想,啥情况?过了好几个小时我才搞清楚状况,有人给我打电话:"你知道约翰·列侬被枪杀了吗?"这让我意识到,别人认出你却不说的时候有多怪。有时候要搞清楚状况真的太难了,比如为什么遛狗的时候别人朝你笑。

《巴黎评论》:真的有人大半夜打电话跟你说约翰·列侬被枪

杀了？

比蒂：一整晚没停过。某种意义上说，所有人都感觉自己无处藏身。又有人死了。就像一块黑板上写满了名字，但名字不断地被擦掉。

《巴黎评论》：在《爱是永恒》中你这样写纽约："生活如此艰难，以至于小成就看着好像大成功。"

比蒂：当我意识到就连拿干洗衣服和《纽约时报》和一夸脱牛奶这样的事都能让我产生成就感，纽约对我已经失去了魔力。我会花很多时间操心换边停车①。我住在一栋褐砂石房子的四楼，如果我搞砸了，没有提前把车停在正确的那一边，如果凌晨四点有人挪了车，我会条件反射式地套上拖鞋，穿着睡衣冲下楼去抢那个车位，不论冬夏。突然间我想，这真是太荒唐了。

《巴黎评论》：现在你觉得哪里是家：缅因州、基韦斯特，还是夏洛茨维尔？

比蒂：这些地方都不像家。大概缅因的房子最接近家吧，因为那是个大房子，是我所有住处里唯一有让我单独写字的房间的地方。但我并不喜欢住在缅因；那是让我最不舒服的地方。我从来没有搞懂过缅因；而且已经不再想去搞懂它。虽然住了不少年，但如果没有朋友来看我，我也没有什么朋友可去看。

《巴黎评论》：那房子是什么样的？在水边的吗？

比蒂：不，不是在水边。即便我们买房子那会儿，也买不起水景房。我们离水大概三公里，是一座维多利亚式的大农庄。大概有四

---

① 换边停车（Alternate-side parking）是一项交通法规，车辆在指定日期必须停在道路的某一边。其目的是为了保障道路畅通，以及在积雪季方便铲雪作业。

339

亩地，紧贴着高速公路。如果你背对公路，就能产生身在乡间的幻觉——只要你能忽略来往车辆的音效。

《巴黎评论》：能描述一下你的写作室吗？

比蒂：我在二楼的一间客卧里写作，对着一块地和一条泥土路。我搬进去以后也没有重新粉刷，它的墙是创可贴的颜色，天花板已经多处开裂了。我一直在等它掉下来。房间里有个折叠式的沙发床，可备不时之需。我的书桌其实是个大餐桌，一九七六年在弗吉尼亚买的，到现在我还把它搬来搬去，它已经缺了一块板。房间里有我和唐纳德·巴塞尔姆、伊丽莎白·哈德维克年轻时候的照片。我也可以在别的房间里工作，但它们都不像这间房间那样拥有一种私密感。如果我灵感来了或是被迫写作的时候正好在那里，我会感到很开心。

《巴黎评论》：你在华盛顿特区长大，能说说那段经历吗？

比蒂：在我小时候，华盛顿就是个冷清的南方城市。我们住的地方和岩溪公园隔了一条河。我父母几乎不进城，我父亲为政府工作，但他主要在贝塞斯达的国立卫生研究院上班。

我祖父母住在杜邦圆环区，祖母会带我乘有轨电车去逛百货店和电影院——那个时候电影院还叫"电影宫"，理由充分。杜邦圆环区离我家有八公里，真的挺远的。

直到青春期，我家附近还有许多空地，我在公园里有一个树屋，平时追追松鼠什么的。我的童年快乐而平凡，只除了一点，我超讨厌上学。我相信某种程度上我很笨，高中毕业时在班上垫底。

《巴黎评论》：你那时读书多吗？

比蒂：我在看《神奇女侠》的年纪，我的朋友们已经在读塞缪尔·贝克特了，我不怎么多想书的事情。在高中我选了创意写作课，但只是为了合理逃体育课。

一定要说什么的话,我只是觉得我没有什么与众不同之处,现在回想,还是没有。我是最普通的普通人。我的生活那么不起眼。没有太多好玩的事情,学校里也没有扑面而来的反讽。真的没什么,就像小白鼠在斯金纳箱里翻来覆去折腾的那些事情。如果老鼠发现做什么都没吃的,它们就会放弃。

《巴黎评论》:你父母爱读书吗?

比蒂:我很小的时候父亲会给我读漫画,他自己就看看《华盛顿邮报》的金融版和体育版。极为罕见的几次他会带本书回家,每次都让我和妈妈很惊奇。我从没见过他在客厅里读报纸之外的东西,但他的床头架上放着书,想必是睡前读的吧:《足底反射治疗》《缓解你的背痛》《如何不通过中介卖掉你的房子》,还有一本书讲他的星座。我自己从没听他提到任何这些,除了《足底反射治疗》。

我母亲很爱读书。她喜欢关于非洲的书,很遗憾她没有机会去。我进美国艺术文学学院那一年,她来学院和我吃午饭,碰见了菲利普·罗斯。午饭时,我左手边坐了位一百零一岁的老先生,整顿饭都在问"什么?",而我右边的菲利普·罗斯和我妈越谈越投机。我能听到她说很喜欢他的书,他说"噢太感谢了"。然后我还听到他们真的开始讨论他好几本小说的情节了。我想,他大概松了一口气,这个小老太没骗他——她是真的读过他的书。

《萧瑟冬景》出版时,我妈给我电话,用一种极假的声音说:"噢,亲爱的,很高兴给你通话,真叫人兴奋啊,我刚把《萧瑟冬景》读给你爸听了,爸爸很喜欢,他想跟你说话。"我简直没法儿相信。我的意思是,说真的,还有什么更糟的呢,一个不读小说的人要听妻子把女儿写的小说读给他听?而且我知道我爸肯定不明白《萧瑟冬景》在讲什么。反正他接过电话说:"你妈给我读了你的书。"我说:

"整本书吗,爸爸?"他说:"嗯,刚读完。"我应该就此打住的。可是我又问:"那你觉得《萧瑟冬景》怎么样?"他说:"我就告诉你一件事。它比'这是原始森林'① 好了去了。"

《巴黎评论》:你什么时候开始写作的?

比蒂:我本科的时候写了一些虚构作品,还给学生刊物写过非虚构——我受汤姆·沃尔夫影响可深了,要让自己闯进文本。我在校报上开了一个专栏叫《T.J. 埃克尔伯格医生》②(我很迷《了不起的盖茨比》),但如果你问我在某篇专栏里讨论了某个什么话题,我大概回答不了。

在康涅狄格大学读研究生时,我开始专注写短篇小说。我学的是英语文学,但并不很认真。我跟一伙人同住,因为失眠,我总是那个晚上醒着的,只好整晚写作。那里很冷,我有一个三角形的枕头可以放在暖气片前,然后拖着打字机的延长线,离暖气片越近越好。

《巴黎评论》:你写作是因为感到无聊吗?

比蒂:不光是无聊,而且因为我是差生。我能做调查研究,但就是得不出精彩的结论。我读书是为了拖时间,不想找工作。

写作只是爱好,真的只是——我空闲时才干的。在写第一本小说《萧瑟冬景》时,我有了八十页的草稿,大卫·韦根来看我时,我把草稿给他,问:"这该怎么处理?"他还给我的时候在第一页上标了"第一章",第二十页上标了"第二章",以此类推。我笑死了。当时大卫·盖茨还是我老公,他给小说取了标题。我觉得标题很好,但不知道是首歌。他就放了唱片给我听。

---

① 亨利·华兹华斯·朗费罗(1807—1882)的叙事诗《伊凡吉林》(1847)中的首句。
② 美国小说家 F. 司各特·菲茨杰拉德(1896—1940)代表作品《了不起的盖茨比》(1925)中的形象,他的广告出现在盖茨比家旁边。

我那时可从来没想过写作会成为我的毕生事业。我待在研究生院，教大一新生写作，继续拖时间。我希望有份——人们说的事业，但在我身上就是好运气。就好比：我希望交好运。我怎么才能招来好运呢？

我第一次给《纽约客》投稿被拒了，收到一封拒稿信。其实是我朋友 J. D. 奥哈拉替我投的，没告诉我。他是个好心的、很会鼓励人的编辑，我最早给他看了几个短篇，他的评语所解释的内容比我在两年里给学生解释的还要多，而他只用那些非常机智的页边批注就做到了。他把我的其中一篇投给《纽约客》，小说被小说版的审稿人弗朗西斯·基尔南从废稿堆里打捞了出来，后来资深小说编辑罗杰·安杰尔写信给我，说将来有作品请直接给他，我自然遵命。但他们拒了我投去的前十七个短篇。

《巴黎评论》："这篇不行，继续努力？"

比蒂：他不会多说"继续努力"，但肯定说过"这篇不行"。但我还是挺受鼓励的。

《巴黎评论》：除了直接拒掉，安杰尔有建议过改写某个短篇吗？

比蒂：没有。他们杂志的方针是，如果一篇作品需要大改，那就直接拒掉。有时候罗杰会问我是否愿意做些改动，但都是些非常小的地方，比如删掉几行对话或是加上一些含蓄的解释，解释为何某些事会发生。现在回头看，我发现是他的编辑让我意识到（不是下意识地，而是产生了意识）自己的写作模式、长处与弱点。

《巴黎评论》：你跟威廉·肖恩有联系吗？

比蒂：有。他的评语非常具体、细致，有时候死心眼到让人觉得好笑，这点很多人都评论过。有个短篇《佛蒙特州》里描写了壁炉台上摆放的物件——钥匙、帽子、一罐桃子,还有烟蒂。肖恩在第五页写了批注:"第二页上出现的蟑螂,难道三页都没有动过?"罗杰只好回答:"肖恩先生,'蟑螂'[①]也指大麻烟的烟蒂。"

《巴黎评论》:你觉得你的早期短篇里有共同主线吗?

比蒂:大概从有些东西可以看出是我写的小说,但我希望故事能够超越那些公分母。几乎任何作家都会有些这样的东西。我的早期短篇大概更像抓拍快照,而不是正儿八经的摄影照。故事里还充满了我个人的解忧念珠:音乐、更多音乐、狗、雪、挖苦尼克松。

《巴黎评论》:去年你将在《纽约客》上发表的短篇结集出版,它是怎么来的?

比蒂:我和林肯在纽约的一间书店里,我看到伊莱恩·肖瓦尔特有本书叫《审视她的同龄人:从安·布拉德斯特里特到安妮·普鲁》。我这样的自大狂,肯定会翻翻里面有没有我,结果只看到一处。我没法想象只被一笔带过的我能有什么好,于是我到处找自己的名字,结果发现——多谢伊莱恩·肖瓦尔特——在一个十年期里我在《纽约客》上发了三十五个短篇。我脑子里有了想法,也许把它们收入一个集子会有意思。

我想,出本没有被《纽约客》发表的短篇集也会有意思。但《纽约客》上发表的肯定是我最好的作品。我只能希望我还写过别的跟《压顶石》或《信心诱饵》一样好的故事。

《巴黎评论》:你知道自己一共写过多少短篇吗?

比蒂:从来没数过。《纽约客故事集》里收了四十八篇,其他地

---

① 英语中,roach 既可以指蟑螂(cockroach),在俚语中也指大麻卷烟的烟蒂。

方发表的至少也有这个数。可能一百二十五篇吧。还有不少我写到最后一行就撕了，或者写到一半就撕了。可能每写三篇能发表一篇吧。

《巴黎评论》：你扔了那么多？

比蒂：我性子很急。我老是想，这个火候不好，还有别的故事会来的。

《巴黎评论》：你会出于兴趣回到旧作吗？

比蒂：不会。我不会花一晚上坐那儿看我自己写过的东西。几年前我在纽约92街Y文化中心接受采访，罗杰·罗森布拉特开始围绕一个长短篇提问，我从来没有朗读过这篇，而且起码十年没重温过了。写那个短篇的时候的我跟现在可不一样，那时候我一年能写好多短篇。我大概记得故事的情节，但实在回答不了他的问题，我俩就开始大笑。等到第三次我答不上来时，他说："你没读过安·比蒂的短篇吗？真的很棒呀。"

《巴黎评论》：你为《帕克城》选短篇的时候呢，会全部重温一遍吗？

比蒂：不用，看篇名就可以选了。最多只要翻翻之前的书，我当然记得哪些短篇比较强。

《巴黎评论》：你会受评论的影响吗？

比蒂：新作问世时，我会被读者的反应所左右。随时间递减。我不喜欢某个故事的时候，好像没有人能说服我它其实真的好。你现在就没法说服我那些早期作品比如《侏儒屋》是我最好的短篇。不过早期作品也没有很多反馈，除了《纽约客》编辑。我那时很年轻，觉得《纽约客》说什么都对。一旦一个短篇被盖上那样的权威大印，我就

345

无需怀疑它好不好。

《巴黎评论》：你是不是一开始撕了《蛇的鞋子》的草稿？

比蒂：撕了。

《巴黎评论》：那是后来改变了主意吗？

比蒂：是啊，我一开始太严厉了。

《巴黎评论》：约翰·厄普代克把《雅努斯》收入了《二十世纪最佳美国短篇小说选》。这也是你自己最喜欢的作品之一吗？

比蒂：不是。好玩的是，我去了《二十世纪最佳美国短篇小说选》的出版派对，那可能是我第三次见厄普代克。我大概应该更感恩戴德一些，但我特别害怕这类事情，通常会过度退缩。其实感谢一个像厄普代克那样杰出的人对你青眼有加，也没什么不妥。

总之，我走到他面前，问了个不合常理的问题："约翰，我当然很高兴能入选，但你为什么选了那一篇呢？"我有点讨厌那个短篇，只因为觉得它太中规中矩。我经常要在读者指南环节结束时被迫读关于它的各种问题，诸如此类。它太不自然了。人们经常会说到厄普代克的眼睛闪闪发光，他的眼睛真的会闪光。他说："我就只看到这一篇。"我这才意识到除了那篇之外，我还没有别的作品被收入过任何一版"美国最佳短篇"。他并没有比我更喜欢那篇。

直到去年我才读了他为那本书写的导言，说"美国最佳"系列"避开了她的早期努力，只留下了一篇她较晚且不完全有代表性但依然不动声色的《雅努斯》"。

《巴黎评论》：为什么人们会抗拒你的作品呢？

比蒂：不光是我的。一开始很多人还没看出唐纳德·巴塞尔姆有浪漫倾向呢，甚至看不出他那么明显的幽默。雷蒙德·卡佛一开始也有发表困难，出书都不行。

《巴黎评论》：戈登·利什从《绅士》杂志的废稿堆里打捞出了一个你的短篇，是真的吗？

比蒂：是啊，但他从来没发表过我的作品。

《巴黎评论》：那他给过你评语吗？

比蒂：给过！我记得他有许多大小不同的信笺。如果他用了一张小纸，就会把字写得很大，意思是不想说太多。他的退稿信我还留着。它们不是在一个标着戈登·利什名字的盒子里，但我在这里那里肯定有不少。

你年轻的时候会对被退稿愤愤不平，但我现在理解他了，不过我不一定会像他那样表达。举个例子，七十年代初我投给他一个短篇，是我最早的几个短篇之一，他退稿并附了个条子："管道工也懂，也苦。"我觉得他太小心眼了，还蠢，好像我笨到不知道管道工也有内心生活似的。我记得我还抗议了。现在从大处看，我完全同意他的观点。他有次还给我的第一任经纪人寄了个条子，一句话评语："穿得美美的，却没地方可去。"

《巴黎评论》：利什把你介绍给了唐·德里罗。你怎么看他和他的作品？

比蒂：利什的确介绍了我们认识，但我从德里罗刚开始发表时起就读了。他曾经是，现在还是我膜拜的英雄之一。我记得正在写一本小说的初稿时看到他的《天秤星座》，我读了第一句就想，我要么现在就停笔改行，要么努力忘掉我读过这书。

347

《巴黎评论》：你是怎么认识巴塞尔姆的？

比蒂：我在《纽约客》上发了两三个短篇后，巴塞尔姆给我打电话，我当时住在康涅狄格州的伊斯特福德。我接听电话，对方说："请问安·比蒂在吗？我是唐纳德·巴塞尔姆。"我心想，当我这么好骗啊。我当时正自作自受在研究生院教大一新生英语文学，正在讲《回来吧，卡里加利博士》，以为肯定是哪个相熟的损友假装成巴塞尔姆给我打电话。不过他真是巴塞尔姆。他说他在《纽约客》上追读我的作品，问我会去纽约吗，如果去纽约的话要不要来吃午饭。所以我去了纽约，他给我做了午饭。

《巴黎评论》：他亲自下厨？

比蒂：他给我烧了午饭。在特雷茜·多尔蒂写的巴塞尔姆传记里，菲利普·洛帕特谈到他与巴塞尔姆的友谊，洛帕特也吃过他做的午饭，跟给我做的一样——意大利饺子和奶油汁。不过我可告诉你啊，我当时二十六岁，可从来没人给我烧过什么意大利饺子蘸奶油汁。我简直晕了。我在唐纳德·巴塞尔姆的格林威治村公寓里，坐在他厨房的板凳上，等他给我端上饺子和奶油汁。

后来，巴塞尔姆、利什和安杰尔一起向文学经纪人林恩·内斯比特推荐我，他们觉得我的头两本书做得不太好，希望她能帮忙。打那以后我就幸运地有了林恩当经纪人。

《巴黎评论》：人们经常讨论你的早期作品与巴塞尔姆的关系。他的作品对你来说有怎样的意义？

比蒂：他的文字向我展示了一个绝对有原创力的大脑是如何运作的，还展示了思考和神秘是可以怎样自然融入一位杰出作家的小说。我要说清楚，我自己从来没有写出过这样的文字，不论早晚。作家总会毫不犹豫地告诉你他们崇拜的作家。我注意到作家们在风格上往往会刻意与他们崇拜的作家作品保持距离。风格相仿的作家之间恐怕没什么崇拜可言。

《巴黎评论》：你用电脑写作吗？

比蒂：用，我带着笔记本电脑到处跑。我回弗吉尼亚大学的第一件事（因为我不在的时候会有别人用我的办公室）是小心地把台式电脑放到地上，我用它来堆外套。看也不看它。

即使如此，我还是没法在笔记本电脑上的键盘打字。就是不行。所以我用那种二十块的塑料键盘接在笔记本上，假装是一台打字机。我也不会用笔记本鼠标。就好像一个人喝得烂醉走出酒吧，我手指按着小箭头，但没法让它动。所以我用外接鼠标。

《巴黎评论》：你这么写作多久了？

比蒂：从一九九〇年开始。我的朋友都不要听我拒绝用电脑的事儿。如果他们一起来告诉我我应该吸可卡因，我第二天就会成瘾君子的。我没法拒绝这么山大的压力。电脑真的是地狱！毁了我的生活！每天都在毁我的生活。

《巴黎评论》：那你为什么不用回打字机呢？

比蒂：不行啊，我上瘾了。在打字机上我每分钟打六十个词，在电脑上肯定可以打八十个词。这在写第一稿时很有趣，因为用电脑打字可以大致跟上我的思路。没有一台电动打字机（哪怕是 IBM Selectric）能够跟上我的思路。所以现在我得跟上自己的思路。但它们是一个因为用了二十年电脑而精神错乱、郁郁寡欢的人的思路。

这是"薛定谔的猫"：你开机，跳出一种不同的字体；你敲错键，页面一分为二；你发个电邮，"仍在发送中"的时间够你洗个澡。

349

《巴黎评论》：你在电脑上丢过草稿吗？

比蒂：一百页，就那么没了。我叫电脑专家来尝试恢复了吗？叫了啊。林肯试着用一个威尔士的文件恢复软件帮我把文档找回来。这大概是三年前。凌晨两点我在第九十九页中间打字，突然屏幕向上滚，我发现什么都没了只有空白页，然后我干了一件最蠢的事：按下保存键。我不懂电脑，而且怎么教都教不会。没人会想要给我打电话说："我过来，花四小时给你讲讲电脑怎么工作。"那对我们两个人来说都将是四小时的地狱。

《巴黎评论》：你用了多久恢复？

比蒂：我还没完全恢复呢。再也回不到从前了。

《巴黎评论》：你现在还深夜写作吗？

比蒂：我不一定要在夜里写作，但晚上的确精神更好。

《巴黎评论》：你现在还像以前一样能快速写出一个短篇吗？

比蒂：不行了。

《巴黎评论》：什么时候开始不行的？

比蒂：在该死的电脑之前就开始了，但我把所有的过错都怪电脑。我刚开始写作的时候非常顺，总在学新东西，总在吸收，总想趁着还没忘的时候走下一步。就这样一步一步往下推进。现在我写的东西还是能带来不少惊喜（这才叫神秘呢），但我已经没有那种绝对的专注力和持续力能让我再上一层楼了。

我动笔前不会预设故事该如何结束。如果你在填满购物车，你知道你晚上要烧饭。你在杂货店一般不会晕头转向。但我有时候会被故事搞得晕头转向，心里想着我要为晚饭买菜，但最后买了一星期或一个月的菜。这种时候我总是挺高兴的。虽然不像坐过山车那么快乐高涨，但我也很难想出什么能比写出一个让自己称奇的句子更开心的了。

《巴黎评论》：你平时会在稿纸上写作吗？

比蒂：很少，除非我病了。住在纽约的时候，我有时会坐在床上，裹在几层毯子里写字，因为那里总是很冷。《骷髅》的结尾是在飞机上写的，因为没纸了，只能写在为晕机准备的呕吐袋上。

我还有一张镶了框的照片，是我以前的Swintec电动打字机。每天我看到那照片，就会想，要是……多好。

《巴黎评论》：你写一部小说要多久？

比蒂：《各归其位》的草稿写了七周。《萧瑟冬景》更快些，不过那本很不一样。许多对话，很短，不太复杂。《爱是永恒》形式上更复杂，用了一整个夏天。比较近的《医生的房子》花了大半年，不过当中有休息。《另一个你》有许多不成功的开头。当我终于想好要怎么写，又花了一年多才写完初稿。你很容易会忘记你在一本书上究竟花了多少时间。哪怕写完了，你也依然处于修订模式，有时候听到朋友的评论，你会想，嗯对，必须加进去。

《巴黎评论》：写短篇呢？

比蒂：现在我的短篇大多比以前长了。有时候我还会写三页纸的故事，但更多的是三十页。

《巴黎评论》：谁能看你的未刊稿？

比蒂：我改完三稿左右会给林肯看。我给他稿子，然后坐在他对面的椅子上，盯着他。如果他出现惊惶的表情，我会问："哪里有问

351

题?"如果他笑,我会问:"哪里好笑?"现在他已经很熟练了,他会说:"我之前没告诉你,但现在我要去见谁谁谁。明天早上十点我会读。"我被迫学会了不要朗读给他听,因为他马上会睡着。真是完美的防御机制。我很幸运有朋友可以当好的读者(很多朋友自己就是作家),我写到一定阶段的时候他们会要求看看。哈利·马修斯刚读了尚未发表的《尼克松夫人》,提了极有见地的编辑意见。林肯已经重新组织并编辑过了。诗人黛博拉·奈斯特龙超爱读短篇小说,给我写了好多页的笔记和评论。事实上,我跟她描述这计划的时候,差点儿已经打算放弃了。最后我把稿子给了好多人看。这本跟我以前写的东西很不一样,我说不清它好不好,不管重读多少遍。我的好友也是老编辑大卫·韦根会读每本书稿,然后诚实地告诉我如何解决书稿里的各种问题。我的编辑纳恩·格雷厄姆会寄回标红的书稿和两页纸单倍行距的备注。我们还在改。

《巴黎评论》:你通常如何开始一个故事,通过一句话还是一个人物?

比蒂:通常从一个意象开始。比如《世外桃源里的连帽衫》写的是去年在基韦斯特租了我家对面房子的某人。他会穿着连帽衫出来,站在马路当中左看右看。最后我得出结论他是在买毒品。那没什么大意思,但他也许是个能让我感兴趣的人物。通常这类人事会引起我的注意——我可不会突然发现路边的棕榈树有什么潜能。

《巴黎评论》:有什么故事是从对话开始的吗?

比蒂:听到人物的对话常常可以帮助我搞清楚他们是谁。那些信息不一定会出现在定稿里。有几次,对话让一个短篇戛然而止。《着火的房子》就是这样。结尾处丈夫说出了内心深处的想法,我心想,哎呀,比蒂,这故事完了。然后我垂头丧气坐了很久,呆呆地盯着打字稿，给了他最后一句台词，到此我必须得结束了。我再也不想听到他多说一个字，以至于我差点儿不想让他来结束故事了。

《巴黎评论》：那段可真是太棒了：

"你做的事样样可圈可点，"他说，"你继续学业是对的。你找到玛丽琳那样的普通朋友是正确的尝试。但你这辈子犯了一个错误——你老是围着男人转。我来告诉你一些事儿。所有的男人——就算像塔克那样的疯子，就算红狐狸那样的跟五月花女王一样放荡，就算他们才六岁——我来告诉你他们怎么回事儿。男人都觉得他们是蜘蛛侠或巴克·罗杰斯或超人。你知道我们心里有什么是你没有的？我们都心怀太空。"

他握住我的手。"我从太空俯视这一切，"他耳语道，"我早就走了。"

比蒂："你这辈子老是围着男人转"是一个朋友直截了当对我说的，为了点醒我。我被点醒了。他还说："超人是男人潜意识的一部分。"罗杰·安杰尔微调了这个比喻。

大家总是夸我这段写得好。来参加读书会的女人会把这段话剪下来放在钱包里，就是她们平时放老公孩子照片的地方。我会不自觉地问："但你不觉得那丈夫有些失常了吗？"还有人写信给我："我读了你的短篇，突然间一切都清楚了，我离开了丈夫，现在在怀俄明夏延市中心的小旅馆里，接下去我该怎么办？"

《巴黎评论》：你回信了吗？

比蒂："祝你将来一切顺利。"

《巴黎评论》：你是如何把一个意象或是吸引你注意力的几句对话发展成一个完整故事的？

比蒂：通常我一个词一个句子地写，然后有些句子会有我意想不到的质感。它甚至可以是一个平淡无奇的句子，但是释放出了我既定的情绪，打开了故事的另一种语言。你没法向任何人证明那是关键的那句话，但那一刻你会怀疑它就是，然后你会急于想在它之后你要怎么写。

在《大波斯菊》里，我觉得有些没说出来的对话已经有很明确的暗示，就不用再写出来给读者看了，无论用传统还是新奇的方式。所以你看到的是"？？"和"XXXXX"。小托马斯在《萨利亚》里总结他的想法时脱口而出的"我才不会在乎这世上有没有我，你也不会"，就不是我预料之中的。在生活中，人们有时候会做点什么挽回局面，或是干脆假装没看见，但当你下笔过于轻易的时候，有这样的宣示就很好。在我看来，我对小托马斯的真正兴趣开始于那一刻，几乎已经到了故事的结尾，因为这是我作为作者第一次知道他作为一个角色早就知道的东西。

《巴黎评论》：那样的时刻会让你回过头去修改故事——比如从第一人称叙述改到第三人称吗？

比蒂：改人称的情况（不论是从第一人称改到第三人称，抑或相反）在我的写作生涯里一只手可以数得过来。

《巴黎评论》：那么《萧瑟冬景》呢，许多内容在查尔斯的脑海里，你尝试过用第一人称叙述吗？

比蒂：对我来说把查尔斯看成一个客体更容易，我是说，就好像他被我近距离观察，却浑然不觉。此外，如果用第一人称写他的想法，我会喘不过气的。你得把他脑子里的恐慌统统写出来，会得幽闭恐惧症的。

《巴黎评论》：查尔斯在读《万有引力之虹》，用它当武器，去挖苦他姐姐的未婚夫马克。

比蒂：我听过所有关于《万有引力之虹》的讨论，但我还没读过。我是《拍卖第四十九批》的粉丝。

《巴黎评论》：查尔斯和萨姆花很多时间哀悼六十年代结束了。

比蒂：那是为了幽默，因为他们都还很年轻。我写那书的时候，就意识到这种思维方式（对三年前刚过去的事进行浪漫化）天然地好笑。

《巴黎评论》：经常有人说你的小说人物是那个年代的"幸存者"。

比蒂：别人谈我的作品经常用到这词，我通常就点点头，因为它的确有道理。但它好像又比我感知的要更夸张。"幸存"和"渡过"比起来，那区别可大了。我不觉得大部分人在人生中有过如此清晰的危机。我周围没有，倒是有许多人有很多低度麻烦，就算我个人能感受，恐怕也不会改变胎位。

《巴黎评论》：《萧瑟冬景》的叙述视角是单一人物查尔斯，而《各归其位》中是多重视角，这种变化会有难度吗？

比蒂：有。我总是担心自己太武断或说太多或——好像要比待在一个人物的脑子里更孤立无援。和《萧瑟冬景》比，《各归其位》里有许多人物，我得让他们有说服力。这是群戏。

《巴黎评论》：斜体部分有什么含义？

比蒂：那部分本来是我的笔记，打算第二天整合进小说正文中的，因为我写得很快，所以一直要记笔记：比如这一章还有什么没说的，那天晚上这个人物做了什么梦？都是一些小发挥和扩充的内容，但他们指向的又是小说主体部分没有表现的。我本来要把它们改动后放进小说里，然后我发现它们的形式有一种叫人无法抗拒的活力。

《巴黎评论》：那本书你是从头写到尾的吗？

比蒂：是。我写的时候总觉得还有五十页、一百页（反正数量很大）的量在等着我完成——但当我打出最后一行，也就是现在印刷本的最后一行字时，我突然想，不写了，就这样了。倒不是说那一行本身有多聪明多有分量，我现在都没法复述给你。

《巴黎评论》：你有过在脑海中已经有了结尾的情况下写一个故事吗？

比蒂：有两次，一次是《萧瑟冬景》，我在写最后十五页的时候，还不知道这书会是五百页还是两百页。但我写好了结尾，拿我书桌上的一块石头压在上面，然后继续写当中的部分，直到我觉得，噢差不多了，然后就停笔了。

还有一次是在写《另一个你》时，我知道我要用艾薇的声音来结尾。我知道她要谈什么，也知道我想要什么感觉。就在我快写到最后二十页时，我希望所有的铺垫能流畅过渡，一气呵成写掉结尾。最后一天我想让林肯或我们的朋友丝黛芬妮和罗伯特陪我去看电影，林肯在他们耳边小声说："别去，她只剩二十页了。"我说："也许我们可以调个混酒什么的。""现在是三点钟，安，别想什么混酒了。"

随便我说什么，他们都不肯做，所以我只好坐下来把结尾写掉了。

《巴黎评论》：用一个年纪大得多的女人的口吻写有新鲜感吗？

比蒂：有啊。我还为此特意做了不少调查研究，小说写完的时候，我已经可以写一部椰林夜总会大火的历史了。

大火那一幕用的是老把戏：用意外事故来调动大量即时性。如果你写一封虚构的信，读者马上会眼前一亮，哦，一封信。剩下的都是叙事——但这是一封真实的信。在小说到了那个阶段我才把注意力转向艾薇，不是特别灵巧，也不是很有条理；是意外的，也相当大胆。你可以走远一点，耍个那样的花招。如果你在圣诞全家福里放一条狗，没人会看家人，他们只会看那条狗。

歌曲也有一样的效果。选一首脍炙人口的歌，或是一个家喻户晓的歌手，读者脑子里会自动放音乐。你不用把歌词写出来，让它自动放就好——金发女郎乐队的《玻璃心》就是《各归其位》的背景音乐。佩茜·克莱恩的几首歌被我写进了好几个短篇里，就好像我把起居室里的家具挪个位置看看不同效果。辛蒂·露波的《女孩只想找乐子》也让我乐了很久。

《巴黎评论》：如果还没写好结尾，你是怎么知道什么时候要结尾的？

比蒂：我讨厌在结尾处对故事做个总结，因为我知道很多故事是没有结论的。只有在恰当时刻停笔。有段时间，我的打字机键盘不动了，我就决定足够了。就我的大部分短篇而言，我可以在智力上设计更好的结尾，但我试图抵制这种诱惑。大体上，我会在找到机会写点美学上更让我愉悦的东西之前就结束故事。但当我缺的只有最后一句话时，我会扔掉整个故事。这经常发生。

《巴黎评论》：那《流移》的最后一句呢——"这是一九七二年，费城"。你把基本阐述放在了最后。

比蒂：那么写是因为开头句子是"女人叫娜塔莉，男人叫拉利"。

多傻的一个句子。我从没想到它能留在故事里。最后一段很长很抒情，因为我没法抵抗把全篇从形式上连结起来的诱惑。连好之后，我看了看，心想，你个胆小鬼。我陷入了恐慌。但又不想扔了它。于是两种东西都留了下来，我的抒情泛滥和就事论事的最后一句。我很高兴最后一个逗号也留下了，它让这句子比起平庸的开头多了一点东西。这个逗号向我诉说了一切。

不是很频繁，但偶尔会发生，我会爱上自己的标点。我改学生的写作作业时，可能会想到一个灵光得不得了的标点。然后我问："你看懂了吗？"学生会很礼貌地回答："是，您加了一个星号。""可不，那就是一切，突然间它打开了周围的整个宇宙。""是，比蒂教授。"

《巴黎评论》：你是怎么开始在短篇里用上星号的？

比蒂：直到我在为《帕克城》选短篇的时候，才意识到星号是如此显眼。我就想，你什么时候开始用星号的？什么时候开始用冒号的？

我的招数并不多，这也就是为什么一些小事比如标点能起那么大作用。我总是很依赖破折号。我甚至会打擦边球，有时候用的地方严格来说并不对。但它会带我穿越初稿，所以我让很多破折号留下了。

因为我没有大纲，所以写短篇像是过一条河，现在我踩着这块石头，现在我踩这块石头，现在我踩这块石头。在一个故事的上下文里，一个人物脑子里的无聊想法可以比精彩想法发挥更多作用，一个精彩的结构布局可能完全比不上一种偶然性。

《巴黎评论》：在你的许多短篇和长篇中，经常会有一个陌生人出现，对小说人物说一些极度私人的事情。

比蒂：如果你经常跟我在一起，会看到这些事发生。两天前我去买菜，正在熟食柜台排队，一个男的走进来，我看着他心想，哇，这人简直像从时间隧道里出来的,一身六〇年代的打扮,工作靴,没穿袜子,破洞牛仔裤,整个人鲜格格的,衬衫上印着和平标志,全套,而我穿着T恤短裤。当服务员递给我要买的东西时,那男的瞅瞅四周说:"我就好奇你要买什么。"我说:"瘦肉火鸡。"这就像对话了,我说"瘦火鸡",他说"野马"。然后他捶了捶我的二头肌,说"我们做到了,姐们,我们做到了",我说"是啊,是啊没错"。

《巴黎评论》:不管什么原因,我觉得这样的事儿发生在你身上远多过我。

比蒂:的确时有发生。我经常用没逻辑的推论或陌生人没来由的一番话作为改变情绪调门的方法。

我的学生会笑话我说,"我现在仔细读了,你写得也仔细——简直小心翼翼"。电话从来不响,人们能讲上整整四页的话不被打断。我们习惯了日常生活中警笛开得震天响的消防车来来往往。要把那警笛放进小说里,而且不是在最方便的时刻,或许是在最方便的时刻前一分钟或很久之后,这是向读者的一种承认,承认你知道有另一种生活在失控状态中。作为一个作家,能够在一种开放、混乱的时间中写作是一种优势。

《巴黎评论》:《着火的房子》里有个形式上很有趣的时刻,叙述者停止了行动,开始长篇累牍地讲她是怎么认识每个人的。

比蒂:那本来是我写给自己看的笔记。有时候我需要把人物搞明白,因为我还不知道故事要怎么走。我把自己逼进墙角。

当人物足够清楚了,我想,这就能自己站住了,不是吗?光在我脑子里不行,我得写在纸上。读者可能会假设接下来的情节跟这个名单有关。但小说里艾米接下来问弗兰克他是不是要离开她。这个片段看起来彻头彻尾的无逻辑,但潜台词其实一直在那里。

《巴黎评论》：我试着去想你小说里最幸福的关系。《蛇的鞋子》里理查德和爱丽丝好像还行，但他们离婚了。

比蒂：但他们很喜欢对方。我见过幸福的婚姻，包括我自己的。但为什么要去写呢？我没法想象去写那些成天都幸福的人，就算写也得有点反讽吧。

《巴黎评论》：《周末》一篇中有那么一刻，看起来头脑相当简单的丽诺尔捉弄了她看似更聪明世故的丈夫乔治，我们看出她其实要比我们以为的更有洞察力。

比蒂：她自己说自己简单。简单的人物可以很有用，因为你可以让他们自动驾驶（也可以说人们大部分时候都这样），但其实，最循规蹈矩的人也可以知道最离经叛道的事情。

《巴黎评论》：阿纳托尔·布鲁瓦亚尔这样评价你的写作："尽管她的文风几乎消灭了个性，但依然能让读者记住她的作品。"

比蒂：这应该是表扬吧，但我也觉得阿纳托尔看到的我要比真实的我谨慎许多许多。也许他在我的作品中看到了我的影子，一边运筹帷幄一边假装不存在，假装故事的每时每刻都在无人控制的状态下自然发生：不受角色控制，甚至不受作者控制。有些人写短篇会用某种程度的口才来打消读者的疑虑——比如，约翰·契弗的短篇。我尽量避免口才。如果说读者注意到我，那也是观察到了我的缺席而已。

《巴黎评论》：我们能简单谈谈《我的一生：达拉·法尔肯主演》吗？

比蒂：不行！

《巴黎评论》：是不是因为评论不好所以你不想谈？

比蒂：我不知道，我很久没想过这书了。别人都没看出来那书里好笑的地方。我想大概很难解释，不过几年前我在纽约和一个朋友看了《蓝丝绒》。整场电影一直有人叫我安静点。现在想想简直不可能啊，我怎么才能控制住不要笑那么多呢？出电影院时我挺怔的，有种恭敬感，虽然觉得这电影不是我的菜。后来林肯在夏洛茨维尔和朋友看了，他回来后进门的时候笑得太厉害，我问："什么那么好笑？"他说："整部电影啊！"有时候我的频率只有某些人能听到，绝大部分人听不到。反正这是我能想到的最自私自利、也最愉快的解释了。

《巴黎评论》：不那么愉快的解释是什么呢？

比蒂：我写砸了呗。

《巴黎评论》：我读过一些书评批评你只描写中上阶层，但他们好像忽略了你多年来写过的许多人物。

比蒂：很多人在某个点就不读我的作品了。对他们来说我停在了一九七六年。我被一些人速冻了，这就是现实。我不觉得我所有的叙述者听上去都一样，但肯定有不变项。比如我永远不会觉得粗俗滑稽剧比反讽更好笑。对那些东西我没什么控制力。不是说我从没写过一个句子跟我作品里的一些固定模型唱反调，但那不是我写作的动机。

至于所有那些说我的作品代表某群人的——我觉得这太居高临下了。我的短篇里总有些特定的细节——在斧柄工厂里工作的男人，成天吸毒，最深的感情纽带是跟他的狗——不过，这些细节也可以换成别的特定细节。浏览作家的作品，并留意到其中的时间性，然后错误地假设作家给出了某种分析，或作品包含了某种隐微的观点、意见和道德判断——这些都是非常简化的做法。

《巴黎评论》：你觉得自己在七十年代后风格有变化吗？

比蒂：我觉得我很年轻的时候就找对了感觉，不是我的功劳，我也不知道能否超越那种感觉。

《巴黎评论》：什么感觉？

比蒂：哦，就是海明威那种最低限度的必备品：他能让潜台词进入读者的意识，或许是无意识地，好像做了一场噩梦一般，这样其实更狡猾。他看似不喜欢制造场景，但他选择的场景都如此之妙，能引起极大的共鸣。同时它们又极为轻描淡写。《雨中的猫》就是这样。他让地点、地点的常见特点以及具体物件自发构成了一个世界。窗外雕塑的意义，业主给美国女孩带来一只不对的猫，她想象和觊觎的东西，这些都是令她无所适从的那个特殊世界里的东西。简直叫人身临其境。我很崇拜他的结尾，好像回旋镖朝你飞回来，带着闪光和飞尘直击你的眼球——《太阳照常升起》的结尾对话就是如此。不是说他写什么我都喜欢，但我喜欢许多他的短评，还有《我们的时代》的结构。我对结尾情有独钟——结尾暗示了整个故事，让你知道故事有弧线，但那产生了一些相关联的意象或情绪，结尾不是去解码最初的意象、模式或象征，而是改变一些语调和情绪。我知道有些人批评我的结尾太武断了。我想我的短篇非常坚决。我可以告诉你故事的每个元素在我脑子里的回响。我没法强迫你也那样去解读，但它是人为的，经过修改而成的。所有在那儿的都是有意为之的。

《巴黎评论》：你刚开始写作时最崇拜哪些作家？

比蒂：我一直对二〇年代的作家很感兴趣。福特·马多克斯·福特的《好兵》是我的最爱之一，当然还有《了不起的盖茨比》《到灯塔去》、艾略特、《都柏林人》，以及彼得·泰勒的全部作品，虽然他要稍微晚些。我觉得泰勒在很大程度上被误解了，也被大大低估了，尽管他得过普利策奖，以及被人反复说的外号"美国契诃夫"。人们会想，哦，嗯，他是个出身上层、犹犹豫豫的南方绅士。实际上，他极有讽刺才能，以及一双冷眼，能洞悉人物类型，在小说里把它翻个底朝天。他在做 X 光透析，但别人以为他在秀一张照片。

《巴黎评论》：贝克特呢？你在《灰姑娘圆舞曲》里写到了他，姑娘随身带着他的《快乐时光》。

比蒂：写作怎么能没有圈内玩笑呢？我朋友就经常笑话我随身带《快乐时光》，或是其他贝克特的剧本。我在研究生时就开始读贝克特了，因为我觉得他很幽默。但同时，他也让我非常非常不安。

《巴黎评论》：你觉得他的文字风格影响了你吗？

比蒂：这可不是自我恭维啊，我重读《失真》里的一些短篇时，注意到它们有一种权威的口气，就像不寻常成了寻常。那是我从贝克特身上学来的。

不少人从来不觉得我写的东西好笑，就像不少人觉得彼得·泰勒是南方绅士，只会写南方的事。他们搞错了。他们也不懂怎么读文本。我早期的一些短篇里，我好像在转录别人的话，但那就有了一种中立性，部分是我的声音，部分是更世故的人的声音。我试图躲在中立性背后；我希望中立性本身得到强调，因为我没有足够的技巧用别的方式去强调。

《巴黎评论》：你对自己被归为极简主义者怎么看？

比蒂：我们这儿没人知道那是什么意思。卡佛曾对此大发雷霆！如果你看这个术语最初用来形容七十年代的绘画和雕塑，和当时的一些新作家的作品并没有什么关系。我的句子跟卡佛像吗？肯定不像啊。除了字词句，作品还能怎么构成呢。我爱卡佛的作品，甚至超过我自己的，但我和卡佛不能互换，他跟巴塞尔姆也不能互换。

话虽如此，到了七〇年代，我们许多人已经不再用老法子去处理人物了。卡佛的短篇《肥》，你看不到餐馆的地板是什么样的。你能看，但看不到。你不知道外面的交通灯是什么样。它更像一出话剧，场景只能在中场休息时改变。而一个简洁的故事，往往没有中场休息。

现实主义作家处理人物和外部世界的相互影响总是尽职尽责，但极简主义开始摈弃之。海明威也摈弃这种路数，即便如此，他的短篇里也还是有环境和人物之间的抽射。卡佛不会点明抽射是什么。我们都不会。

我猜你可能会说极简主义有赖于特定的省略，照贝克特的说法，如果你给出最简略的上下文（晚上的马路，两个人在一个垃圾桶里），就能把文本变得像梦境一样，能让观众去进行各种投射。如果你看卡佛的《这些是真实的里程吗》，虽然妻子在别的什么地方，但我们对她的理解不断增加，而卡佛把读者留在屋内。然后窗外是邻居在给草坪浇水，还有什么比这更无关紧要的吗？我能赋予邻居很多象征，给他写很多判语。但关键在于，卡佛让我们看到的外部世界如此之少。镜头里只有主角，变得越来越焦虑，可以想见镜头之外有活动。人物在积蓄紧张情绪，读者也是，因为读者对人物身处的极有限的环境无能为力。在《包法利夫人》中，至少可以假想爱玛奔跑穿过草地呀！（我猜她的确那么做了，看看她惹的那些麻烦。）

《巴黎评论》：为什么你觉得摈弃那些很重要？

比蒂：这不是刻意为之的姿态。我将之视为制造张力的方法，像一个剧作家那样调动外部世界，将之作为笔记注释呈现，或者作为快速勾勒一个有辨识度的场景的方法，好比被选用的少数几样道具（我的情况是往往会选很多道具）天然定义了人物进入的世界。然后随着故事的发展，我慢慢揭示人际关系的不和谐，人物与他们的环境不和谐。许多人过去如此,现在依然如此。

《巴黎评论》:以你的经验,会对一个人物产生过多同情吗?

比蒂:你不想诅咒你的人物,但的确要与他们保持合理怀疑的距离。

《巴黎评论》:为什么距离这么重要?

比蒂:因为如果写成了自传,虚构还有什么意思,反之亦然。我们都知道一些持之以恒写编年事纪的作家,哪怕他们不承认。当然了,有时候真实发生的事很奇妙。但作为一种工作方式,时间长了它肯定会让你难为情吧。

《巴黎评论》:你这么评价过你小说里的一个人物、一位作家:"他尝试写作的原因是错误的:去驱逐心魔而不是去追求之。"

比蒂:那是对梅尔的严苛评价。写作的过程就是追求你的心魔。我愿意相信,我与人物和情境的缠斗不仅仅是棋逢对手而已。

(原载于《巴黎评论》第一百九十六期,二〇一一年春季号)

洛丽·摩尔

◎张晓晔 / 译

　　《巴黎评论》约洛丽·摩尔进行"工作中的作家"访谈时，得到的回答是一记警告（"我的生活不可能令人感兴趣——有人曾经尝试过"）和一声哀叹（"唉，我这人讲话几乎没有条理可言"）。随之她建议我们不如就以书面访谈的形式开始，而不必"面对面磕磕碰碰完成一次采访"。我们达成了妥协，初步的采访之后通过美国邮政和传真（而不是电子邮件，那是她坚决避免的）进行了大量的问答往来。当然，我们发现摩尔本人条理是相当清楚缜密的。二〇〇〇年的某个春日下午，我们的会面约在格拉梅西公园的一间酒吧，而交谈的很多内容也最终以某种形式成为了这篇访谈的一部分。然而，摩尔女士所言不虚，她否定了原稿的许多内容，说她不赞同，在这些句子里面听不到她自己。的确，那些问题后来被重新提出时，她的回答更微妙、更意味深长，也更有趣，偶尔几个回答和之前迥然不同。曾经戏谑反对之处，多了一些深思；曾经字斟句酌的地方，则用风趣的妙语代之；她还认为各种题外话无关紧要，其中包括她对儿童选美皇后琼贝尼特·拉姆齐谋杀案的兴趣（它聚集了伟大的美国小说的所有元素，她当时说）。经过一年的通信——通常只是一封信一两个问题，有时一天或一周一次，有时则一个月一次——可以明确的是，摩尔的用词非常谨慎，不管她以什么形式写，也不管她的语气是严肃或轻松。"对我来说没有什么是玩笑，"正如她笔下某位人物所言，"那只不过显得像是个玩笑罢了。"

  摩尔的文学生涯在十九岁这一年就早早开始了，那年她获得《十七岁》杂志的虚构作品奖；当时她在纽约上州的圣劳伦斯大学就读英语专业。毕业后，她搬去纽约，当过法律助理，随后被康奈尔大学的艺术硕士写作班录取。一九八五年，她的第一本短篇小说集《自助》出版，大受好评。次年，她的作品被收入极具影响力的选集《二十位三十岁以下的作家》，并出版了她的第一部长篇小说《字谜》，对那些比较胆小的评论家来说，该作的实验性形式不啻是种挑战。一九八七年，儿童作品《被遗忘的帮手》出版（于2000年再版）。一九八九年，《你也很丑》是摩尔第一篇被《纽约客》登载的小说（尽管此篇的怪异行文打破了该杂志对文体及措词的诸多臭名昭著的规矩）。一九九〇年，这个故事与另外七个短篇结集为《一如生活》出版，该选集展示了摩尔将日常愤怒与崇高悲剧巧妙交织的非凡才能，她笔下那些最痛彻心扉的段落往往也是最引人爆笑或诙谐讥讽的。摩尔的第二部短篇小说集奠定了她作为小说家的名望，但是她的第三部作品《美国鸟人》才令她稳稳立足于当代美国作家的名人殿堂。该书连续数周位列《纽约时报》畅销书榜，头一次匹配了评论家的赞誉与她的偶像地位。但摩尔并不愿意将自己仅仅定义为短篇小说作家：就在写作《美国鸟人》的中途——那本书是长达八年的耕耘的产物——她又写出了第二部长篇小说《谁来开青蛙医院?》，而目前她正在创作第三本书。自上世纪八十年代中期以来，她一直在威斯康辛大学麦迪逊分校教授英语及创意写作课，她拥有该校人文学院戴尔莫·施瓦茨教授头衔。

——伊丽莎白·嘉芙尼

《巴黎评论》：你觉得自己的童年时代有什么对你日后成为一名作家有所帮助？

洛丽·摩尔：是一种经常性的梦幻状态，我想。还有羞涩，这让我——以及别人——注意到我用写的比用说的更能表达自己。我想这是很多作家的特点。童年时代的弱点成了文学生涯的资本。口才欠佳的便倾向于书面表达，于是一个习惯就养成了。除了可以想见的对书的热爱，小时候的我对戏剧也颇为着迷——考虑到我长大的地方是阿迪朗达克山脚下的一个小镇，这种迷恋不可谓不强烈。我父母是一间业余轻歌剧俱乐部的会员，那里上演话剧也演音乐剧，我很小的时候就被带着在星期天下午去观看排练（晚上正式演出的时间我已经上床睡觉了）。现在想来，这些观看大人排演的周日下午——看着他们在角色之间穿梭，突然迸发的歌声，还有笑声——大概是我童年最迷人的、对我最具文化影响力的时刻（我在《自助》的一个短篇中使用了这部分的记忆素材）。我心醉神迷地坐在那里——完完全全被抓住了，真的——比方说，当一名普普通通的邮递员，或是通用电气的办公室经理，突然在舞台上亮相，跳起《睡衣游戏》中某个狂野的片段。而在观看的时刻——我大概三四岁的时候——如果我不是迷上了舞台，那就是迷上了戏剧，或艺术。迷上了某样东西。对我父母来说这本来可能只是一种省钱的孩子照看方式，我不知道，但对我而言，这一切令我深深着迷。回忆起来，我怀疑那些早年的观剧经验，仍然从最本质的层面影响我对什么是有趣、有力的叙事的评价标准。我怀疑对戏剧的热爱——以及，不管有多激动，自己永远身处观众席的前提——部分构成了我所有作品的脉动。

《巴黎评论》：你自己上台表演过吗？

摩尔：噢，没有。我那相当不柯克托[①]的芭蕾班曾经被社区大学

[①] 柯克托（Jean Cocteau, 1889—1963），法国诗人、导演、超现实主义艺术家。1946年改编、导演了《美女与野兽》。

368

征演过《美女与野兽》，演的是一个小小的玫瑰花园。除此之外，要打扮成别的模样就只有万圣节了。还有上教堂。

《巴黎评论》：《自助》中《被抓住的》这一篇探索了艺术与生活之间某种异常黑暗的分裂。主人公从她临终的母亲那里得知她那风趣迷人的业余演员父亲其实是个冷漠甚至残酷的丈夫。"痛苦和艺术是相生相伴的，饶舌的邻居们。"你写道。你也持这一观点吗？

摩尔：这可能更多的是一种情绪，而非观点。不管怎样，你都很难与小说里的人物持完全相同的观点。作者的生活是不同的，它复杂、不断向前，而人物的生活则凝固在一个短短的故事里。我当然能理解这种观点——关于痛苦与艺术的关系——尽管它有点粗糙（我当时二十四岁，而这个人物甚至更年轻，我想），但在故事之外这种观点并非完全正确。它的正确只存在于故事里面。它对讲这句话的人物而言是正确的。痛苦的情感当然能成为艺术的燃料——任何情感都可以。但我们在叙事的时候最好处于一种冷静的状态；悖论就在于，你只有足够冷静才能更好地表达激情。

《巴黎评论》：能否多谈一下虚构人物与他们的作者也就是你的关系？关于作家虚构作品的自传性有多强，这个常见的八卦问题在你这里特别令人好奇。你笔下很多主要人物的名字与你名字几乎是严格押韵——比如，贝丽·卡尔。还有《纽约客》刊登《这里只有那种人》的方式——配图是你的照片，（让小说）看起来几乎像非虚构作品。

摩尔：为什么那个常见的八卦问题在我这儿特别令人好奇呢？真是这样吗？不过确实，那张照片，让我非常不高兴。我被告知杂志只是需要"一张作者照"，并保证绝对不会用作文章的"插图"，可当然，杂志排版经常是手忙脚乱，要经过各道人手，最终一张照片"插图"显然就完全如其所愿地问世了。我对这件事不会再多说什么了,不过天知道,能在印刷品上抱怨一通满足了我内心的一部分。

至于我的小说中的人物和作者,也就是和我的关系,我想这要看你说的是哪个人物。每一个与我的关系都稍有不同,我相信——我希望。我猜你指的主要是故事的主人公们,他们有时有责任与我保持一些相似之处,有时则不必。我写的从来不是自传——我会烦,读者会烦,这样的写作最终会一无所成。你必须想象,必须创造(夸张、撒谎、无中生有地编造、东拉西扯地拼接),否则它无法成其为艺术。当然,我们有兴趣写的通常来自我们对身边世界的观察,或是自己的亲身经历,又或者是自己朋友的经历。但我们带上这些观察、感受、回忆、轶事——无论什么——与它们一道展开想象之旅。在这趟旅程中,我们想做的是尽情地展开想象,从而收集并挖掘出世界上最好的东西。小说是对人类生活的某种活组织切片检查。小说既是局部、特定、微小的,同时又可以是深刻的,可以入木三分、富有层次、发人深省。它甚至可能有诊断作用,不过我现在必须得放弃这种令人生厌的医学意象了。至于名字的押韵?!好吧,我想也就贝丽·卡尔,我注意到了这种对应,不过不是有意为之。不过应该没有别的了,对吗?我感觉被诬控了,但也许我记不清了。我确实写过一位伊丽莎白,你知道。我还写过一位比尔、一位哈利、一位麦克、一位艾德丽安、一位佐伊、一位奥黛特!(我当时在想什么?是《天鹅湖》还是斯旺?都不是,我想),还有一位杰哈德、一位贝纳、一位玛丽、一位列娃,还出于某种莫名的原因写过好几位马乔里。你瞧。我的辩护够充分了吗?

《巴黎评论》:在你看来人们为什么对这种事情如此好奇?是不是对八卦的偏好多于文学?

摩尔:如果你热爱故事,你自然也会热爱故事的故事,或是故事背后的故事，介词任选。在我看来这确实类乎于某种动物冲动，某种哺乳类动物的好奇心。一位读者对小说作品的自传性成分感到好奇可能是完全无法避免的，事实上这可能恰恰说明了叙事的成功，尽管这也可能说明了它的失败。当然长久以来文学一直是以这种方式被描述并教授的；这并不新鲜。然而有时候，正如那么多自然的事情一样，这也是一种不幸。

《巴黎评论》：说到杰拉德、贝纳，以及构思并尝试故事的不同版本，能不能谈谈你的第一部长篇小说《字谜》是如何构思的？它不是通常意义上的小说，不管是就结构或叙事而言。比如贝纳——这个人物的基本特征，比如她的职业，或是她女儿的存在，在每一章中都有所不同。那本书最初是作为互相独立的短篇小说创作的吗？

摩尔：《字谜》这部小说是以一个较短的长篇加四个短篇故事的形式出现的。不同的故事只是中心叙事线的变奏——在我写作主故事时出现的各种再编排。由于这部小说（主要是）关于想象的力量与缺陷，我决定将这些短篇纳入整部小说的结构。尽管很有必要为它们添上序列号，理想的话，可以把它们当作绕着较长的那篇《那修女》运行的小卫星（在这方面，也许这本书与某些电脑科幻小说有相似之处，虽说这本小说我全部是用打字机打出来的，容我夸耀一下，是有人工换行键的那种）。当时我将这部小说想象成一种雕塑，类似考尔德的动态雕塑，而这些小小的改写从主要叙事部分中萌生。这些改写的出现跟我一直以来是个短篇小说写手有关，显然如此。重新创作人物，给他们穿上不同的戏装，等等，是一个作家的日常，所以尽管我在很努力地创作我的第一部长篇，我大脑的某个部分仍然想要写短篇故事，并且是在使用我的长篇素材这么做。这些故事很古怪，如同寄生物，但我纳入了它们，把一切都收入了书中。我想小说是对那个神秘的老生常谈，也就是"创作过程"的混乱表达——不是不像人生的，我想（当然，我们现在已经发现人类基因组很像是一部冗长、混乱、即兴的小说——某种怪兽字谜）。于是《字谜》成为了一种练习，创造些什么，甚至是不可能的那些。这是某种立体主义，确实——安排同等独有的角度与可能性，拒绝选择，拒绝让一个视角遮蔽另一个。当然，反讽的是，它最终揭示了每种人生可能拥有的可能性与安排竟如此稀少，不管你的想象有多天马行空（假装得到滋养、充满白日梦的一生，这是安慰还是悲剧，看你怎么想了）。不管怎样，我本以为我的编辑会否决此书的实验形式，但令人愉快的是她没有，书以我写作时的原貌出版了，收获了一大堆恶评，也乏人问津，但我们很勇敢，处乱不惊，尽管我的编辑确实建议过，如果我的生活到了捉襟见肘的地步，或许可以考虑让我的猫去参加普瑞纳猫粮大赛。此后不久，我就永远离开了纽约，的确是因为钱的缘故。

《巴黎评论》：那是什么样的猫？

摩尔：什么样的猫？唔，它是来自纽约伊萨卡的农场猫。非常漂亮，非常聪明，有种难以言喻的特质[①]，不过要参加全国大赛，相信我，它毫无胜算。

《巴黎评论》：关于《字谜》的恶评，该书——以及你所有的作品——仍在出版并广为阅读，这一事实是否让你感觉得到了无罪辩护？

摩尔：很多不怎么好的书仍在出版，而很多出色的却没有。也许这里需要厘清用词。比如，辩护，暗示着一种战士般的姿态，或至少是律师般的，这有异于我的天性。至于广为阅读？我对此并不了解。

《巴黎评论》：你的编辑是哪位？你是怎么开始与她合作的？

摩尔：她是克诺夫出版集团的维多利亚·威尔逊。我的经纪人将

[①] 原文为法语，je ne sais quoi。

手稿寄给她，她买下了它。此后我的每本书都是这样操作的。

《巴黎评论》：你让出书听起来很容易。真是这样吗？你是怎么找到你的经纪人的？你最早是如何在杂志上发表作品的？康奈尔或其他学校的导师身份会有帮助吗？

摩尔：我没觉得我让出书听起来很容易——或很怎么样。我对此真的所知不多。这的确不是写作者擅长的，所以我，和大部分作家一样，在出书之前必然曾经很无助。是幸运与固执帮我抵挡了绝望，我想。至于我各种手稿的命运，我想大都是运气使然（虽说你一生中不可能从来没在邮箱里偶然地发现过退稿信）。我很幸运，我在康奈尔遇到的第一批写作教师里有乔·贝拉米，我的论文指导是艾莉森·卢里[①]。我很幸运有她年轻的经纪人梅拉妮·杰克逊代理。我很幸运第一本短篇小说集能落在维琪·威尔逊的膝头。（在那之前我自己曾充满信心地向我仰慕的小杂志寄出过我的故事。我那时的梦想是有朝一日我的作品能出现在《安泰》[②]那乳白色的厚质纸页上——然而并没有这样的运气。）要让别人接受你的稿件，有太多不可控因素：阅读者的血糖水平，斜照在页面上的光线，或某位编辑的个人体验将他/她与你在第三页写下的某些内容深刻地连接在了一起。谁知道呢？除了尽你所能地写出最好的书，你什么也干不了。

《巴黎评论》：能说说你是怎么开始的吗？你是从人物、形象、句子、想法，还是从别的什么开始的呢？

摩尔：所有这些。我总是会从一小叠类似笔记的东西开始，那些笔记通常是关于某些特定的情境，不管是出于什么（疯狂的、无端

[①] 艾莉森·卢里（Alison Lurie, 1926— ），美国小说家、学者，1984年凭借小说《外国事务》获得普利策小说奖。
[②] 《安泰》(Antaeus)，由丹尼尔·哈尔彭和保罗·鲍尔斯创办的文学季刊，1970年创刊，1994年停刊。

的、治疗的）原因，它们在我生命的那个片刻引起了我的兴趣。故事的背景总是排在第二位——并不是说它是事后考虑的结果，但也不是炙热的灵感。不过它们是所有虚构作品的关键组成部分，所以我会尽可能地加以关注，我经常发现景色或某个特定故事的社会背景是我最着迷去描写的部分。尤其是短篇小说，我允许情感和音乐性推动情节发展；我相信灵感，关于创意写作的诸多讨论中，和日复一日努力写作的概念相比，灵感经常被忽视。不管你倾注多少精力，缺乏灵感的东西永远回不到原始的状态。一般而言，如果谁旁观我写作的过程——我很感激从来没人这么做——我怀疑自己看起来会像是在不停地剪贴笔记、停顿、开始、凝视、间歇性的忙乱（正如气象预报员所说的阵雨），（某种神秘力量）突然显现，对着电脑背后堆放的各类字典与参考书的书脊沉思，以及不断加热冷掉的咖啡（是比喻也非比喻）。不过这感觉上像是在竭尽全力奔跑，跟随一个声音，跟随某个旷日持久挥之不去的念头的优美片段，尽可能地奔跑。这甚至不是可以每天进行的日常奋斗。从我写作一开始，我的秘诀一直都是构建一个能够容纳写作的生活。我从未失去灵感，从未失去信念（或者是不是可以说，失去得从来都不够久），笔记本里或书桌边沿贴着的即时贴上从来不会缺少各种想法和碎片，但我总是写得很慢，从来没有长久的闲暇。我总是不得不保持一份有收入的工作，现在我还是一个小孩子的母亲，要在教书和育儿（更不用说还有家务）的同时确保文学创作，有时力有不及。还没到束手无策的地步，但越来越需要拼尽全力。要是我有哪怕一个员工，要是我能容忍服用安非他明[①]的小习惯，或能拥抱每周输血的可能性，要是我嫁的是薇拉·纳博科夫，或者我的家庭伴侣至少能有最基本的能力，我的文学生涯都会容易得多。（我现在看到你们的男性读者在转动着眼珠。可你们的女性读者呢——那

---

① 一种中枢兴奋药。

是什么？她们是在赞同地点头吗？她们的拳头是在空中挥舞吗？）你很难在被家庭杂务包围的同时，让大脑从事忙碌的智力与艺术活动，这不算什么新闻。我意识到这是女人由来已久的抱怨，但不论何处的职业女性都普遍有同感。

《巴黎评论》：那你究竟是怎样在教书、育儿以及对付锅碗瓢盆的间隙挤出写作时间的呢？

摩尔：感谢你的提问。好吧，锅碗瓢盆是最容易的部分（我发现你使用了提喻法，不过考虑到你们更爱抠字面意义的读者，我得说我对锅碗瓢盆实在没什么天赋）。以我目前的生活，恐怕不可能有什么可以用来写作的常规时间。所谓能抓到什么是什么[①]（那真的是个习语吗？突然觉得有点陌生）；我的写作生活基本上就是在各个地方各种急切的抓取。这并非全无可能，只不过需要冷酷的决心，我不是始终拥有这种坚定，但有时候我有，于是就这么一路慢慢地写了下去。我前面说过我做很多笔记，我设法把这也当成写作，它当然是。这部分工作不算繁重，却不可或缺。笔记记下的是某个瞬间，有特殊的提炼、洞察、失察抑或只是平淡无奇的观察。你很久以后才会发现笔记的品质，但当它们到来时，把它们写下来相当重要。

《巴黎评论》：你开始是用手写的吗？你对打字和电脑文字处理怎么看？

摩尔：咦，人们还在问这种普通书写、打字、电脑输入相比较的问题。那很好，我想。鉴于我是从记笔记开始的，可以说我一切仍是从手写开始的（笔记是短的，书写是长的）。我现在已经颇为迅速地转用电脑了，我的笔记都存在里面。至于打字机，我很多年没用过

[①] 原句是 It's all very catch as catch can，指用随便什么方法，不择手段等。

了，虽然我的头三本书都是那样打出来的。很耗时间。我以前总认为无论在使用哪种键盘之前，一切都应该先写下来。我需要感觉到那些文字是顺着胳膊从指尖流淌到纸上的。然后我感觉你得伴着打字机的咔嗒声有节奏地重来一遍。但说到修改，好吧，电脑实在是上帝赐予作家的礼物。单单是接受这种可能性的存在都花了我很长时间。

《巴黎评论》：你提到如果有人窥视你写作可能会看到你进行大量的剪贴。你现在还是用剪刀和胶带这么做吗？能不能描述一下，一个短篇或长篇小说是怎样通过这种方式进行再编排的呢？

摩尔：剪贴现在已经成为计算机术语了，当然；已经不需要其他工具了。我仍然依赖即时贴，不知道为什么我有点羞于承认这点——它们似乎显得不那么恰当，但你可以移动它们，把它们贴在任何地方，这点很美妙。在拥有电脑之前，我的剪剪贴贴可谓疯狂。我热爱那些有毒的修正液。我热爱那些我用来盖住句子的长长的修正带。我所有的手稿都是如此，颇有立体感，在复印的时候总会遇上麻烦。我以这种枯燥的方式不停地工作着——并没有什么特别的故事可讲。我一直就是这样地工作着。

《巴黎评论》：我同时在读你最新的小说《美国鸟人》，以及你最早的作品《自助》。你会如何描述你的话语与作品的变化？这只是熟练性的问题，还是说你的关注点在进化？

摩尔：我想一个对自己的话语和作品的变化想得很多、讲得头头是道的作家可能注定不会太成功。作家若要保持艺术上的清醒，可能不该那般站在自己的全部作品之外打量。也就是说，我不能明确告诉你我的作品是如何进化的（进化了吗？她试探性地问道），实在不能，严格意义上来说不能。恐怕现在我离我的早期作品太近了我的大脑就会发冷。但我可以这么说：我想我不觉得写作是一种进化的过程。我觉得作家每次坐下来都是从零开始——至少在我是这样。我不认为一本书与别的书有任何关系。书不是民意调查，它们不是用来完善我的话语、发展我的主题或进化我的关注点的。它们谁也不是谁的草稿，不管谁先谁后。它们也不相互交谈。它们不知道彼此的存在。它们只是叙事对象，面对它们时我只想努力写出我当时能写到的最好（最有趣、最真实、最美丽，等等）。回顾以前的作品，我能对每一本进行描述，但这种描述并不是对某种演化的描述，也不是记录变化过程的画像，或是对某次旅程的命名，其实不然。与此相比，写作过于无序——至少我的写作是这样。我无意躲在神秘的创作行为背后——它固然很神秘，但更多的是在过后而非当时——但我不认为书是（由我）刻意塑造的，日后能从中抽离并对此发表评论的作品（至少不是由我来评论）。那样似乎过于武断了。然而我可以作为审慎的个体试着对它们说些什么，如果你希望的话：《自助》特别感兴趣的是女性的突发状况，以及可以如何使用不同的口吻和观点——包括第二人称的嘲讽祈使语气以及第一人称独特的口吻——来讲述特定的故事。它试图对忠告的概念以及忠告的文化进行严肃的讽刺，同时借鉴了诗歌传统中亲密的第二人称表述。《字谜》是对结构的实验，意欲以一种主题-变奏的方式探索创作行为核心的游戏与孤独。写《一如生活》和《谁来开青蛙医院？》时，我更感兴趣的是特定的环境背景——塑造人物生活的时代与地点。至于《美国鸟人》，我不确定。和大部分短篇小说集一样，它是份临时性的文件，收录了我在二十世纪九〇年代写的十来个故事——这些书页中表达的是各种各样的关注点与主题，我想，不过当然，关于孩子的主题，尤其是失去孩子或危险中的孩子——在其中尤为突出。

《巴黎评论》：这个小说集中还有很多动物——墙和烟囱里的蝙蝠与浣熊，（我觉着）在每个故事中担任配角的鸟类。你能讲讲它们是在做什么吗?

摩尔:斯蒂芬·桑德海姆①最近在哪里说过,诗歌里出现的过多的鸟类意象是二流诗人的象征。我想,他指的是奥斯卡·汉默斯坦②。但我是读着且喜欢着"整夜歌唱,如一只云雀学习祈祷"③这样纷繁、无意义的诗句长大的。我想作为一个女孩,我真的能想象一只云雀祈祷,因此也能想象一只愚钝、异类般的云雀,它还不知该如何祈祷,其实需要被教导,于是那些努力成为祈祷的声音成为了某种个人的吟唱。不过《美国鸟人》中出现鸟的意象并非我刻意的计划。它在书里出现,然后我选择了这个书名,是因为在我完成的最后一个故事中对奥杜邦④的公开引用。不论是在字面意义或隐喻意义上,鸟在这本书中都很重要,此外我对奥杜邦杀死他画过的鸟也很感兴趣——感兴趣的是其作为创作过程的象征意义。杀死一只正在学习祈祷的云雀这个想法尤其让我感兴趣。至于其他生物,我不知道。我住在威斯康辛州,这里多的是动物。也许它们令我有些无地自容。

《巴黎评论》:你曾告诉我艾丽丝·门罗是你钟爱的作家,部分是由于这个原因,我最近在读她的《好女人的爱》。你与她的关系怎样?她的作品是否对你有影响?

摩尔:哦,我跟她没有关系。我从来没见过她。至于她的作品,要说对我产生影响,可能我读到的时候已经太晚了,她的作品令我望尘莫及。我只是她的忠实粉丝而已。她是位伟大的艺术家,尚存于世,就在我们中间,并且仍在写作,写得一如最初的好——如果说

---

① 斯蒂芬·桑德海姆(1930—),美国音乐剧及电影音乐作曲家及剧作家,曾获奥斯卡最佳原创歌曲奖,也是史上获托尼奖次数最多的音乐人。
② 奥斯卡·汉默斯坦二世(Oscar Hammerstein II, 1895—1960),美国著名词作家、音乐剧制片人、导演,和理查德·罗杰斯的合作,开启了美国百老汇音乐剧的黄金时代。
③ 《音乐之声》中的一句歌词,由汉默斯坦作词。
④ 奥杜邦(John James Audubon, 1785—1851),美国画家、鸟类及博物学家。他绘制的《美洲鸟类》曾被誉为19世纪最伟大、最具影响力的著作。

不是更好的话，这真的很能说明问题，因为如果你再读她的第一本书《女孩与女人们的生活》，你会发现它是本杰作，跟我眼下能想到的任何其他处女作都不同。（你在里面也能找到《好女人的爱》以及之后的作品中的诸多元素——对溺水的迷恋，男人的诱惑与威胁，作为叙述中心的情色瞬间，以及只有年轻人才能完成的对邪恶之一瞥，并且采取行动自救；中年人必须尽其所能忍受、凑合，妥协让步而又沉瀣一气。）她后来的虚构作品在结构上颇为大胆——对时间的处理可谓无畏，令人满足，无法被模仿。她似乎在一而再再而三地写作某种鬼故事。而且她诙谐而残酷（我是指，坚定不移），有画家特质。尽管她写的是乡村，她是我所能想到的最不乡土气的作家。我不确定关于她的这点是不是总能被理解。

《巴黎评论》：既然你说到门罗被人误解为乡土气的作家，我想问你有没有感觉自己被误解的地方？

摩尔：噢，我感觉一直在被误解，包括此刻。我刚才想说的是，有时候人们似乎并不能理解门罗是多么不乡土气的一位作家（我不认为任何严肃的读者会称她为乡土气的，但我也不认为她其实恰恰相反这一点得到了重视）。你看到被误解的感受有多吹毛求疵琐碎恼人了吧？至于别的我并不总是被人理解的方面——比如被我丈夫或《出版人周刊》——我以后再来烦你吧。不是说我急于回避问题，但回顾这一生，我能看到童年那种不被人注意的寻常时光，这种误解是根本性的，也是典型的女性体验，实际上对写作（以及间谍行动）很有好处，但对生活来说很糟。大部分有益于写作的都是糟糕的生活体验。"愿你的生活是不太好的写作素材"是我对我的学生和小宝宝们的祝福。我的另一位作家朋友很喜欢俯身于婴儿床送出一句"愿你永远不被角谷美智子[①]

[①] 角谷美智子（Michiko Kakutani, 1955— ），曾任《纽约时报》首席书评家，一向以刻薄和挑剔闻名。

379

点评"。

《巴黎评论》：如果不是门罗，那么哪些作家对你的写作有影响？

摩尔：作家难道不是最后真正知晓他们文学创作的影响来自何处的人吗？他们真正知道的是他们读过些什么。一个人读过的一切都是某种养料——好的食物或垃圾食品——可以认为它们全都被你的脑细胞吸收并产生了影响。我以为一个人年轻时阅读并喜爱的东西是最有潜意识影响的，以我为例，那是传记和一般类型的悬疑小说以及大量的 A.A. 米尔恩①。还有夏洛克·福尔摩斯、《绿野仙踪》，以及一本小小的《离圣诞节还有九天》，它现在仍能让我流泪。大学时代文笔最令我赞叹的作家包括玛格丽特·阿特伍德、唐纳德·巴塞尔姆、托马斯·品钦、吉尔伯特·索伦蒂诺，以及约翰·加德纳在《路易莎皇后》中的表现。我喜爱的诗歌有乔治·梅雷迪思的《现代之爱》、哈特·克兰的《卓别林式》。我热爱普拉斯、塞克斯顿以及莎士比亚的所有悲剧（但我不喜欢他的喜剧，这令我困惑）。我喜爱的长篇小说有夏洛特·勃朗特的《维莱特》、托马斯·哈代的《还乡》、亨利·詹姆斯的《华盛顿广场》。如果说这张兼收并蓄的名单里有什么东西对我产生过影响的话，那我向它致敬。大学刚毕业时，我有过一份工作，为书面证词做汇编摘要——要将很多页冗长曲折的证词精简成一份乐观称之为"精华"的东西（如今全都由电脑处理了）——这份差事无疑令我丧失了对非必要文字的忍耐力，此后我一直在努力重建这种忍耐力，包括我对律师的忍耐力。对一名作家（我）的写作影响最大的东西，可能根本就不是文学。更深远的影响可能来自童年的钢琴课、摇滚音乐会、浓咖啡、聪明的朋友以及自己对生活中"挑战"的

---

① A.A. 米尔恩（A.A.Milne，1882—1956），英国著名剧作家、小说家、童话作家和儿童诗人。主要童话有《小熊维尼》。

回应，正如它们那令人震惊的名字。

《巴黎评论》：那研究生阶段呢？有没有可能律师助理的工作比艺术硕士课程能为作家提供更好的训练？

摩尔：一切皆有可能，我肯定。事实上我认识很多当过律师助理的作家。可能这只是因为相比于出版业的初级职位，律师助理相对而言更能负担得起曼哈顿的房租，虽说现在可能已根本负担不起了，那还是在二十世纪七〇年代。其实我也不确定自己是否相信成为作家的外部"训练"。我不觉得作家是像运动员那样训练出来的。它不是表演性的，小小的练习也并无帮助；埋头苦干不见得能让脑力得到有益的打磨，变得粗糙或锋利。写作更多是一种习惯，不过和抽烟一样是一种感情深切的习惯，它难以抑制地将头与手连在一起；而我们设法让它成为艺术。作家又是如何养成这一习惯？抽着烟跟孩子们一起混，当然。以及对书与音乐的热爱——每个作家都得具备这个条件。

《巴黎评论》：你在康奈尔大学的时候那里怎样？

摩尔：康奈尔的研究生写作班的规模是全国最小，所以你几乎跟每个人都会有接触。我往来最密切的是艾莉森·卢里（除了其他诸多天赋外，她对叙事形式尤其有敏锐的感觉）。我也与拉马尔·赫林、丹·麦考尔，以及鲍勃·摩根（他当时是位颇有才气的小诗人，现在是奥普拉推荐过的作家）共事过。经常在《纽约客》上发表作品的了不起的詹姆斯·麦康奇当时也在那儿。充满魅力的哈罗德·布罗迪奇来访过。班上的同学包括爱丽丝·富尔顿、保罗·拉塞尔、丽莎·雷斯。一九九〇年春季我回去任教时，学生里面有梅丽莎·班克、斯图尔特·奥南、梅兰妮·瑟恩斯特罗姆、马内特·安塞，噢，还有别人。我肯定漏掉了一些。我想朱诺·迪亚斯是后来到康奈尔来的。无论如何，我自己在康奈尔的经历非常重要。它在各方面都是巨大的馈赠——它创造了非常深刻的环境，如同某个简单却带劲的咖啡馆，绝不仅仅是传统的教育。如果没有去那里，我肯定自己不会成为一名作家。我在那里初次读到的作家有卡尔维诺、普伊格、薄伽丘、福柯。还有很多，我肯定，但最先想到的是这些名字。康奈尔当然不乏关于 E.B. 怀特、冯内古特、品钦的传说，他们都曾在不同时期在那里求学，还有纳博科夫，他曾经在那儿任教十来年（托尼·莫里森也去过，不过时间很短，我想）。纳博科夫在伊萨卡每年都要搬家，所以住他住过的房子的几率也不算微乎其微。校园里这些富有魔力的影子为那里的文学生活增添了乐趣与益处。至少我是这么想的。

《巴黎评论》：关于纽约你写过很多。你是什么时候住在那里的？

摩尔：噢，我于不同时期在纽约居住过。我十九岁时我父母搬到了纽约，后来我自己在七〇年代后期，大学毕业以后搬了过去。一九八五年我有部分时间搬回过那里，那是我去了威斯康辛一年后，每年有一半时间在地狱厨房[①]，一半时间在麦迪逊，我每个秋季学期在那里教书。麦迪逊对我确实非常包容。然而根本上说来，我在纽约只是个过客。我一贫如洗而焦虑不安，年轻，被这个地方束缚着，正如许许多多其他地方长大的人一样。

《巴黎评论》：那么说即使在你任教之初，你在威斯康辛只待了半年？

摩尔：哦，头两个学期并非如此，不过从第三个学期开始是这样。一开始我关于中西部的心情有一点矛盾。不过我最终在麦迪逊落地生根——工作、丈夫、房子，还有你之前问过的那只猫。当然，那只猫在威斯康辛州要快乐得多。

[①] 纽约曼哈顿岛西岸的一个地区，早年是著名的贫民窟。

《巴黎评论》：你使用很多双关语，你的人物经常讲蹩脚的笑话，但你小说中真正的幽默似乎来自别处。这是怎么做到的？

摩尔：幽默来自某些隐藏的张力的意外释放。它可能是作者埋在故事里的，或埋在故事的世界里——一个浅浅的墓就足够——或是读者在阅读时会带入他或她自己沉积的情感。经常是几者同时在作用。然而，有些期待必须被打破。文字游戏本身并不总是有趣的，只不过是机巧的，除非它与叙事中另外的心理因素结合在一起（经常令我产生兴趣的是误听——是喜剧性的误会的一部分——它运用的是误打误撞的文字游戏。这些误听都是我从生活中收集来的）。大部分我感兴趣的幽默都与尴尬有关；真正局促的时刻，个体之间临时的小剧院——冲突、紧急状况、超现实主义、重大事件后的创伤、失去方向的时刻。蹩脚的笑话可能是对这种窘境的表达，它们自身并不好笑。当然，在叙事中使用幽默，作家并不需要特别刻意地做什么。幽默本就是人们交谈与生活本身的一部分。抛开故事不说，人们在真实生活中总是有趣的。或者说，人们终归总是有趣的。假装没注意到这点是不诚实的。

《巴黎评论》：但你觉得现今依然保持创作的作家里，有很多人和你一样这么认真对待幽默的吗？

摩尔：嗯，是的，我是这么认为的，当然。有许多非常有趣的作家在写作，而且我认识的许多作家本人甚至比其作品更有趣。不过可能人们大抵都如此，他们比书里的人物更有意思。等一下，你指的是有趣的幽默吗？好吧。这是个紧张的笑话。幽默确实是人们交谈之织物的一部分——它可能迂回曲折或不假思索，拉近或产生距离，组织或瓦解，它还因敌意、慷慨、无聊、焦虑、存在性疲劳或好的药物而出现。

《巴黎评论》：你是在康奈尔开始写《自助》中的故事的吗？

摩尔：差不多是在一九八〇年。我还在纽约的时候，就在去康奈尔之前开始动笔的。到伊萨卡的时候我至少已经写完一篇了。

《巴黎评论》：那是哪一篇？

摩尔：《如此这般》，我想是。

《巴黎评论》：它取材于哪里？你是认识某位绝症患者吗？或者说是什么促动你写的？

摩尔：《如此这般》的灵感来自我看过的关于艺术家乔·罗曼的纪录片。我感兴趣的是她对于自己的自杀所投射的那种致命而又宿命的矛盾心态。我由此写下了自己的故事。

《巴黎评论》：在《谁来开青蛙医院？》一书中，你的主人公第一次变成了儿童，或至少你的焦点转向了童年。你是如何确定的那个故事？书名也像《美国鸟人》一样是后来想到的吗？

摩尔：我对女性青春期感兴趣，一方面这是一段逗趣、令人发窘的时期，同时又是有力、充满激情、有塑造性、相当自由的时光。女孩生命中的那个特殊阶段是前所未有、不可重复的。谢天谢地，大部分人会这么说。但我个人有时会疑惑。不管怎样，我想讲的是那个年纪关系最好的女生之间通常都会有的浪漫原型。我想将它设定为回忆，嵌在成年生活的框架里，让它获得某种语境和视角。书名来自麦迪逊本地的一位画家朋友南希·米拉德诺夫。我是在这部小说动笔后遇见这幅画的，它当时给我的感觉犹如一句奇妙的女性主义诙谐语，它也模糊地指向某种我一直试图在自己的书里抵达的东西，于是这幅画连带名字以及一切就进入了我的小说。在一本书的创作初期，有个阶段它是完全敞开的，可以让这些东西进来。到后面书就会关闭，外界没有什么再能进入了（在现实生活中，我买下了这幅画，挂在我的房子里；在书里，它是某个小说人物所作之画的画名，我的出版商还把它翻印用作书的卷首插图）。

《巴黎评论》：你是在创作《美国鸟人》中的短篇小说时写出《谁来开青蛙医院？》的，短篇的创作与长篇小说有何不同？

摩尔：嗯，或许可以认为作家的生活越忙碌无序，就越容易创作长篇而非短篇。要写短篇小说，你必须能够熬通宵。能一口气将它全部通读并且在某一刻抓紧完工是过程的一部分。短篇故事有紧迫性和完整性。长篇则不一定，它的写作节奏可以更悠闲，或者说更散漫。长篇小说作家——正如长篇小说的读者——可以经常性地拿起或放下小说。你可以分次写作，正如它可以被分次阅读。长篇小说通常是个恣意蔓延、没有确切形状的庞然大物——就算它并不长。短篇小说则不同。你分娩出一个短篇——我沿用一下那个疲惫不堪的生产比喻。而长篇则像是把孩子养大——我还是继续荒诞地沿用同一个比喻范畴。像许多长篇小说作家一样，我现在可以每天早上都花几个小时保持写作；短篇则需要十二个小时的整段时间。

《巴黎评论》：这么说你在写作每个短篇的时候都是从头到尾一口气写完的？哪怕是很长的那些？

摩尔：是的。我必须看到整个故事的形状，并且我必须在很早的时候就看到，这意味着我总是要投入至少连续十二小时的时间。不过，作为一个小孩子的母亲——这与比喻无关——很难那样写作。关于共同监护的想入非非就是这样出现的。

《巴黎评论》：所以你眼下是长篇小说作家，而不是短篇作家。

摩尔：理论上，我总是可以写短篇的，如果有故事的话。但眼下我正在写一个长篇；有一个故事情节，一个次要情节，一两个想法，还有一小群人物——而我在写短篇时需要的则是一些细节的积累、一种呼之欲出的情感，以及想要把一种经历写下来的欲望。

《巴黎评论》：听你说来，短篇像是更为艺术的形式。

摩尔：也许吧，在很多方面，它是一种更神奇的形式。有时候谁知道那些故事从哪儿来？它们可能与作者的情感生活联系更紧密，更多的是出自灵感，而非苦干。你不能在没有灵感的时候写作——至少不能经常这么做。正如我前面说过的，在谈论写作的时候我们不能把灵感的概念撇开而只谈勤奋。当然写作需要勤奋——或者说一种充满特权的苦干。一个长篇需要长达数年的每日劳作。长篇小说是一份工作（写长篇的短篇作家经历这一切时尤为痛苦）。而短篇可能像是个疯狂而可爱的客人，你可以与他共度一个相当精彩的周末。

《巴黎评论》：当然市场更追捧长篇。它们更畅销，作家的回报也更丰厚。

摩尔：想来如此。很多人说短篇完美匹配了日益缩短的公众关注周期。但我们知道并非如此。短篇需要专注与认真。人们越忙，就越少有时间读短篇（尽管他们包里可能有本催眠的平装长篇小说。这不是他们的错）。令人诧异的是，人们往往连半小时的整段阅读时间都没有。但他们有十五分钟。长篇小说通常就是这样被阅读的，一次十五分钟。你没法这样读短篇。

《巴黎评论》：你写一个短篇需要多长时间？

摩尔：唔，我以前一年能写三四个短篇。最开始的几年还包括被我扔到一边的其他短篇。现在再也不会了。我再也不会写下一个故事又舍弃它。

《巴黎评论》：那些被你扔掉的故事怎么了？你曾经重新捡起它们吗？

摩尔：我已经确定它们毫无用处，没把它们放进我的艺术硕士论文或合集，不过我也没干类似于将它们付之一炬这么夸张的事。最近我开始想起它们中间的几个，琢磨着现在是否能够发现什么可以打捞的东西。我走上阁楼，在一大堆旧纸片里翻找，可我想它们就这么消失了。能够舍弃一个故事是种奢侈。理想情形下，我猜那是一个作家该做的事，但我再也不能了。我负担不起这种损失。

《巴黎评论》：那样是不是令动笔变得更难？知道自己一定要将某个想法付诸现实，是否牵涉更多？

摩尔：不，其实不然。在研究生阶段，我短时间内产出了足够的故事，因此总有一个感觉更强烈的故事将弱一些的故事推到一边。显然我此刻还没出现那种所谓的交通阻塞。但我依然很执着于形式——我只是以较慢的节奏写作。较慢的节奏，我想，有助于预防某类错误。你不太可能全速朝着一个莽撞的方向进发。

《巴黎评论》：听说你去年在纽约朗读了手头正在写的长篇小说的一部分。它似乎跟《谁来开青蛙医院？》有某些共同之处：乡村背景、青春期少女的主要人物，以及笔调。你能够谈一下吗？

摩尔：我不能。你不介意吧？

《巴黎评论》：我能否问一下它的背景是纽约上州还是威斯康辛州？

摩尔：不是纽约。但我也从没说过"威斯康辛"这个词。我总是避开它。我收到过爱荷华州和明尼苏达州的来信说，你能别再提明尼苏达跟爱荷华了吗？我们知道你说的是威斯康辛。所以我确实有用过

387

中西部其他州的名字，但从没用过威斯康辛。我也不知道为什么。也许我想象这种特定的特征会限制我的想象。不过，我还是会说，在小说里这么做："沿着伊利诺伊州的边界"。

《巴黎评论》：但你不可能将故事场景设在纽约市而不明说，对吗？这个地方有很多独一无二的特点和街区，比如地狱厨房。

摩尔：好吧，在《蝙蝠侠》里他们不必说纽约。它是哥谭。所以还是可以不提名地写纽约。我曾经将一个显然是纽约的故事设定在克利夫兰，现在看来，坚持那不是纽约只显得愚蠢而专横。

《巴黎评论》：你在克利夫兰居住过吗？

摩尔：没有，但我有个姨妈和姨夫在克利夫兰，还有个朋友住在那里，所以我有足够的细节可用。我想我只是认定我有太多小说场景在纽约了——我想离开这座城市。

《巴黎评论》：你能谈谈决定成为作家的那一刻吗？假设有那么一个可以明确指认的时刻。还是说它一直都很明确？

摩尔：并非总是那么明确的。

《巴黎评论》：有些作家似乎感觉这是不可避免的——他们五岁就开始写诗并且从不辍笔。

摩尔：那就意味着明确吗？我很想看看这样的诗。

《巴黎评论》：那么你没觉得自己是命中注定要写作，除了成为作家别无选择？

摩尔：好吧，这种说法很浪漫，而我下辈子也可以一样浪漫（我发誓）。但更关键的是你给自己许可这么做的那一刻，那是一个既浪漫又决绝的时刻——它既饱含欲望与愚蠢的希望，更有对所从事艺术的深度投入，需要某种有用的自信，以及某些经济计划。人的一生，尤其是艺术生活，是许多事物相互作用的结果，并且得到鼓励的时机——师长或家长的——也是最重要的因素之一。尽管我的父母是富有创造力的人——以他们的方式，但我并没有得到他们的特别鼓励，这本可能是好事。我当然不怪他们。我想他们相信只需要把东西扔给孩子——课程、书、音乐——然后让孩子自己去挑选，如果你管得太多或对孩子在某个领域的成就太在意，孩子就会逃跑。这，当然，并不正确。或者说并非极其正确。我最初的鼓励大多来自大学阶段，来自我的教授们，那时我已很乐意吸收它。我没有实现成要成为作家的财务自由，一直在为此挣扎，但我也知道我不想等自己到了六十五岁的时候懊悔年轻时过于早熟、实际。我完全不确定自己的余生会不会一直是作家。但我决定能走多远就走多远，让别人为我无可救药的疯狂把我关起来好了。

（原载于《巴黎评论》第一百五十八期，二〇〇一年春／夏季号）